Empirical Study on University Student Management
Based on Judicial Big Data

基于司法大数据的
高校学生管理实证研究

王工厂　著

人民出版社

责任编辑:李媛媛
封面设计:胡欣欣

图书在版编目(CIP)数据

基于司法大数据的高校学生管理实证研究/王工厂 著. —北京:人民出版社,
  2023.12
ISBN 978－7－01－025827－0

Ⅰ.①基… Ⅱ.①王… Ⅲ.①高等学校－学生－学校管理－研究 Ⅳ.①G645.5

中国国家版本馆 CIP 数据核字(2023)第 135388 号

基于司法大数据的高校学生管理实证研究

JIYU SIFA DASHUJU DE GAOXIAO XUESHENG GUANLI SHIZHENG YANJIU

王工厂 著

人民出版社 出版发行
(100706 北京市东城区隆福寺街 99 号)

中煤(北京)印务有限公司印刷 新华书店经销

2023 年 12 月第 1 版 2023 年 12 月北京第 1 次印刷
开本:710 毫米×1000 毫米 1/16 印张:17.25
字数:237 千字

ISBN 978－7－01－025827－0 定价:88.00 元

邮购地址 100706 北京市东城区隆福寺街 99 号
人民东方图书销售中心 电话 (010)65250042 65289539

目　录

前　　言

　　大抵是因为自己所工作的单位是一所师范类高校,培养的人才将来要面向教学一线实际管理需要,以法律思维处理各类学校问题是一个法律人基本的逻辑起点,加之从事兼职律师业务的司法实践体验,更坚定了我从实证法的角度探寻教育法学发展的决心。早期以实证范式展开问题讨论,最大的障碍就是实证材料获取困难,展开的研究基本上是以个案的方式进行;虽然也尝试开展基于较大案例数据样本的教育法治问题,但样本获取的来源缺乏合理、科学的来源,其信度和效度自然大打折扣。中国裁判文书网的建设与逐步完善一下解决了教育法实证研究样本来源的问题,作为教育法学研究范式的法实证研究得以成为现实。本书研究的展开历经 5 年,较之于规范研究,实证研究的案例数据收集是基础,数据越多,研究的深度与广度越深入,得出的结论也更具科学性。在数千万条数据中筛选出合适的样本是困难的,去除"脏数据"后,样本的梳理尤为重要。作为教育法治基本细胞的案例数据,每一起都包含了教育法治的诸多要素,每一次的梳理都有不同视角下的新发现。结合对教育法治的认知,本书对案例数据的分析基本聚焦在高校学生管理过程中的各类问题展开。

　　全书共计十章。第一章司法大数据与法律实证研究,主要阐述司法大数据对法律实证研究的价值。本书认为,长期单一的规范研究范式下,教育法学的学科交叉属性没有展现出来,在法学、教育学的双向误读中,教育法学的独立性被消弭。随着数据时代的到来,法治实践中教育法学固有的、为规范研究所隐匿的独立特质,在基于数据的教育法学实证研究中逐渐显现出来。从法治实践中追寻自身的独立存在是新时代教育法学的历史使命和机遇;尽管现有数据库存在数据不够全面、相关性预测有限的限制,但大数据思维下的逻辑进路,巨量、权威、客观、迅捷的数据,更具操作性和可接受性的分析方法,还是让正在建设与完善的司法大数据为尚未真正起步的教育法学实证研究提供了现实路径。

第二章高校学生管理的司法大数据图景,将对案例数据的获得和分类展开论述,对教育法实证研究者而言,也具有方法论上的意义。

第三章高校学生管理司法审查受案范围之规范与发展。受案范围是司法介入高校治理的前提,解构基于中国裁判文书网的司法数据,可以发现,长期以来,作为高校治理主要向度的学生管理司法审查受案范围整体呈现出单一、固化的狭窄状态,进而导致权利救济与权力监督的双重不充分;有违行政诉讼立法意旨,也与诉讼实务整体生长方向不契合。过程行政论语境下,高校学生管理行为是动态的、相互承接的过程整体。基于此,其司法审查受案范围之调整可通过个案实践的探索与积累,完善、统一司法裁判规则,逐步消解同案异判,进而达至高校自主管理、受教育权救济和司法审查间张力的动态平衡。高校亦应积极回应教育法治实践,坚守以学术自治为核心的自主管理,同时完善以校规为核心载体的治理过程,保障充分实现自身功能。

第四章纪律处分。在案例数据分类的基础上,通过对纪律处分司法审查的简单量化分析发现,教育法学实证研究能揭示规范研究所隐匿的问题,细致教育法律、规章、政策的制定,证实或证伪既有认识,甚至获得新的发现,进而为教育法学自身的发展赢得更多的空间。

第五章高校学位授予关联行为的规范。通过梳理司法大数据的样本案例发现,尽管形成学位授予讼争的主要原因是违纪行为和学业成绩评定,但学术自治与司法审查的真正张力却是违纪行为关联的正当性。司法审查正试图突破行政诉讼受案范围的限制,为受教育者权利提供无漏洞的法律保护。进一步考察涉讼 110 所高校的学位运行制度,学位授予关联违纪行为的规则普遍存在,但又繁杂失范。由于高校设定的学位授予条件对受教育者权利的实现影响重大,同时也是学术自治的核心内涵之一,因此高校应回应司法审查之扩张趋势,高度重视治理规则的针对性完善,进而形成与司法张力的动态平衡;同时还应坚守学术自治底线,保障自身社会功能的完整实现。

第六章高校招生行为的司法审查,在分析高校招生行为的法律属性的基础上,对高校招生权的司法审查路径进行了分析,认为正当法律程序对高校招生行为的规范有重要价值,结合典型案例剖析,进一步探讨了高校招生行为的司法实践样态。

第七章高校行政裁量。基于开除学籍处分的考察,基于大数据思维,对涉及高校纪律处分诉讼的 232 个讼争焦点进行量化分析,认为《普通高等学校学生管理规定》对纪律处分正当程序的规范是必要的,但由于对教育司法实践关注与回应的缺乏,对高校治理有重要影响的行政裁量规范还不够细致和完善。

第八章高校学生管理若干争议问题之解构,主要是从微观角度对高校学生管理过程中的疑难问题进行了分析,同时提出了基于司法实践的问题解决路径。

第九章大学自治与司法审查张力平衡及变构,指出学生管理是大学自治的主要向度之一,依法治国理念下,其面临学生受教育权救济和司法审查张力边界扩张的态势,而合法性审查广度和深度的调整是学生受教育权、司法权和大学自治间的张力形成动态平衡的关键因素。司法大数据为研究这一高度实践品格问题的实然状态提供了现实路径,通过数据的合理梳理与分析可以发现,司法权主要是通过高校管理行为违法性继承的肯认与否实现了合法性审查的动态调整;但扩大权利救济的同时也形成了司法权与大学自治间张力状态的非结构化失衡。司法张力应通过合理的审查规则保持和大学自治的适度动态平衡,但大学自治也应适应外部张力的变化,针对司法审查的变构路径完成自身以治理规则的制定和实施为载体的针对性变构,实现三类张力达至动态平衡的需求。

第十章制度性问题典型案例评析,主要基于案件数据梳理发现的制度缺失问题,选取典型案例评析,以期能从实然的司法状态,探索制度缺失下高校学生管理规范的应然路径。

同时,为还原研究的过程,展现研究的可验证性,本书将获取的样本数据和法律文书也整理附上。

第一章　司法大数据与法律实证研究

第一节　大数据与实证研究

一、社会科学领域实证研究的产生具有历史必然性

（一）实证研究的内涵

就字面含义而言，实证一词乃来源于经验，布莱克法律辞典将实证定义为"有关或基于经验、实验或观察"。实证研究相对应于规范研究，是研究"是什么"或"怎么样"的知识体系，实践为研究起点，经验是基础，归纳推理为其逻辑进路；而规范研究是研究"应该是什么"或"应该怎么样"的知识体系，演绎推理是其主要逻辑进路。实证研究有广义和狭义之分，广义上的实证研究泛指所有经验型研究，包括所有基于经验对所得的一手资料进行的研究；狭义实证研究是与规范研究相对应的研究范式，利用数理统计和计量技术，分析和确定相关因素间相互作用方式和数量关系，具有研究程序特定、明确，方法固定的特点。假设不是偶然地被支持，而是对研究对象总体真实状态的反映，而实证研究结论应当具备可验证性、客观性、精确性与可信度、可重复性。

实证研究重视研究中的第一手资料,实际上也是人们面对复杂的社会、经济现象在研究过程中必然的、"无奈"的选择。① 实证研究范式的出现和规范研究在科学研究中遭遇的瓶颈密切关联,具有历史必然性。在 18 世纪以前,科学研究在物理学、天文学、化学领域取得重要成果,人们更关注重复性运动规律的研究客体,进而举一反三,以演绎推理为主要逻辑进路的规范研究优势明显。随着经济学、管理学等复杂的研究领域兴起,规范研究对不符合单一运动规律的研究客体,采用确定、决定和普适的概念来描述时,也隐匿了研究客体的本质特征,获得的成果不能让人满意,规范研究开始面临前所未有的挑战。19—20 世纪以来,哲学、数学和经济学的成果,特别是概率统计的发展,为复杂事物的研究提供了技术工具,也奠定了实证研究的坚实基础。"经济学的更高阶段,对我们分析经济的增长与进步问题时,适宜的做法是少做演绎多做归纳。这正如产生推理结论的过程影响结论的性质和价值,如果结论完全是经验性的,那么它总在某种程度上有存在的可能性。在另一方面,如果结论来自演绎推理,那么,在结论赖以成立的假说被证实以及推理条件被肯定之前,结论就不可能是一个真实的存在"②,所以"合理的方法既是抽象的,也是现实的;既是演绎的,也是归纳的;既是数学的,也是统计的;既是假说的,也是历史的"③。事实上,实证研究的兴起是人们对复杂经济、社会现象研究过程中的必然选择,也是历史的必然。

(二)实证研究的特质

首先,经验应当是实证研究的基本内涵。广义而言,实证研究也就是经验

---

① [英]约翰·内维尔·凯恩斯:《政治经济学的范围与方法》,党国英、刘惠译,华夏出版社 2001 年版,第 118—156 页。

② [英]约翰·内维尔·凯恩斯:《政治经济学的范围与方法》,党国英、刘惠译,华夏出版社 2001 年版,第 1—15 页。

③ [英]约翰·内维尔·凯恩斯:《政治经济学的范围与方法》,党国英、刘惠译,华夏出版社 2001 年版,第 89 页。

分析,作为"是什么"或"怎么样"的知识体系,强调"发现"而非"认为"。例如法实证研究关注现实中法律规范运作的实际过程,迥异于诠释法学关注实然法律规则而忽略法律运行实然状态的做派。这也决定了实证研究的"经验"分析过程是清晰可见的、可重复的,对某个事实的描述和解释是可信的。研究结论不是价值评判,应当可验证,毕竟假设不能仅偶然地被支持,而是对研究对象总体真实状态的反映;同时研究结论也是客观的,是基于数据推导而非主观判断得出的。实证研究是经验的同时也是对研究过程的展现。

其次,实证研究应当以数据为中心。只有当社会世界能够用数学语言来表示时,它的各个部分之间的确切关系才能得到证实。只有当资料可以通过可信的计量工具用数量来加以表示时,不同研究者的研究结果才能直接地加以比较。没有量化,社会就只能停留在印象主义的臆想和未经证实的见解这样一种水平上,因而也就无法进行重复研究,确立因果关系和提供证实的通则①。实证研究就是收集、分析数据并以此为中心展开阐述。而在规范研究中,数据不是理论推演的关键,要么没有数据,要么将数据作为理论建构的论据。由此,法律实证研究在本质上是一种基于数据而为的法学研究,当然不同于诠释法学以法条或教义为关注点、阐释点的研究,也显著不同于以个案关注为主的经验研究,包括社科法学研究。②

最后,实证研究是以定量分析和定性分析相结合的逻辑推演。实证研究是以定量分析为主的经验研究,实证分析中的定量分析既有研究客体范围、规模、内部结构的量化描述,又有客体与外部关系的量化分析,同时也包含对研究客体发展趋势的推断描述。也就是说,实证研究应当具备样本分析结果与真实情况相当接近的精确性、相信概率真实的可信度和可以延伸应用的共性。

---

① ［英］哈拉兰博斯:《社会学基础》,孟还等译,上海社会科学出版社 1986 年版,第 60—61 页。
② 左卫民:《一场新的范式革命?——解读中国法律实证研究》,《清华法学》2017 年第 11 期。

个案研究方法在缺乏科学性和客观性方面经常受到批评,虽然直观感觉、案件细节仍然重要,但一定程度上的定量数据收集、分析和判断已成为国计民生决策的重要依据。① 定量与定性的区别又是相对的。具体而言,定量研究在数据分析基础上进行归纳的同时,它仍然需要解释变量之间存在这样的关系原因,而这实际上需要个案的细节描述和比较分析。没有定性研究,基于经验的定量研究难以提升。"演绎与归纳的相互补充,即使当我们主要依赖归纳时,最重要的是我们的结论应通过演绎推理来确认和解绎。"②

(三)基于量化统计的社会实证研究之局限

1.社会科学研究中的主观经验

社会科学与自然科学的区别之一在于思维方式的不同,社会科学是总体逻辑思维,自然科学是类型逻辑思维。前者关注独立各异个案的整体分布;后者则关注典型现象并挖掘其中的规律,进而将规律推广适用于具体问题。而大数据技术的这种量化分析特点决定了它无法挖掘出普适规律来描述和解释所有个体行为。③ 为什么对于同一个"事实",人们看到的却是不同的"事实"? 实际上,人们看到的"事实"不可避免与价值相关联,与人的知识结构关联。这种知识结构既来自人们受到的教育,也包括人们的经验生活,以及个人的价值取向,因此人们看到的事实已经是"经验事实"。韦伯所说的价值中立实际上也是指价值关联下的价值中立,即不同的价值关联所观察到的"经验事实"有可能是不一样的,经验事实的客观性实际上建立在价值关联的基础上。与自然科学研究不一样的是,社会科学以经验事实作为研究对象,需要通过投入理解的方法诠释经验事实内涵的价值关联,往往就导致对同一"事实"

---

① 唐应茂:《法律实证研究的受众问题》,《法学》2013 年第 4 期。

② [英]约翰·内维尔·凯恩斯:《政治经济学的范围与方法》,党国英、刘惠译,华夏出版社 2001 年版,第 131 页。

③ 孟小峰、李勇、祝建华:《社会计算:大数据时代的机遇与挑战》,《计算机研究与发展》2013 年第 12 期。

进行讨论甚至争辩,这也是社会科学研究的魅力所在。因此,在社会研究过程中,研究者的知识结构或"参考框架"决定了他只能用自己的方法和概念观察社会现象,分析、概括和反映所谓的客观事实。从某种意义上说,在社会实证研究中,任何实证资料都很难说是"纯客观"的,它与研究者先有的理论、概念是分不开的,是通过这些理论和概念来"摄取"。所以,调查的事实和客观存在的事实总是存在一定的差距。科学的社会实证研究方法只是尽可能地去缩短它们之间的差距。"科学"的理论不但要来之于经验,而且要为经验所证明。任何社会研究只能接近"事实",而不能穷尽"事实"。科学的社会实证研究只是尽可能地去缩短这两者之间的差距,去挖掘事物本来的面貌。①

2.社会科学实证研究中传统量化统计之局限

社会实证研究者从事社会研究时已经采取了两种预设,即客观性预设和规律性预设。利用量化的统计分析必须要对社会生活的诸多因素进行过滤和限定,才勉强能在"理想类型"的范围内着手进行。基于数理统计的数据量化分析是实证研究的要素之一,但在数据少的时代,传统社会科学实证研究存在固有缺陷,样本来源采集不够,分析方法预设的特质也带有研究者的主观性,同时过分追求强因果关系,以及由此对分析结果精确化的极致追求而形成的复杂分析方法,都使传统的样本分析很难容忍误差数据的存在。如何防止和避免在采集样本和分析时出现错误,统计学使用了一套策略来减少出错的概率和可能的系统性偏差。然而,即使只有少量的数据,这些错误规避策略仍然存在昂贵的成本。同时,小数据的抽样调查需要问题预设,难免存在少量假设基础之上的立场既定;结论缺乏延展性,即调查得出的数据不可以重新分析以实现计划之外的目的。由于社会科学的统计单元(即作为自适应主体的个人)不具有同质性,信息条件的制约也使统计场景的设定不能做到穷尽所有重要的不确定性,这就在某种意义上导致社会科学"统计学主义"基础的脆弱

---

① 仇立平:《社会研究方法》,重庆大学出版社 2015 年版,第 8 页。

性。由于社会系统的复杂性,变量之间的关系也往往十分复杂,这反映在变量层次难以划分,同一层次变量之间相互关联,以及从底层到顶层变量的涌现,导致统计回归的方法十分不可靠,让人质疑是在用简单的数量关系来解决复杂的社会问题。这样一种受限的量化研究,由于社会生活复杂性质的影响,无法独自承担起社会科学实证研究的重任,它必须依靠定性研究进入意义世界的理论能力,方可更深入地解释和看待社会,同时它也能在定性研究的理论基础上呈现数字化的精确证明。所以,作为社会科学研究的方法路径之一,量化实证研究不仅无法单独研究社会,更要时刻向新的经验证据和反思的目光敞开。

二、大数据对社会科学实证研究的拓展

(一)数据驱动的研究

在有些情况下,部分学者为了能得到与研究主题相关的大数据,在没有必要的前提假设时就开始选择因变量,而研究假设恰恰是研究进行的起始点。假设在研究的主题和过程中起到根基的重要作用。在一项研究中如果没有理论或经验性的假设,即便持有现成的数据库,对于该研究而言也是没有任何价值的。但也有学者认为,先有研究假设后有传统数据乃至大数据的检验,属于理论驱动;而直接使用大数据得出结论同样达到研究目的,这是一种数据驱动,由于大数据的量使得这一研究逻辑更为可行且有效。因此,在研究中,两种驱动可以视研究本身的情况而定,有时甚至可以起到相互辅助的作用。①

(二)大数据的特质

大数据作为特定领域的全面数据,具有数量巨大与内容全面之特性,是一

---

① 赵超越:《本体性意义与学科反思:大数据时代社会学研究的回应》,《上海大学学报(社会科学版)》2019年第1期。

场量变形成质变、足以匹敌 20 世纪科技革命的巨大变革。① 大数据(Big Data),又称巨量资料或海量资料,是指大小超出典型数据库软件工具所能收集、储存、管理和分析能力的数据资料集,以及资料量的规模大到无法透过人工在合理时间内达到撷取、管理、处理并整理成为人类所能解读的信息。大数据的特性包括:(1)资料数量庞大(Data volume:amount of data)。随着社群媒体、手机、监视器等各种传感器等的普及,来自不同管道的资料不断诞生,已经多到现有技术无法消化的地步,资料量很容易就能达到 TB(Tera Bytes,兆字节),甚至 PB(Peta Bytes,千兆字节)或 EB(Exabytes,百万兆位元组)的等级。例如每一秒钟新发送的电子邮件多达 290 万封,每分钟 YouTube 用户上传的影片长达 100 小时,92%的数据,都是在这两年所创建的。(2)资料速度快速(Data velocity:speed of data in and out)。社群网站、搜寻结果每秒都在成长,每天都在输出更多的内容。企业回应、反应这些资料的速度也成为最大挑战,许多资料要能实时得到结果才能发挥最大的价值。每秒钟过去,等待被挖掘、被分析的数据正排山倒海地出现,如果用以往的工具,可能要花上好几年,才找得到可用的数据,可是现在不一样了,要更有效率地运用软件与工具整合、挖掘与探索更多有利的数据。(3)资料类型多元(Data variety:range of data types and sources)。大数据的来源种类包罗万象,十分多样化,如果一定要把资料分类的话,最简单的方法是分两类:结构化与非结构化。结构化数据也被称为定量数据,是能够用数据或统一的结构表示的信息,如数字、符号。非结构化数据本质上是结构化数据之外的一切数据。早期的非结构化资料主要是文字,随着网络的发展,已扩展到电子邮件、网页、社交媒体、视讯、音乐、图片等,这些非结构化的资料造成储存(storage)、探勘(mining)、分析(analyzing)上的困难。(4)资料真实存疑(Data veracity:uncertainty of data)。Express Scripts 首席数据官 Inderpal Bhandar 在波士顿大数据创新高峰会(Big Data In-

---

① 胡世忠:《云端时代的杀手级应用:大数据分析》,《天下》2013 年第 1 期。

novation Summit)的演讲中提出资料的真实性问题,认为大数据分析中应该加入这点做考虑,分析并过滤资料有偏差、伪造、异常的部分,防止这些"dirty data"损害到资料系统的完整跟正确性,进而影响决策。

基于大数据的实证研究,能够显著减少传统抽样方法可能导致的误差,增强对研究对象的整体把握,发现传统抽样数据中难以或根本无法获取的信息,带来研究视角、研究素材、研究方法的根本性转变。在开源条件下,研究过程具有相当的透明度,研究结论可复盘检验,数据收集、分析的客观性、科学性明显增强。①

(三)大数据的重点在于分析方法而非数据本身

"大数据",也就是数据科学,实际上,"大数据"是媒体向社会公众报道数据科学领域的相关信息时提出的词汇。这一称谓出色地指明了数据科学的精髓:大数据的重点在于分析方法而非数据本身。如果没有合理的分析方法,大数据不仅不能让事情变得更容易,甚至会让问题变得更加棘手。② 方法是什么? 方法是一整套规则、步骤和过程,是科学群体共同遵守的原则、惯例和制度,是科学工作者共同的语言。科学方法是由阐述清晰明确的规则、步骤和过程所构成的体系。人们按照这个体系进行研究,根据这个体系来评价知识和发现、鉴别它们的真伪,鉴定它们的优劣。这个系统是开放的,而且并非永远正确。规则、步骤和过程不断被完善,科学工作者总是在寻找观察、推论、抽象和分析的新方法、新途径。这一点与作为科学基础的假定完全一致。可以说,自行纠正错误,不断创新,是科学方法。③ 大数据在社会科学研究中的应用相当于在方法论的篮子里增加一个新的重要工具,它之所以重要,是因为它指明

---

① 刘佳奇:《论大数据时代法律实效研究范式之变革》,《湖北社会科学》2015 年第 7 期。
② Gary King:《大数据与数据无关》,载钟杨等主编:《实证社会科学(第三卷)》,上海交通大学出版社 2017 年版,第 7 页。
③ 严辰松:《定量型社会科学研究方法》,西安交通大学出版社 2000 年版,第 14 页。

了学术界和产业界正在上演的一种分析现象,它既是方法论的方法,也是分析的现象。

(四)具有"全样本性"和"自提供性"特质的大数据研究打破了定量分析与定性分析的界限

1.社会实证研究中定量分析与定性分析之割裂

其一是认识论上的割裂。从认识论角度看,定性研究与定量研究存在着根本的区别,它们基于不同的范式。定性研究从最纯粹的意义上说,从属于人文主义的自然范式,即研究应在自然的环境和条件中进行,而研究所获得的结果和意义也只适应于这种特定的环境和条件。这种方法的核心是"整体地"理解和解释自然情景。与此不同的是,定量研究则来源于实证主义,它在范式上更接近于科学的范式。定量研究侧重于且较多地依赖于对事物的测量和计算,而定性研究则侧重于和依赖于对事物的含义、特征、隐喻、象征的描述和理解。也有学者认为定性研究是用语言文字来描述现象,而不是用数字和量度,又常常被批评为"非科学的"和缺乏信度的,定量研究则与此相反。因而定性研究方式的进展遭遇了很大阻力。这种不平衡的发展状况反过来进一步强化了定量研究,而削弱了定性研究。

其二是研究逻辑上的割裂。从研究的逻辑过程看,定性研究基于描述性分析,它在本质上是一个归纳的过程,即从特殊情景中归纳出一般的结论;而定量研究则与演绎的过程更为接近,即它从一般的原理推广到特殊的情景中去。定量研究者往往强调客观事实、强调现象之间的相关、强调变量之间的因果联系,可以说,定量研究的主要目标是"确定"变量之间的关系、相互影响和因果联系。而定性研究者则更加注重现象与背景之间的关系,更加注重现象的变化过程以及现象和行为对于行为主体所具有的意义。可以说,定性研究的主要目标是深入地"理解"社会现象。定性研究重视现象和行为的背景,相信特定的自然和社会环境与人类的行为有很大的关系。定性研究者认为事实和价值是无法分离的；而定量研究者则正好相反，他们强调在研究中一定要努力做到价值无涉和"价值中立"。在理论与研究的关系上，定性研究通常与理论建构的目标相伴随，它并不强调在研究开始时对所研究的问题有一种明确的理论基础。相反，理论是在研究的过程中逐渐发现和形成的。并且，随着研究的进行，理论不断被选择、被改变、被放弃、被修正。定量研究则常常是用来进行理论检验的。由于定量研究所具有的演绎特征，因而它从一开始就倾向于以理论为基础；反过来，当一项研究以理论的检验为目标时，它通常也是采取定量研究方式进行的。

其三是研究方式上的割裂。定量研究者更加强调研究程序的标准化、系统化和操作化；而定性研究者则往往更加强调研究程序、研究方式和研究手段上的灵适性、特殊性。实验、调查、内容分析等，是定量研究中最常见的研究方式；量表测量、问卷调查、结构式访问、结构式观察等是定量研究中常见的资料收集方法。而实地研究是定性研究最常见的研究方式，参与观察、无结构访问、个人生活史等则是定性研究中主要的资料收集技术。由于研究方式、资料收集技术等方面的差别，定量研究与定性研究在所得资料的性质及其结果的说明方式上，均存在明显的差异：前者所获得的主要是数量化的资料，而后者所获得的则是具体的、个别的实例；前者的结果主要靠统计分析数据来表达，而后者的结果则是靠文字的描述来说明。定量研究的结果在概括性、精确性上特征明显，定性研究则以其资料的丰富性、细致性和理解的深入性而与定量方法相对照、相补充。

总的来说，定量研究与定性研究被认为是在社会研究过程中可以采取的两个途径。它们所能提供的是两种不同性质的图画。如同对实证主义与人文主义方法论的评价一样，定性研究与定量研究二者之间也不存在孰优孰劣的问题。在社会研究者认识社会现象的过程中，它们所能回答的问题不同，回答问题的方式也不同。可以说，它们发挥着各不相同的作用。

2. 基于大数据定量和定性研究的融合

首先,大数据实证研究具有全样本特质。大数据研究是一种相较于传统量化研究而言更具客观性的方法和手段,"全样本"意味着大数据研究突破了传统定量研究中从概念框架到因变量、自变量设置的信度和效度问题,在很大程度上规避了传统数据收集形式中所产生的人为因素,避免了传统社会科学量化研究中自变量数据的统计偏误。大数据通常是特定领域的全面数据,具有数量巨大与内容全面之特性(在量上正趋向于全体数据)。海量材料与数据远非"人工作坊时代"研究者所能亲自、逐一地审阅、统计和分析的。这使得量化研究方法不再完全依赖于过去传统的抽样、假设检验,基于全样本数据的实证研究,能够显著减少传统抽样方法可能导致的误差,增强对研究对象的整体把握,发现传统抽样数据中难以或根本无法获取的信息,并为其研究的目的和内容提供了前所未有的便利。研究者很难通过对几个人或几个单位的研究得到普遍适用的结论,我们再也不能只通过解剖一只"麻雀"来了解事物的全部,大数据在很大程度上意味着对传统的数据采集方法软肋的一种拯救,从而使其从原本诸多的手段限制中抽离出来。大数据的"全样本"不是绝对意义上的大而全,当数据大到一定程度时,我们在一个案例数据上获取的有价值信息反而越来越少;结论的可靠性并不随着数据的增加而增加,存在类似边际效应递减的情形,因此,基于大数据的社会实证研究不用随机抽样的研究进路,而是全样本思维的研究进路。

其次,大数据实证研究具有"自提供性"。实证研究者不应该去探讨某一现象"是否应该如此"的问题,即价值判断问题,而是应该探讨某一现象"状况究竟如何",或者为什么如此的问题。大数据分析是直接面向研究客体采集的独立个体原始数据,减少了数据的中介变量代理问题。当然,基于大数据的研究尽管也需要研究设想,但不存在传统社会科学量化研究中针对理论假设和研究模型设计的变量数据需求,其研究路径也不是经由研究客体的统计抽样切入进而"提问思考回答"而展开。大数据研究通过直接从个体化数据中挖掘有用的相关性,研究者在收集和处理案例数据过程中的发现就是理论的本身表象。

大数据研究的"全样本性"和"自提供性"特质打破了已有社会科学实证研究定量、定性的界限,突破了定性定量研究中样本量和变量有效性的限制,在一定意义上实现了定量和定性研究的融合。

(五)大数据中数据的异质性需要定量分析与定性分析的融合

大数据是社会技术性建构的结果,产生于为特定平台设计的媒介物。这些数据的意义并不是自明的和无中介的,必须通过研究者的采用、适配和至少来自社会科学的有力方法论和理论框架彰显其意义所在。用大数据研究社会科学,并不是要抛弃社会科学原有的研究方法,相反,社会科学的概念、理论和方法不可或缺,定性研究需要定量研究来帮助其验证各种观点,定量研究也需要定性研究为其提供数据量化的理论依据。大量研究资料既可以用于定性研究,也可以用于定量研究,这意味着二者的联系变得更加紧密而非疏离。尽管随着信息技术和统计方法的进步,大数据为我们处理之前不曾或者不能处理的数据提供了可能,但我们仍然需要意识到,定性与定量研究的对立存在于各个科研领域,而且这两种研究往往是彼此交融的。在未来的大数据时代,定性研究和定量研究唯有携手共进,才能有所突破。如果我们将数据比作一辆汽车,那定量研究便是车辆的引擎,而定性研究则是汽车的方向盘。总之,唯有两种研究通力合作,才能研制出人类可控的计算机技术,让人们在信息高速公路上纵横驰骋。①

(六)大数据研究突破了传统量化统计方法

大数据将在一个更为基本的层面改变我们的认识能够抵达的对象本体和

---

① Gary King:《大数据与数据无关》,载钟杨等主编:《实证社会科学(第三卷)》,上海交通大学出版社 2017 年版,第 7 页。

本体深度,能够以大密度的数据将我们的对象从大粒度的抽象本体重新表述为更加精细直观而又不缺乏整体审视的对象本体,帮助我们建立一种能够同时从微观和宏观两个视角观察对象本体的能力,是对从我到我思对象的双重加深。大数据研究前的方法论,人们通过建立结构模型和检验模型来达到对对象社会或群体行为的认识,而大数据最重要的贡献就是能够发现传统的人类评估所不能分析的数据集之间的相关关系。这些相关性能够引导我们分析数据集之间、与他人有关的个体之间、人类群体之间的关系,以及信息自身的结构。相关关系虽然并不意味着因果,建立在统计显著性检验基础上的判断虽然不能告诉我们相关背后的意义,但它至少为我们对原因的探索提供了有用的启示,此时大数据的作用是一个更加有效的计算工具,所以我们不必用严格的科学标准对其加以衡量。大数据分析的相关结果还可以用于与传统的数据进行对比,以便对新发现给出更好的解释,以加强对现有数据、理论和方法的解释。传统方法论阶段的定量研究将因此获得突破性发展,使有争议的重大结构性问题和经典理论因为使用充分和整体数据得以精细化再检验而发展得更加精密。

三、社会科学实证研究中运用大数据之不足与完善

相较于传统的量化研究而言,大数据的社会研究的确能在研究方法手段和数据来源等方面起到更大的作用。但论其实质,它仍然只是从描述的层面上来呈现所发生的事件和事物的外在;而社会生活的复杂内在性和外在性内容以及不同个体作为能动者所具有的有意义的行动和策略等,终究是大数据所无法替代的。另外,有关社会世界的学科研究需要的并不只是人类对静态的、充其量反映外在局部特征的表象采取直观反映和认识的态度;数据量的增大并不一定意味着结论的正确。但就统计概率而言,样本数量足够大的时候,样本数量的增加或减少对研究结果并无影响,容错性思维下,尽管大数据可以解决传统研究难以解决的某些问题,但是仅依靠数据并不能产生完美的研究

结果。在根据数据挖掘搜集到相关数据之后,研究人员还需要借助对案例的敏锐分析发现问题,借助思辨方法或者形式模型探究相关理论,进而选择研究变量和统计模型,如此才能保证研究的可靠性。①

应用大数据研究社会科学,并不是要抛弃社会科学原有的研究方法;相反,社会科学的概念、理论和方法不可或缺,而且我们必须清楚,数据并不是自然发生的和无中介的,大数据是社会技术性建构的结果,产生于为特定平台设计的媒介物,这些数据的意义并不是自明的,必须通过使用者的采用、适配和至少来自社会科学的强壮方法论和理论框架彰显其意义所在。社会科学研究的此种进化要求研究人员必须在数据密集和科学网络化的时代重返方法论和认识论的基础,必须在方法论和认识论的若干方面达成一致,包括什么构成可靠的和有效的数据描述,用于组织数据的类型,获取、处理和结构化数据的必要的工具。社会科学研究的组织方式已不可避免地需要进行重新组织,以满足社会科学研究人员与计算机科学家及工程师之间开展合作的需要。因此,将大数据分析与基于结构的量化方法相结合有其必要性。将大数据与小数据结合,与各个独立领域的专业知识结合,就能够探索出更科学的大数据分析方法。②

第二节 司法大数据与教育法学实证研究

一、司法大数据建设

我国现有的司法大数据建设是以最高法院主导的生效裁判文书上网工程为核心展开,将裁判文书作为法治要素的官方记录,以官方机构发布的电子文本形式向社会公开,发布平台包括中国裁判文书网和各省市裁判文书网。截

---

① 海霞:《大数据与国际关系研究创新》,《中国社会科学》2018年第6期。
② 米加宁等:《大数据与社会科学量化研究》,《实证社会科学》2017年第1期。

至 2023 年 4 月,单中国裁判文书网上网文书数量近亿篇,浏览次数达 1000 亿次。正在建设、完善的司法大数据可将巨量、混杂、相关的裁判文书(案例)汇聚在权威的官方平台上,基本上解决了教育法实证研究的数据采集问题,使得实证研究作为教育法学的研究范式成为可能。司法大数据对法实证研究价值之巨大不容否认,生效裁判文书上网工程"对法律大数据研究和服务而言,简直是一座免费的金矿"①。司法大数据增强了法实证研究的外部效度,克服了小样本案例研究不能提供科学归纳基础的缺陷。实证研究费时费力,一项研究通常不会解剖大量的案例,当一个以小样本得出的研究结论被应用于其他群体,或者较大的样本群体时,其有效程度是难以测量和难以令人信服的;而司法大数据的海量样本会使得法实证研究结论的外部效度大大上升。在内部效度上,构成司法大数据的"细胞"都是包含信息量极其丰富的真实个案。实证研究不同于案例研究,它禁止研究者精心处理设计案件,对研究者的研究能力提出了更高的要求。司法大数据的归纳不是分析性的,而是统计性的,基于数理统计的实证研究,改变了小样本研究归纳的随意性和主观性,消除了随机性关联,减少了内部效度的质疑,进而刻画出较为完整的理论图画。同时,尽管我国司法大数据的建设仍需完善,但其提供了权威、简捷、高效的数据平台,减少了样本筛选及使用的主观倾向。样本抽样平台的易得性可以在很大程度上平衡研究者因客观优势形成的信息不对称,结论更容易被证实或证伪。

二、实证研究是法学研究的新范式

相对于经济学、社会学而言,中国法律的实证研究基本上是一种"新生事物",这种研究范式还不十分成熟,应用也不太广泛。② 对法律实证研究,研究者有不同认识。中国台湾学者苏凯平认为实证研究的核心是经验,不论是针

---

① 白建军:《法律大数据时代裁判预测的可能与限度》,《探索与争鸣》2017 年第 10 期。
② 左卫民:《一场新的范式革命?——解读中国法律实证研究》,《清华法学》2017 年第 11 期。

对众多判决的内在逻辑分析、趋势分析,或针对单一判决评论其是否妥适,都是一种法实证研究。因为这些研究内容都脱离了单纯的法律理论或教条,转而关注实际上发生的事件,亦即关注人们的实际生活经验,案例研究当然是经验,应当属于实证研究范畴。[1] 但大陆法实证研究的主流观点认为实证研究包括数据、经验、量化统计分析三个要素,白建军教授、左为民教授均持该种认识。[2] 本书认为,单纯的个案研究与狭义的实证研究尚有距离,就现有的部分研究文献而言,尽管冠以实证研究之名,实质上是把案例作为规范研究的佐证材料。也有一些学者将研究个案的社科法学方式视作实证研究,其来源材料更是几经剪裁,与一手数据相去甚远,尤其是对指标式案例的反复研讨、论证没有体现以数据为中心的研究进路,即无数据的量化统计,更遑论结论的回归性分析,实际上更应纳入规范研究的领域。本质上,法律实证研究是一项以数据分析为中心的经验研究,它是以数据的收集、整理、分析和使用的范式,以法律实践的经验现象为重点,尤其是试图用统计方法进行相关的研究。法律实证研究与数据的收集高度关联,同时对经验的分析也是基于所收集数据的量化分析。尽管对法实证研究的内涵在认识上存在差异,但整体而言,"法实证研究是中国法学研究范式转型升级、构建中国特色法学体系的内在要求"[3],其价值和功能正在被越来越多的法学研究者所认可。自 2000 年白建军教授在《中国法学》发表评论法律的实证研究一文以来,权威法学刊物所刊发的法学实证研究文章逐年增多,其中尤以刑法学实证研究发展最为迅猛,其他部门法学纷纷跟进。根据程金华所作的统计(截至 2015 年),自 2000 年以来,法学学者在"三大刊"上发表的以"实证"为标题的文章已达 38 篇,在除"三大刊"之外的 CSSCI 期刊上发表的以"实证"为标题的文章已达 182 篇,在 CSSCI 来

① 苏凯平:《再访法实证研究概念与价值:以简单量化方法研究台湾地区减刑政策为例》,《台大法学论丛》2016 年第 3 期。
② 白建军:《论法律实证分析》,《中国法学》2000 年第 4 期。
③ 李林:《共建中国的实证法学》,载田禾、吕艳滨主编:《实证法学研究(第一期)》,社会科学文献出版社 2017 年版。

源期刊(含扩展板)上发表的以"实证"为标题的文章已 297 篇,共计 517 篇。而在 2000 年之前,在三类期刊上发表的以"实证"为标题文章数量仅为 18 篇。① 不可否认,虽然实证研究在各部门法呈现出分布的不均衡状态,就文献梳理来看,教育法学实证研究显然落后于法实证研究的整体发展。

三、司法大数据是拓展法学实证研究的重要现实途径

实证分析可以归结为三个意识:一是样本意识,就是说理论来自于哪些案件、哪些实践,是从哪些案例中提炼、归纳、抽象出来;二是量化意识,任何现象都是质的规定性和量的规定性的统一;三是半知意识。误差原理告诉我们,任何测量的精确性都是相对的,自然科学尚且如此,社会测量也不例外。要求社会科学、法学研究像自然科学那样精准,这种要求本身就很无知。因此,半知意识就是发现实然和应然的距离,两者差多少,为什么存在差距,这是实证分析的基本要求。此外,还要检验某种理论以及探索未知世界②。一般认为大数据具有 Volume(海量数据)、Velocity(处理速度快)、Variety(数据多样态)、Data veracity(资料真实存疑)四个特点,而我国最高人民法院主导的生效裁判文书上网工程作为世界最大裁判文书数据库,其巨量、多样态的案例数据蕴含巨大价值。长期从事法实证研究的白建军教授认为,我国(至少在理论上)建设了全国性的司法全样本,这是一座法实证研究的免费金矿。③ 左卫民教授认为生效裁判文书上网工程是中国司法乃至整个法律大数据的最新也是最重要的表现形式,进而认为:"关注和运用大数据的法律与法学研究方式会是相当长时间内中国法律与法学界的普遍趋势。"④但也有学者认为司法大数据的数据分析本质仍为通过传统方法收集和分析的数据,与大数据思维与分析方

---

① 程金华:《当代中国的法律实证研究》,《中国法学》2015 年第 6 期。
② 白建军:《司法实证分析》,《国家检察官学院学报》2007 年第 1 期。
③ 白建军:《大数据助力法律监督》,《探索与争鸣》2015 年第 2 期。
④ 左卫民:《一场新的范式革命?——解读中国法律实证研究》,《清华法学》2017 年第 11 期。

法相距甚远。① 本书认为关键是研究者思维的转变,以传统思想看到的是数据案例传统的内容和形式,以创新大数据思维看到的则是裁判文书上网工程的大数据基本特质,或许其有诸多不完善,但不能据此否定其大数据的性质。李林教授认为,法实证研究在坚持传统方法的同时,要重视思想创新也要重视方法和手段的创新,而大数据、"互联网+"对数据的处理、分析和应用便利、快捷,使实证法学研究产生革命性的变化。② 就法实证研究的数据来源方式而言,首要的就是法院公布的生效裁判文书,当然还有基于"实验"创造的"经验"和研究者自行收集的第一手资料以及官方公布的统计资料等。每一份文书都是鲜活的、微缩的法治,是法治的细胞,蕴含着立法要素、司法要素,体现了实体规则和程序性规范,是字面法律转化"活法"生动诠释,几乎囊括了与法有关的所有信息。③ 生效裁判文书是观察应然法实然表现的最佳途径,是法实证研究的最佳数据;基于司法大数据实证研究是对法实证研究的拓展与延伸,是互联网时代法实证研究的新形式。

四、教育法学研究范式的反思

考察 30 多年的发展历程,可以发现,我国教育法学自发端就带有浓厚的实在法附庸烙印,基础理论及学科知识体系带有概念借用甚至生搬硬套式的"拼装"味道。20 世纪 90 年代后,教育法制逐步完善,教育法治继续深入,在以劳凯声、湛中乐、秦惠民等为代表的学者努力下,教育法学研究渐次繁荣。进入新时代,高校治理法治化向纵深发展,教育法学科理论从自发走向自觉。④ 学界开始

---

① 何挺:《刑事司法实证研究:以数据及其运用为中心的探讨》,《中国法学》2016 年第 4 期。

② 李林:《共建中国的实证法学》,载田禾、吕艳滨主编:《实证法学研究(第一期)》,社会科学文献出版社 2017 年版。

③ 白建军:《案例是法治的细胞》,《法治论丛》2002 年第 5 期。

④ 龙洋、孙霄兵:《对我国教育法学理论体系逻辑起点的思考》,《教育学报》2011 年第 7 期。

反思和追问学科视阈下教育法学理论体系的建构路径。有学者对 1985—2015 年这 30 年的教育法学文献进行了梳理,发现千篇一律的为基于定性分析的规范研究。① 基于逻辑演绎和价值推演的规范研究固有立场既定、结论预设的特质,难免会形成过分注重实然"文本法律"规范,忽视"活法"的思维定式。长期单一的研究范式使得作为交叉学科的教育法学,研究内容的交叉性却被虚化,由于规范研究的学术进路和概念体系差别,法学视域内的教育法学研究主要体现其法学的一般属性,基本局限在教育特别行政法的范畴,但教育法不仅涉及教育的法律问题,而且与教育思想、教育制度和教育行为密切相关,教育的特殊性被忽略。② 教育学视域内的教育法学则更多呈现了教育学话语特质,其对法学属性的规范推演带有很强的套用其他部门法理论的色彩,缺乏自有灵魂。不同视域内的教育法学理论建构各言其是,较少相互参考,教育法固有独立性被隐匿,研究结论认同感较差。

进一步来看,研究范式多样化的缺乏甚或形成教育法学理论建构中法学、教育学的双向误读。任何理论背后其实有它的经验基础,但抽象的理论会隐藏和消除经验的痕迹;尤其是实践性强的学科其诸多理论来源于实践,它隐藏或暗示了经验的前提。忽略甚或对这种前提的无知会误解、误用理论。一方面,用其他部门法的理论或者西方教育法理论推演教育法学,其经验前提在本土教育法治实践和学术氛围中并非显而易见,表面相同的概念和理论指称其经验性前提可能大相径庭。缺乏足够的经验内涵,曲解理论可能发生"指称错位"问题,也就是仅从概念字面意义上看,凭自己的片面理解、个体经验甚至去臆测,概念的本来涵义被误读。例如以民事契约理论解构学校与学生之间的关系就是对教育行为和民事行为的误读,教育除传授技能还肩负人格养成、情操塑造等不能商品化的义务,合意行为不能涵盖;品格、情操不能复原和

---

① 祁占勇、陈鹏:《中国教育法学研究热点的共词可视化分析》,《华东师范大学学报(教育科学版)》2016 年第 3 期。

② 朱芒:《高校校规的法律属性研究》,《中国法学》2018 年第 4 期。

估值,违约责任不能适用。另一方面,以其他部门法理论来分析教育法律实践中存在的问题时,有可能割裂现有的教育经验。理论自然具有建构性,可能会对现有经验加以重构,以自身的逻辑来建构性地铺陈经验,进而隐藏经验的逻辑,缺乏理论背后经验基础的足够认知,既有经验就可能被社会碎片化的随意建构,就不能有助于全面认识法律现象。

同样,在其他部门法理论视角下,其自身的一些理论内容均可以从既有教育法治经验中找到符合或不符合之处,该部门法理论也因此得以证成或证伪。"这种情况下,理论的认识功能,及其对实践的指导作用就无法实现,既有经验也就无法得到提升,无法发挥出认识教育法律实践现象的有效中介作用。"①例如教育法问题可纯以行政法视域内证成或证伪,但教育却绝非行政行为,教育过程尽管存在教学团队、科研团队和合作机制,可能包含行政行为,教育实践中的教师与从事教育的学者并非任何意义上的行政主体。虽然教育法学是以法学中的核心概念为研究起点展开思辨与实证研究的,但问题的提出与解决势必会涉及研究者和决策者的价值立场与价值选择,这种价值立场与价值选择如秩序的建立、责任的归属都离不开教育理念的注入与渗透。教育学对教育法学的参与是为了确保教育法学实践活动中的教育本真,防止因教育法学实践活动中法律属性的存在而弱化或异化教育属性。基于理论品质的教育法学实践问题研究离不开诸如教育利益等教育元素的融入,教育利益是设定教育权利与义务的中介,也是教育行为的主要动力,涉及教育行为主体教育权的实现。再比如,法律在教育法学中我们谈及教育法律关系是如何产生、如何形成、如何运行的,这势必就需要回到教育行为主体中,势必涉及教育的属性与功能。因此,教育学元素的融入对提升教育法学研究的理性品质有前瞻性意义,我们期待教育法学的本土化研究能够有更多的教育学理论的注入,以期指引教育法学朝着正确的学科研究方向发展。

---

① 陈柏峰:《法律实证研究中的"经验"》,《法学》2013 年第 4 期。

　　同时,长期单一的研究范式在一定程度上也形成了教育法学封闭、静态的研究氛围。约翰·内维尔·凯恩斯在谈到政治经济学研究的静态和动态时认为,静止状态是生产与消费,分配与交换这些方面所依赖的各种一般条件本质上没有什么变化,换句话说,在静态问题中某种特定类型的变化后果也被考虑,但一般的社会经济条件被假定是不变的。① 如果说法学整体的研究已由早期单一的政法法学发展到了诠释法学、社会法学以及新兴的实证法学并存的阶段,而教育法学整体上仍处于诠释法学的阶段,尽管有学者在十余年前就提出教育法学研究已经出现了诠释法学(中国的诠释法学功能本质上均是以文本为中心来解释法律问题)向法社会学转变的趋向,但就研究文献梳理来看,这种转变显然没有完成,法学研究整体发展趋势和教育法治实践的变迁并未引起大部分教育法学研究者的关注和回应,教育法学研究落后于其他部门法的发展。② 劳凯声认为,有些研究,仅从学科体系所提供的一套概念范畴、公式原理、理论观点出发,在自己设定的领地里自说自话,使问题演变成研究者头脑中的思辨之物,最终隐匿了问题。③ 教育法学对教育法发展、进步的影响和引导是通过立法和司法实践实现的,也就是说,"教育法学应能从现实出发,直面现实问题,理解和解释'实然',通过科学的理性运动创造'应然',从而超越'实然',这就是教育法学的功能"。④ 如果教育法学的成长没有植基于本土教育法治资源,则教育法学规范诠释研究的工作越成熟、技巧越精湛,其和中国教育法治实践的距离就越遥远,研究结论就越荒谬,与社会期待的距离落差也就越大。教育法学除了"在法规范解释学的范畴内追寻外,应当从司法实践中获取相应信息,以实证研究的方式,观察教育诉讼呈现的实然状态

---

① ［英］约翰·内维尔·凯恩斯:《政治经济学的范围与方法》,华夏出版社2001年版,第89—94页。

② 谭晓玉:《当前中国教育法学研究中的若干理论问题探讨》,《教育研究》2004年第3期。

③ 劳凯声:《教育研究的问题意识》,《教育研究》2014年第8期。

④ 秦惠民:《中国教育法学的产生发展背景与研究状态》,载劳凯声主编:《中国教育法制评论》,教育科学出版社2008年版,第187—197页。

的特殊性"①。

总之,无论教育法学的其他部门法解读或者是借用、移植其他部门法概念肢解教育法,其根本问题都是单一研究范式下对本土教育法治实践的忽视,由此造成的误读或曲解,可能会消弭教育法自身。"研究方法的匮乏乃至缺失是教育法学的致命伤,没有研究方法的规范化与多样化,教育法学根本不会被学术界认为是'学',教育法学就没有学术地位。"②

五、作为研究范式,实证研究尚未进入教育法学研究者的视野

文献梳理后可以发现,与其他部门法相比,教育法学实证研究显然已经落后。

(一)研究现状表明,法实证研究尚未完全进入教育法学的研究视野

首先,作为研究范式,实证研究尚未进入教育法学研究者的视野。教育法学语境中,鲜有对法实证研究范式探讨成果。截至 2018 年 10 月 22 日,笔者以部门法为搜索词并以"实证研究"关键词对中国知网的文献进行精确搜索,得到文献分别为"民法"20 篇,"刑法"54 篇,"宪法"23 篇,"诉讼法"52 篇。可见,法实证研究在各部门法尽管存在较大差异,但均呈现发展上升的态势,文献数量逐年增加;前述搜索方式得到教育法文献仅 1 篇。可以说,教育法学研究中对实证研究范式的探讨尚未全面展开。③ 其次,对法实证研究范式的内涵存在一定程度的误读,存在将案例研究和实证研究等同起来的认识,认为"教育法案学的研究可以繁荣教育法学的研究领域,从而提高教育法指导现

---

① 湛中乐、苏宇:《教育法学的理论体系与学科建设初论》,《北京师范大学学报(社会科学版)》2016 年第 2 期。

② 褚宏启:《教育法学的转折与重构》,《北京师范大学学报(社会科学版)》2013 年第 5 期。

③ 李扬:《我国少数民族教育立法实证研究》,《西北民族大学学报(哲学社会科学版)》2014 年第 5 期。

实教育问题的能力"①。现有文献,指标式个案分析较多,通过重要判决的选取或者对典型个案的评析,或是为了提出问题验证某种理论预设,或是为了论述个案所蕴含的法律规则,或是为了展示修改立法的必要等,但其研究进路更接近于规范研究而不是实证发现。自1999年最高人民法院公报公布田永案以来,近20年的教育法案例研究基本局限于对该公报公布的田永案、杨玉玺案、甘露案和何小强案等4个指标式案例或者是部分典型个案的讨论。指标式个案(以最高人民法院公报案例为代表)或是其他渠道得来的典型案例研究主要是为了探讨案例中蕴含的法律规则,或者是作为问题提出验证某种理论预设,或是为了展示修改立法的必要等。② 尽管案例研究具有凸显争议增加问题意识的价值,但显然不同于以大范围数据收集、量化统计、经验发现为要素的实证研究,就其逻辑进路而言,仍是将案例几经剪裁、切割纳入既有理论框架,案例的内部结构和实践的联系被肢解。教育法学视域内的案例研究无论是个案研究或是部分典型案例研究,基本上是在诠释法学范畴内的规范研究。同时,作为教育法学最主流的规范解释研究范式,很难看到数据,即使有数据,往往只是一个理论上的佐证,而与其论述的核心相去甚远。③ 也有一些自称实证研究但并未将数据分析贯穿始终,可以称之为有一定数据式实证色彩的研究。④ 另有一些学者将研究个案的社科法学方式视作实证研究⑤;

---

① 祁占勇、陈鹏:《中国教育法学研究热点的共词可视化分析》,《华东师范大学学报(教育科学版)》2016年第3期。

② 申素平:《在家教育的法理分析——从我国在家教育第一案说起》,《中国教育学刊》2008年第7期。

③ 王工厂:《教师劳动权诉讼救济实证研究》,《郑州大学学报(哲学社会科学版)》2012年第6期。

④ 管瑜珍:《大学行政行为的司法审查技术——以甘露案再审判决为分析对象》,《甘肃政法学院学报》2016年第5期;王工厂:《学校规章制度在人事争议中适用的法理分析》,《中国成人教育》2005年第2期;程雁雷:《高校退学权若干问题的法理探讨——对我国首例大学生因受学校退学处理导致文凭纠纷案的法理评析》,《法学》2000年第4期;祁占勇、陈鹏:《中国教育法学研究热点的共词可视化分析》,《华东师范大学学报(教育科学版)》2016年第3期。

⑤ 湛中乐、李凤英:《刘燕文诉北京大学案——兼论我国高等教育学位制度之完善》,载劳凯声主编:《中国教育法制评论》,教育科学出版社2002年版,第318—344页。

还有的作品虽然冠名实证研究却未有数据,当然这属于少数情形,可以实质上排除在外。整体而言,实证研究作为研究范式,尚未真正进入教育法研究者的视野。

(二)就教育法学具体问题而言,现有涉及实践的研究文献基本局限于以经验为基础的定性探索范畴

这种研究很少就该类专业领域进行长期的整体的量化分析,仅限于就所选取的个案或者几个类似案例开展研究。这在样本的选取或者对司法规律认识上都充满了随机的意味,甚至于因为只见树木不见森林,进而造成研究的结构性扭曲,因此很难发现司法机关的整体态度与动向,不能全面、准确把握司法规律,缺乏可验证性和可重复性,信度、效度不够,其更多呈现基于主观认识的"片面的深刻",遑论探讨其对教育政策与立法的实质影响。这种经验性的个案研究通过深度分析得出抽象性的一般结论,显然不同于以大规模的数据收集、分类、分析为基础进而获得"客观知识"的法律实证研究,这使得基于对教育司法实践误读和曲解的诸多规范解释显得荒谬和苍白无力。例如学界对纪律处分法律属性的探讨,对这一极具实践品格的问题,鲜有学者关注司法大数据对其在普遍教育法治实践中的表现,单一的规范解释或者个案经验描述为主的研究范式形成了众说纷纭、莫衷一是、自我言说的研究现状。

(三)教育法学现有研究缺乏开放性,没有形成与其他部门法在实证研究范式上的同向同行

教育法学实证研究未开展的原因,首先是教育法学自身基础理论建构不完善,未形成独立的被认可的学术概念体系;和其他部门法的对话并不畅通,形成法学研究范式下的教育特别行政法和教育学研究范式下的教育法,其交叉属性未被充分展示,学科视域下的教育法学研究在法学研究中被边缘化。其次,教育法治实践数据搜集困难,样本数据稀少。一方面,和传统特别权力

关系理论对高校治理及司法机关的影响不无关系,进入司法审查的纠纷受到限制。例如,尽管田永案 1999 年已经在最高人民法院公报上发布并获得社会认可,而且 2014 年还作为最高人民法院的指导案例予以发布,但仍有不少法院对高校和学生的管理纠纷不予受理,在中国裁判文书网上,以特别权力关系为由驳回起诉或不予受理的最近时间的典型案例是 2016 年 10 月的石某某诉西南交通大学开除学籍处分案。① 该案经四川省成都市金牛区人民法院、成都市中级人民法院、四川省高级人民法院三级法院审理,均认为高校作为实行教育自治的机构,根据校规校纪对作弊行为作出开除学籍处罚行为,实施的是学校内部管理行为,不是行政行为,不属于人民法院的行政案件受案范围。该案历经 8 年,最终由最高人民法院纠正得以进入再审。此案足见教育司法实践与教育法治发展割裂程度之深。另一方面,也和教育法立法及执法质量关联,导致教育司法实践落后于其他部门法的发展。例如中国裁判文书网对录入的其他部门法裁判文书均按最高人民法院确定的案由进行分类,但教育行政管理案由却是缺失的,相关裁判文书归类混乱,极大困扰了教育法律实证样本数据的收集,人为加大了教育法学实证研究的难度。另外,教育法学研究对法学整体发展关注不够;教育学和法学的不同学术概念体系和研究进路,使得教育学语境下的教育法研究者未能与法学整体发展同向同行,如将教育法个案或案例研究与教育法实证研究等同起来的认识在教育法学者中仍存在。教育学语境下的教育法研究应当关注其他部门法乃至法学研究的整体发展。曾经较少涉足教育法学研究范围的权威法学刊物《中国法学》在 2017 年、2018年连续刊发 2 篇法学研究者的教育法学论文,即徐靖的《高校校规:司法适用的正当性与适用原则》和朱芒的《高校校规的法律属性研究》。在刚刚发展起来的法实证研究范式上,增加开放性,随着更多法学背景的研究者加入,教育法学的发展完全有"弯道"超车的可能。

---

① 最高人民法院(2016)最高法行再 62 号。

（四）教育法学实证研究现状原因分析

教育法学实证研究尚未展开的原因大致有如下几方面：一是教育法治实践数据稀少，存在开展实证研究的客观困难。教育法律刚性不足，柔性有余，立法质量有待提高；同时传统特别权力关系理论对高校治理及司法机关的影响依旧存在，进入司法审查的高校治理纠纷受到限制，司法实践现状与教育法治发展需求深度割裂；数据采集困难在一定程度上也强化了教育法研究者对基于主观逻辑及价值推演的规范研究偏好。二是"双向误读"消弭了教育法学独立性，教育法学实证研究范式处于"两不相爱"的尴尬境地。法学研究者认为教育法学实证研究属于教育学研究范畴，法学属性不足；教育学研究者认为其更凸显其他部门法学的味道，未能展现教育法学的属性。这在学术刊物对相关成果的认同采用上，表现充分。更新认识是教育法学实证研究发展的重要前提："实证法学与法学各学科的关系，不是跑马圈地、画地为牢、各自为政的关系，而是方法与对象、规范与事实、价值与实践等的关系，是相辅相成、相得益彰的关系。"[①]三是教育法学研究氛围相对封闭，缺乏法学、教育学的深度"科际对话"，没有实现与其他部门法在实证研究上的同向同行。我国的教育事业覆盖了十多亿人，一大批公民需要接受不止十年的教育，教育过程中产生涉及侵犯合法权益的纠纷数以万计，而现行的权益保护机制与教育法治实践现状相比较已经错位，解决问题通道的建设远远跟不上教育事业的进度。

总体而言，对教育法治实然状态关注与回应的缺乏不能满足教育法学发展和我国教育大国的教育法治实践内在需求，教育法学实证研究落后于其他部门法，也在相当程度上制约了教育法学整体研究的发展，使之与社会期待间存在相当大的差距。

---

① 李林：《共建中国的实证法学》，载田禾、吕艳滨主编：《实证法学研究（第一期）》，社会科学文献出版社 2017 年版，第 17 页。

六、司法大数据建设和完善为教育法学实证研究提供了现实路径

（一）数据易得

教育法学实证研究关键在于教育司法实践数据的采集。我国台湾地区学者黄国昌认为实证研究数据收集方式可以是法院公布的裁判文书,也可以是由研究者自行收集第一手资料,或者是透过"实验"的方式创造"经验",在此基础上收集所需要的数据;另外,官方公布的统计资料库也可以成为实证研究的数据来源。① 但教育法学实证研究,应当特别关注大数据和互联网带来的"实证研究革命"。中国裁判文书上网工程已经"成为中国司法乃至整个法律大数据的最新也是最重要的表现形式,毫无疑问,在大数据时代,社会科学研究必然会出现'大数据'。大量前所未有的数据出现,使得工作和法学实证研究获得了以前难以想象的操作空间和研究材料。"②通过对巨量、混杂数据的分析、处理、挖掘,可以深入洞察充满未知的世界,使过去教育法学实证研究在样本数据的海量收集、迅捷处理以及精细化、精准度等方面的"不可能",成为今天大数据时代的现实。大数据正在帮助我们发现更多隐藏的法律现象,这为实现教育法学与其他部门法在实证研究领域内的同向同行甚至"弯道超车"提供了契机。

（二）数据来源与结论更加权威、客观、高效、简便

基于各种原因所造成的教育司法案件数据稀少,随着司法大数据越来越完善,已经不再是教育法学实证研究展开的主要问题。较之其他渠道例如新

---

① 黄国昌:《法学实证研究方法初探》,《月旦法学》2009 年第 12 期。

② 李林:《共建中国的实证法学》,载田禾、吕艳滨主编:《实证法学研究(第一期)》,社会科学文献出版社 2017 年版,第 18 页。

闻报道案例、教学案例以及部分典型指标案例,司法大数据提供的官方记录更为权威客观,互联网尤其是移动互联的高度普及使得数据获取高效便捷。尽管较之其他部门法案例数据,教育法数据要稀缺很多,但并不妨碍以全样本或大样本思维进行实证分析。全(大)样本案例数据,很少有完全符合预先设定的数据种类。研究者只有在收集和处理案例数据的过程中才会发现,小数据的抽样调查需要问题预设,难免存在少量假设基础之上的立场既定;结论缺乏延展性,即调查得出的数据不可以重新分析以实现计划之外的目的。当然司法大数据中的"大"不是绝对意义上的大而全,笔者在数据收集过程中发现,就裁判文书上网工程发布的数据文书而言,尤其是教育行政管理诉讼文书数量还是偏少,距离完全意义上的大数据尚有距离,最多是大样本数据。同时也需要说明,当数据大到一定程度时,结论的可靠性并不随着数据的增加而增加,我们在一个案例数据上获取的有价值信息越来越少,存在类似边际效应递减的情形,因此,基于司法大数据的教育法学实证研究不用随机抽样的分析进路,而采用大数据的分析进路,也就是全样本思维。这样,基于司法大数据实证结论的可验证性、可重复性较之以抽样调查为进路的小数据时大幅提高。

(三)可以避免规范研究学术进路差异形成的"误读"

教育法学独立性的消弭很大程度上和其教育学、法学的交叉属性被隐匿相关联。学术进路和概念体系的差异使得教育法学的双向误读在规范研究范式下似乎是个难以破解的困局,教育法学独立的学科地位在教育学界多年的呼吁并未引发太多法学界的关注与回应。作为一个教育大国,教育法学的发展应当体现中国特色、中国风格、中国气派。"要推出具有独创性的研究成果,就要从我国实际出发,坚持实践的观点、历史的观点、辩证的观点、发展的观点,在实践中认识真理、检验真理、发展真理。""只有以我国实际为研究起点,提出具有主体性、原创性的理论观点,构建具有自身特质的学科体系、学术体系、话语体系,我国哲学社会科学才能形成自己的特色和优势。"①司法大数据的裁判文书数据作为法治记录的官方发布,其受众范围由当事人扩及于不特定社会公众,既有定分止争又有价值引领,基于此的教育法学实证研究在相当程度上可以回避规范研究的"误读"。关注和回应实然教育法治实践的本土资源,发现实践中的教育法是新时代赋予教育法学的使命,更是教育法发展的历史机遇;而司法大数据为研究实践中的教育法提供了绝佳的技术路径,使其以客观、独立的实然状态呈现昭示自身的存在。

七、司法大数据的不足与完善

同时也应该认识到,大数据不是万能的,其局限性一方面表现为由于技术或主观因素,一些大数据可能不真实,不够细致充分。另一方面,大数据往往呈现非结构化的混杂性和发散性,有时会有系统性的偏差。但总体而言,大数据时代的到来为教育法学实证研究提供了历史机遇与技术支持,对拓展眼下千篇一律的教育法学研究范式具有很强的现实意义。

(一)社会科学固有特质对实证研究的影响

社会科学与自然科学相比所具有的特殊性,会对社会研究方法的客观性产生较大影响。

第一,社会现象有着与自然现象不同的特点。社会是由人组成的,人是有主观意志的。人的社会行为除了具有理性的一面之外,还有非理性的一面。人的理性行为和非理性行为在一定的条件下会相互影响,社会现象包含的主观因素很难直接测量,社会现象的内在关系虽然从理论上说是可以发现和认识的,但在长期观察中并不一定准确。以经济学为例,其在社会科学中已经达到较高的量化研究水平,但是经济学家对经济的预测也经常会出现错误。

---

① 习近平:《在哲学社会科学座谈会上的讲话》,《人民日报》2016 年 5 月 19 日。

第二,现代社会是一个异质性较高的社会,人与人之间、不同群体之间、不同文化之间存在很大差别。即使那些重复出现的社会现象,它们的背后原因也可能是不一样的。我们再也不能只通过解剖一只"麻雀"来了解事物的全部,研究者很难通过对几个人或几个单位的研究得到普遍适用的结论。通过大量样本研究获得的结论,也仅仅是"概率"上的判断。这种情况其实在某些自然科学中也存在,例如对气象、地震的研究。因此,任何现象的研究,它的异质性越高、不确定因素越多,其"客观性"或可靠性就越低。研究可能更多地依赖于研究者对现象的悟性和洞察力。

第三,由于社会现象所具有的特殊性,社会科学还未进入高度的理论概括和演绎阶段,人们对于社会现象的认识大多还处于资料积累阶段,还未形成经过反复验证、高度概括、具有普遍意义的社会理论。因此,很难根据成熟的理论建立系统的、标准化的、用来观察社会现象的测量指标和用于检验或鉴定研究成果的科学评价体系。[1]

第四,更重要的是研究者也是社会中的一员。在社会研究中,研究者和被研究者共处于同一个社会,在研究过程中,存在着直接或间接的互动。当研究者在对自己的同类做研究时,不可能没有自己的喜怒哀乐,不可能没有自己的价值倾向。还有,研究者在做研究时,总是要借助某种理论。在长期的"学习"过程中,他所学到的知识实际上已经内化为他自己的知识结构或"参考框架",形成较为固定的思维定势。知识结构或"参考框架"中的概念体系提供了观察问题的方法,使研究者能够分析和综合被观察到的现象。因此,在社会研究过程中,研究者的知识结构或"参考框架"决定了他只能用自己的方法和概念观察社会现象,分析、概括和反映所谓的客观事实。从某种意义上说,在社会研究中,任何实证资料都很难说是"纯客观"的,它与研究者先有的理论、概念是分不开的,是通过这些理论和概念来"摄取"的。所以,调查的事实和

---

[1]　仇立平:《社会研究方法》,重庆大学出版社2015年版,第7页。

客观存在的事实总是存在一定的差距。科学的社会研究方法只是尽可能地去缩短它们之间的差距。①

(二) 由于技术因素和主观因素,司法大数据仍需进一步完善

一方面,文书数据公开量、及时性仍然有待提升,文书公开监督应进一步深化,保证上传文书数据的质量。同时,法院内部系统之间有待进一步协调,确保统一的发布平台运行顺畅和良好的技术关联,文书公开的地区差异有待进一步消除。② 另一方面,归类问题也认为增加了数据收集难度,例如教育行政管理诉讼的案由没有列入数据库。笔者对相关数据文书的收集基本是靠多次变换主题词反复搜索来完成,难免存在人为遗漏的情形。司法大数据的"大样本"数据到"全样本"数据尚有距离。

(三) 司法大数据的全样本或者大样本缺乏对个案异质性的关注,对部分样本不够大的微观问题分析可能会出现偏差

正如天下没有两片相同的树叶一样,所有的数据案例都是有差异的,但每个数据内部都隐藏着某些未被发掘的价值,其真正的价值就像漂浮在海洋中的冰山,乍一看只能看到冰山的一角,但大部分都隐藏在表面之下。大数据的全样本和容错思维决定了其难以关注个案异质,难以对异质案例进行科学化归纳,结论的普适性甚或失之偏颇。实证研究是一种自下而上的研究范式,归纳理论上的全样本数据而产生的一般性结论,带有某种程度上的风险性;数理统计回归分析专门手段的缺乏,难以对多个案例数据进行定量尺度的本质考察,形成的结论抑或会是狭隘的和特殊的,可能无法提升至一个普遍适用的水准,形成结论信度上的不足。同时,数据案例的异质性意味着我们可以从不同

---

① 仇立平:《社会研究方法》,重庆大学出版社 2015 年版,第 8 页。

② 马超、于晓虹、何海波:《大数据分析:中国司法裁判文书上网公开报告》,《中国法律评论》2016 年第 4 期。

视角观察同样异质的数据案例集合。实证研究在对司法大数据的案例数据定量分析的同时,更为细节的描述、机制的增加和过程的讨论,会因迁就巨量、繁杂的数据而过于繁琐,这实际上又需要个案研究、比较分析加以支持;这会使深度依赖数据案例的实证发现结论尽管在细节方面很丰富,但在结论的把握上往往缺乏简洁的整体视角。

（四）基于大数据相关关系的预测具有一定的或然性

基于司法大数据相关关系分析进行预测是教育法学实证研究的主要目的之一。数据案例是对法律实然状态的记录、分析和重组;司法大数据提供的是一种发现,不能准确地表现诉讼为何会发生,它只是将正在发生的这件诉讼呈现出来,尽管在许多情况下,这种提醒的帮助已经足够大了,但作为应然法律投影的文书数据并不完善,据此做出的预测本身仍具有相当程度的或然性。因果关系是一种特殊的相关关系,应结合局部小样本精确量化或深度描述确定相关关系向因果关系转化。

第三节　教育法学实证研究的分析进路

一、实证研究中的描述性研究进路

（一）描述性研究是实证分析的基础研究路径

描述性研究是系统地了解社会问题或社会现象的状况及其发展过程,通过对现状的准确、全面的描述,反映总体的特征及其分布,解答社会现象"是什么"的问题。描述性研究是科学研究的基础和起点。也就是说,任何科学研究都是从描述开始的,人们只有全面清楚地了解和掌握社会现象的状况、特征及其分布,才有可能发现和揭示社会现象变化和发展的方向或趋势,才有可能解释社会现象之间的相互关系。所谓描述是指对研究对象的基本特征的阐述,它将反映现象的基本分布状况,讲清"是什么"的问题。因此,准确地描述现象的基本状况是社会研究的基本要求,也是解释、预测等进一步研究的基础。解释就是要说明社会现象发生和变化的原因,或者说明社会现象之间的因果关系。如果说描述是要解决"是什么"或"怎么样"的问题,那么解释是要解决"为什么"的问题。从人的认识来说这是进了一步,它要比单纯描述状况更为深入。[1] 一般来说,当某种学科在刚刚建立的时候,或者对一个新问题、新领域开始研究的时候,往往以描述性研究为主,因为这个阶段还处于认识和资料积累时期。同时,一门学科的研究对象越是复杂多变,越容易受到各种因素的影响和干扰,越是不稳定,它停留在描述性研究的时间就越长。从这个意义上说,社会科学包括法学基本上还处于描述性研究的阶段。在社会研究中,研究者可以利用各种手段讨论现象之间的相互关系,以质性的、量化的、理论的分析方法,在大量现象中筛选出影响事物的主要原因和次要原因。

(二)描述性研究中的归纳

从科学研究的逻辑来说,描述性研究方法基本上以归纳法为主。人们必须通过对大量现象的反复观察,才有可能获得对现象的认识。描述性研究可以是实地研究,也可以是调查研究。实地研究中的个案调查基本上就是以归纳方法为主。研究者在对个案的长期观察过程中搜集大量资料,经过分析和综合,反映研究对象的基本状况及其特征。同时,描述性研究一般都是大样本调查,这样才能获得具有普遍意义的结论。描述性研究的科学逻辑基本上是归纳推理,一般来说不需要以研究假设作为研究的导向,但是它仍然需要以研究设想为基础,尤其是大规模的抽样调查。有的时候,研究者也可以采用"描述性"的研究假设,运用统计分析的方法检验社会现象在质和量上的差异性。

总体而言,现代社会研究中的描述性研究都是大规模的抽样调查,因此它

---

[1] 仇立平:《社会研究方法》,重庆大学出版社 2015 年版,第 10 页。

要求做到描述的准确和概括。也就是说,能够定量地、精确地描述和说明社会现象的基本状况和分布特征,能够反映总体及各个部分的一般状况或普遍现象,而不是个别的、片面的。根据样本调查的结果,能够反映出总体的一般水平和趋势。它所得出的结论或对某种特定事物的状况和特征的分析应该具有相对的普遍意义。

二、大数据思维下,教育法学实证研究中的描述性分析进路更具有可接受性和可操作性

基于大数据实证研究的核心是尊重经验的同时在数据发现的基础上进行预测,也就是研究者基于自身经验的直接发现,通过数据统计关注相关关系,发现隐匿的相关性,并基于相关性进行预测。[①] 其外延应基于这一核心内涵延展,而不受形式、载体等外在表现的过多限制。研究者对数据的应用是有差异的,既有接近统计学的实证研究,也有以描述性统计实证分析为主的实证研究,但均应体现出以数据的收集、分析为中心,这是世界实证法律研究的共同特征。统计学方法的采取,使得法实证研究的方法论部分趋于复杂。法实证研究的要素之一就是基于数理统计的案例数据量化分析,在数据少的时代,传统的样本分析很难容忍误差数据的存在。如何防止和避免在采集样本和分析时出现错误,统计学使用了一套策略来减少出错的概率和可能的系统性偏差。然而,即使只有少量的数据,这些错误规避策略仍然存在昂贵的成本。许多法学研究者在认识法实证研究这个新生概念的最初阶段,往往就因为接触到复杂的统计学论述(或其他非量化的复杂研究方法),而终局地失去了对于法实证研究的兴趣。这种"成也统计、败也统计"的法实证研究发展,不仅在我国,即使其他法实证研究有较我国更长历史、更多研究者投入的国家,也深受其累。关于此种对研究方法的陌生和抗拒,早期美国联邦最高法院大法官

---

① See Peter B.Kraska & W.Lawrence Neuman, *Criminal Justice and Criminology Research Methods*, Pearson Allyn and Bacon, 2008, pp.148–149.

William J.Brennan 就曾表示:要司法体系成员,或国家公务员,能精通统计技巧,实有困难;学者 Methodological Anxiety Syndrome 称之为"研究方法焦虑症候群"。①

大数据思维要求我们重新审视精确性的优缺点,追求精确性是信息匮乏时代的产物。数据匮乏时,任何数据点的测量都是结果的关键,每个数据的精确性都需要得到保证,才可能预防偏差。大数据时代要接受纷繁数据不精确的存在并从中受益,而不是以高昂的代价消除所有的不确定性。大数据的容错思维下,门槛较低的描述性统计方法,有助于更多研究者接触法实证、了解法实证,进而从事法实证研究。无论对于实证研究的推广还是政策制定者的采纳,都利大于弊。② "就阅读受众而言,即便是描述性统计,对于一些部门法研究者来讲,仍然有一定难度,描述性统计可能是目前法律人能够接受的极限。"③

就眼下大数据的使用而言,我国现有的法实证研究主要是利用传统的法律研究范式对数据进行处理,描述统计的理论分析占据主流。尽管绝大部分学者尚不能科学、熟练地运用数理统计等分析方法对研究问题进行定量分析,但法实证研究者大都认为当下研究者处理与应用数据的描述性方法,对经验性现象的描述、研究基本是合适的,描述性实证尽管属于浅层次的分析,仍然具有重要的价值,甚至有必要提倡。实际上,如果实证研究的重心在于对经验现象的特征把握,则描述性研究基本可以胜任。如果用简单方式达至研究结论,采用复杂的统计学研究方式便是非必需的。尤其在研究者数理统计专业知识相对匮乏的背景下,"当下研究者处理与应用数据的描述性方法,对经验性现象的描述、研究是基本合适的,描述性实证研究也许是中国实证法律研究

---

① See Craig v.Boren,429 U.S.190,204(1976).

② 苏凯平:《再访法实证研究概念与价值:以简单量化方法研究台湾地区减刑政策为例》,《台大法学论丛》2016 年第 3 期。

③ 唐应茂:《法律实证研究的受众问题》,《法学》2013 年第 4 期。

目前最具有操作性的模式"①。

三、司法大数据于本研究之运用

(一)作为研究样本的司法大数据

利用司法大数据进行研究,至少存在两个研究方向:

第一个方向是延续类型化研究路径,类似于传统教义法学的研究路径,梳理某一个问题(规则)的不同类型处理方式,或者说不同法院做出的不同判决类型。这样的研究路径尽可能地发现、梳理、总结某一法律规则的不同解读模式,以及法院的不同处理结果,从而更好地理解某一规则的具体适用,甚至发现某一规则如何在实践中被法官以各种方式"放弃"。这种类型化研究并不以大数据为基础,目前中国裁判文书网裁判文书的缺失,也不直接影响类型化研究的结论。实际上,在小样本、小数据库的背景下,类型化研究也能够很好地发展。但是,大量数据的存在,加上处理大量数据的工具的发展,为类型化研究提供了更加便捷的方式和渠道,这也是为什么期刊文章中出现大量类似研究之一。不过,对于这类研究而言,研究者自己应该非常清楚,归根结底,这是一种归纳法,是一种基于不完整样本的归纳法。不管自己归纳得如何全面,其结论永远存在被新增类型、新增模式补充,甚至推翻的可能性。

第二个方向是尽可能地寻找全样本做研究,并从中寻找某些统计意义上的规律和结论。全国法院裁判文书的上网率不算高,中国裁判文书网不是全国法院裁判文书的全样本,这并不代表我们不能去寻找、创造某种全样本来进行研究。因此,某些年份、某些省份的裁判文书样本,可能都成了某种特定情况下的全样本,从而为更为精准的统计研究提供了可能性。同时,本书研究以省为单位进行比较,实际上,研究者可以以市、区(县)等更小单位进行研究、

---

① 左卫民:《一场新的范式革命? ——解读中国法律实证研究》,《清华法学》2017 年第 3 期。

比较,从而可能发现更多的全样本,为统计研究提供更多的可能性。同样道理,某些特殊案件,如海事海商、知识产权案件,只能由特定法院受理,因此,研究某些特殊案件的裁判文书是否可能构成全样本,这也是一个可能的思路。[1]美国法律学者李本(Benjamin L.Liebman)与他的合作者提到,"将文本看作数据、使用计算机等工具挖掘海量文本背后隐含的规律,以此完成人工编码无法企及的研究工作,这日益受到社会科学各个领域的关注,中国裁判文书的网上公开与社科研究的动向互相契合"[2]。

(二)司法大数据运用的逻辑进路

研究过程保证了研究结论的可验证。研究结论是否科学,一个重要的判断标准就是研究结论是否可以验证。特别是那些经过周密调查而得出的具有重大社会意义的研究结论,都应该能够让其他研究人员进行检验。这种验证就是按照原研究设计的步骤,即原研究的过程重复研究。因此,可以通过重复进行原研究的过程或步骤检验研究结论的科学性。[3]　文献搜索可以发现,司法大数据研究目前处于话语热、实践冷的起始阶段。尽管上网的裁判文书并非在任何情况下都是完全、完整的数据,也并不代表数据类型的丰富,但这并不表明我们不能去寻找某种程度上接近于全样本或者创造某种类型的全样本来进行研究。现实的研究路径是,在正确清洗数据把握数据缺失程度的前提下,尽可能地在司法大数据中寻找全样本做研究。具体来看,可以适当缩小研究范围,并限定研究对象,尽可能地收集、获取某领域或某类别相对完整、具有一定代表性的真实数据,研究某些特殊类型案件的数据文书是否可能构成全

---

[1]　唐应茂:《司法公开及其决定因素:基于中国裁判文书网的数据分析》,《清华法学》2018年第4期。

[2]　Benjamin L.Liebman,Margaret E.Roberts,Rachel E.Stern and Alice Z.Wang,"Mass Digitization of Chinese Court Decisions:How to Use Text as Data in the Field of Chinese Law",*21st Century China Center Research Paper* No.2017-01.

[3]　仇立平:《社会研究方法》,重庆大学出版社2015年版,第10页。

样本。同时,天下没有两个完全一样的案例,案例数据的异质性意味着司法大数据资源的可分性,意味着可以从不同视角观察各种类型的案件。而且案例数据之间的异质性是相对的,大量相异的案例数据又可以被归结为某一类型的案例,案例同质性特质意味着我们可以通过大量数据归纳出法律现象某些统计意义上的规律和结论。

(三)大数据思维与归纳、演绎的综合适用

科学研究是由归纳和演绎两个逻辑推理过程构成的。在近代科学研究中,归纳和演绎不是相互对立的,而是相互结合的,反映了科学研究的一般逻辑或过程。归纳推理是从特殊事实中概括出一般原理的推理形式和思维方法。它是从个别的、单一的事物的性质、特点和关系中概括出一类事物的性质、特点和关系。因此,归纳过程是由感性认识上升到理性认识,由个别到一般,由具体到抽象,由特殊到普遍。归纳推理就是从经验观察出发,通过对大量客观存在的某类型的社会现象进行观察和描述,概括出这一社会现象的共同特征或一般属性,由此上升到一定的理论或者从中建立理论来说明观察到的具体社会现象或事物之间必然的、普遍的联系。归纳的作用在于,以观察(调查)到的大量客观资料为依据,概括出社会现象的共同特征和性质,并得出理论结论。归纳推理对科学的发展和探索具有很大的作用,尤其是在科学还处于描述性的阶段时,不仅可以认识研究对象的基本状况,还可以在大量观察的基础上提出假设,做出猜想,发现规律。但是归纳推理也有其局限性:一方面,归纳推理结论的可靠性来自于观察的全面性和观察对象的穷尽性,如果观察对象是有限的,它所得出的结论就是可靠的、确实的;但当观察对象是无限时,由归纳推理得到的结论就有一定的局限。由于社会现象的复杂性,研究者一般很难运用完全归纳法,更多的是采用简单枚举法,因此在社会研究中通过归纳推理获得的结论通常具有或然性,而不具有必然性。由于科学归纳法是以因果关系的必然性为基础的,当研究者无法认识和把握因果关系时,它的

"客观性"或可靠性就越低,研究则可能更多地依赖于研究者对现象的情况和洞察力。另一方面,在归纳推理中,由观察而得到的结论通常是经验性的,很难上升到一定的理论高度,很难建立一种具有普遍意义的、高度概括的理论。因为观察对象的有限性,由感性认识上升到理性认识不仅需要归纳推理,还需要分析和综合,这依赖于科学的想象和猜想、抽象的理论思维能力。而演绎推理是从一般到特殊,它是根据一类事物都具有的一般本质来推断这类事物中的一些个体所具有的属性、关系和本质的推理形式和思维方法。在社会实证研究中,演绎推理就是从一般原理或理论出发,通过逻辑推理来解释具体的事件或现象。任何研究都是从提出问题开始,并尝试对问题进行理论解释,根据理论解释提出和经验相联系的研究假设,这一过程是一般到特殊的过程,即演绎推理。①

(四)教育法学实证研究与研究范式之拓展

教育法学实证研究运用大数据思维,通过相关关系考察,可以比以前更容易、更快捷、更清楚地发现教育司法实践的发展趋势。例如,行政裁量中的"处分恰当"和处分行为的司法审查结果具有强相关性,由此可以预测高校治理在非专业判断范畴内将面临更大的司法张力。而我们能收集和处理的数据案例只是教育法治实践的一小部分,若无法获得完整的数据,做出的预测本身就有一定的不可靠性,而法治实践的实时变动决定了数据案例永远不能做到绝对意义上的全样本,基于相关巨量数据的判断也是可以被接受的。大数据提供的"是什么"的发现只是参考而不是终极答案,寻求更好的方法和答案则需要更深层次的研究,以找出背后的"为什么"——毕竟因果关系也是一种特殊的相关关系。教育法学实证研究要在预测司法趋势的同时,对案例数据进行微观精确的比较分析,寻求针对性的立法调校方案。"定量式的研究本身

---

① 仇立平:《社会研究方法》,重庆大学出版社 2015 年版,第 59 页。

不是全部建立在数据分析、软件运用、计量公式上,它的结果也并不完全以图表形式呈现,它仍然需要对变量之间为什么存在这个关系加以解释,这实际上需要个案研究、比较分析的细节加以支持。"[1]

尽管教育法学的规范研究提出了诸多具有洞察力、生命力的问题,但较之于法学研究整体,长期单一的研究范式在很大程度上已经制约了教育法学的发展,拉大了与社会期待间的距离。教育法学的产生与发展已深深带有实然教育法规范甚至只是法律条文依附性理解、解释的烙印;仅仅为实在教育法的解释和宣传服务,不是完全意义上的教育法学,在教育法与教育法学的关系上,教育法学应通过立法过程和法律实践对教育法的发展、逐步形成影响和引导作用。作为与规范研究相对应的研究范式,实证研究产生的历史必然性恰是由规范研究在科学研究中遭遇的瓶颈所决定。数据时代下,被隐匿的体现教育法固有特质的法律现象会在基于大数据的实证研究中逐渐显现。同时,基于司法大数据的教育法学实证研究,也使得教育法学和其他部门法学同处在发展的"弯道"。本书试图通过对高校学生管理司法审查进行的描述性实证分析表明教育法学研究范式拓展的意义:既要坚持规范研究的问题导向,探寻其他部门法所不能涵盖的、为教育法所特有的研究客体,同时,更需回应实践,结合本土化的教育司法资源,从最能体现教育法特殊性的实践问题中去发现教育规律,揭示为单一研究范式所隐匿的问题,充实丰富教育法的研究内容。以法实证方法发现的事实为基础,可能结合既有教育法学理论,开启对教育法律议题的新讨论;亦可能以开放心态达成与教育法学以外的部门法学进行的科际整合研究,促成教育法与其他部门法学的对话,改变教育法学封闭、静态的研究氛围。司法大数据在概括性授权和低密度规定的教育法语境下,更是一种活法现实回应的技术表现。通过进一步发展并科学化基于大数据的教育法学实证研究,有可能获得客观认识,发现隐藏的真理及

---

[1] 唐应茂:《法律实证研究的受众问题》,《法学》2013 年第 4 期。

教育法治实践背后的规律,进而细致化教育法律、规章、政策的制定,证实或证伪现有的认识,甚至得出新的理论。这将为教育法学自身的发展赢得更多的空间。

第二章　高校学生管理的司法大数据图景

　　数据研究的重要进路即是通过信息图表等手段更好地表达和解释现有数据，甚至扩大和加深对数据的理解；信息图表的数据采集和显示过程也是发现和深化结论的过程。单一维度的数据只能反映研究对象的局部，当收集到更多维度的数据时，通过信息图表的显示、对比就形成了反映各种可能性、揭示更深层次问题的数据图景。①

第一节　数据采集及分析架构

一、数据获取进路及过程

　　研究结论是否科学，一个重要的判断标准就是研究结论是否可以验证，这种验证就是原研究的过程重复研究，也即可以通过重复进行原研究的过程或步骤检验研究结论的科学性。所谓研究结论的验证性，是指研究结果必须来自经验事实，一切事实来自调查，一切结论来自经验研究，并且研究结论具有

---

　　①　彭兰：《"信息是美的"：大数据时代信息图表的价值及运用》，《新闻记者》2013年第6期。

可验证性和重复性。也就是说,研究者经过调查充分掌握第一手资料和必需的文献资料,才能获得可靠的结论。不是纯粹依靠抽象归纳的推理,而是主要依靠经验事实来说明自己的结论。同时,具有确定的研究程序,使其他研究者可以依据确定的研究程序重复研究,以验证原有结论的真伪。在科学研究中,不可重复的结论都是不可靠的,不具有实证性。[①] 司法大数据研究过程的开源性更保证了研究结论的可验证性。

检索过程的说明主要用来标明研究的可重复性以及可验证性进而标明研究结论的客观性。鉴于建设中的裁判文书上网过程中存在的些许缺陷,为尽量获得样本数量,在数据库的运用上,本书以中国裁判文书网为主体,由于各个省还建有自己的裁判文书公开的数据库,鉴于技术原因,数据同步亦存在差距,数据获取兼顾了各省法院网公开司法文书的检索。另外,辅之以无讼案例库,检索过程表明,由于负荷的不同,无讼案例库在全网抓取数据的速度和范围上和中国裁判文书网略有差别,以全文检索名称+律师检索得到的结果并不一致,在裁判文书网上显示84个,以笔者所承办过的案件进行检索,无讼案例库显示85个,这表明在全网抓取的能力上,无讼案例库可以作为补充,也就是说无讼案例库裁判文书的来源,不仅仅来源于中国裁判文书网,同时还包括各个省市建立的数据库。在检索词的确定上,本书采用相关关键词多重检索:一是全文关键词检索+案由+法律依据。检索过程中先后采用如下关键词以及在中国裁判文书网和无讼案例库所得到的样本数量,检索一:文书网检索条件:案由,行政案由;法律依据:教育法;全文检索:学校;文书数量:56。无讼案例库搜索条件:学校,教育法;案件类型:行政;文书数量:612。检索二:文书网检索条件:案由,行政案由;法律依据:教育法;文书数量:59。无讼案例库搜索条件:教育法;案件类型:行政;文书数量:1113。检索三:文书网检索条件:全文检索教育案由,行政案由;法律依据:普通高等学校学生管理规定;文书数

---

① 仇立平:《社会研究方法》,重庆大学出版社2015年版,第6页。

量:43。无讼案例库搜索条件:案件类型,行政教育;法律依据:普通高等学校学生管理规定;文书数量:216。二是本研究又分别以"行政+大学教育""行政+学校+教育""行政+学院+教育"为检索条件,在文书网和无讼案例库中检索,对检索到的文书逐一阅读,按如下核心条件筛选:高等学校和学生之间形成的行政诉讼,这里的学生包括在学入学和已毕业学生,也就是原被告双方形成的是教育行政管理关系,以此条件,高校和学生间的民事诉讼,或者原告和被告未形成教育行政管理关系的诉讼均被剔除,同时对检索到的文书重复上传的加以甄别剔除。

二、研究数据之确定

基于生效裁判文书上网的司法大数据是依照案件要素信息的数量特征、时空分布特征以及流变过程建构而来,其特征是长时序、多维度、多源异构,亦延续了大数据的逻辑。如果按照司法大数据建构信息来看,高校学生管理司法审查大数据应归属于行政案由中的教育行政管理类纠纷,但事实上这一归类在行政管理案由所包含的30多个子案由中是缺失的。这使得本书最初设想的高校学生管理司法审查数据的采集变得复杂和困难,主要在于一个原告提起的数起案件,样本案件数量如何确定(有研究将系列案件不加区分地视为同一个样本案例进行统计分析,笔者认为这是不恰当的)。本研究结合司法实践中的统计方法及数据对司法现状客观反映程度,统一采用以下方法确定:一是原告相同、被告不同的情形,此类案件尽管有关联但因涉及的法律关系已经不同,司法实践当中均作为不同案件立案处理,本研究也将其作为不同的案例或单独的案例分开进行统计。二是同一案件,在不同诉讼阶段如一审判决(裁定),二审判决(裁定)以及再审判决(裁定)等这种情形,以及产生不同的裁判文书如管辖裁定、中止裁定等,本研究将其视为一个案例。这和司法实践当中的做法有所不同,司法实践当中均将其作为一个单独的案件进行统计,但就样板选择而言是合适的,如将其作为一个单独案件进行样本分析的话。由于案件裁判文书上网的不完整性,有可能会造成样本案例在时间分布和地域分布的失真。在对重复上传①、制作粗糙甚至错误文书数据②加以清洗,③笔者在裁判文书公开网(包括中国裁判文书网和未做完全技术关联的省市裁判文书公开网)采集到包含高校(大学、学院、学校)、学生等案件要素信息文书数据4321个,截至2019年7月31日,共得到有效裁判文书数据535个,按前述相应标准整理得到案例数据435个,虽然较之于其他类型的司法大数据,高校学生管理合法性审查类型数据绝对数量偏少,但这也为本书采用融合定量与定性分析的大数据分析进路提供了更多可能。

三、数据聚类分析

本书分析架构结合的是司法大数据所表现的裁判文书检索项目,中国裁判文书网对裁判文书检索项目的架构基本是根据一起行政诉讼的议题结果来进行设计,也就是有谁(原告)主张谁(被告高校)所做什么处分(管理手段),又因为什么原因(讼争原因焦点),请求谁(法院)根据什么理由做成什么裁判。基于数据样本存在不同程度的亲疏关系或相似性,聚类分析(或称族类分析、点群分析)是处理物以类聚的典型方法,包括聚合法、分解法、调优法等;同时,主要是不能变量过多、纬度过多。本书聚类分析采用聚合分析法并结合调优法,即通过对数据样本变量相似程度的比较,将最相似的数据合并成一类,直到所有数据归类完毕,聚类分析尽量不使用中介变量。同时,依据分类准则,为符合分类目的,各类包含元素要少,保持各类重心间的距离必须大,各分类包含元素少,尽量不使用中介变量。每一分类均选择一个元素为标准,同时在规则下判断该分类是否最优,进而对变量之间相关程度进行的描述,包

---

①　如陕西省高级人民法院(2015)晋行申字第54号行政裁定书连续上传三份。

②　有的文书标题是判决书结果却是裁定,例如李伟与江苏省省级机关管理干部学院争议纠纷南京铁路运输法院一审裁定是结果,但题目上却表明为判决书。

③　马超、于晓虹、何海波:《大数据分析:中国司法裁判文书上网公开报告》,《中国法律评论》2016年第4期。

括简单相关分析、多元性相关分析、线性相关分析等。本书主要采用简单相关分析的描述将案例数据分为如下类别：一是讼争焦点，以受教育者的核心权利诉求与高校结构化的行政行为类型之契合为依据，所检索到的裁判文书争议焦点，以此分类可以凝练讼争形成的原因及司法审查路径，也可深化认识司法监督高校治理的广度、深度以及高校学生管理法治化的实际状态。二是争讼发生时间和空间，以期发现大学自治和司法权张力变构的时间和空间相关程度。本书以一审立案时间确定司法审查的时间分布状态，以期考察高校学生管理司法审查的嬗变历程，进而基于大数据的相关性描述司法权、大学自治及受教育者权利救济之间张力的变构趋势。三是被告身份，以观察不同类型高校中学生管理争讼的结构化差异。本书选取的分类标准为"双一流"高校和其他高校。四是实体裁判结果。裁判结果有程序审查结果和实体审查结果之分，以行政诉讼中法院是否判决撤销或者部分撤销高校学生管理行为为依据，将其分为高校获支持情形、学生获支持情形和撤诉三类，以此观察、解构、归纳类型化讼争中学校、学生、法院间张力强度的结构化差异。

第二节　高校学生管理司法审查 20 年之数据图景

一、时间、空间分布

数据总是对应于某个特定的时间或空间，但孤立的时间或空间点的数据，只能反映一个暂时、局部的现象。如果我们把视野放到更大的时间或空间跨度上，就有可能发现更为长期的、总体的规律。

（一）时间分布

样本案例时间的确定均是以裁判文书所载明的案件号作为时间分布统计

的依据。如果是系列案件则以一审案件裁判文书载明的案件号作为时间分布统计的依据。

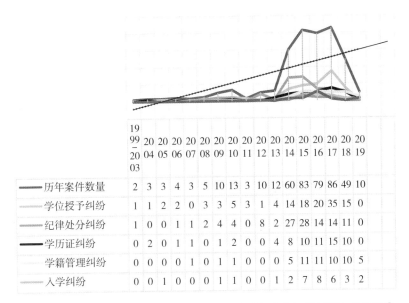

	1999 2003	2004	2005	2006	2007	2008	2009	2010	2011	2012	2013	2014	2015	2016	2017	2018	2019
历年案件数量	2	3	3	4	3	5	10	13	3	10	12	60	83	79	86	49	10
学位授予纠纷	1	1	2	2	0	3	3	5	3	1	4	14	18	20	35	15	0
纪律处分纠纷	1	0	0	1	0	0	1	1	0	0	2	27	28	14	14	11	0
学历证纠纷	0	2	0	1	1	1	2	0	0	4	8	10	11	15	10	0	
学籍管理纠纷	0	0	0	0	1	0	1	1	0	0	5	11	11	10	10	5	
入学纠纷	0	0	1	0	0	0	1	1	0	0	1	2	7	8	6	3	2

图 2-1　1999—2019 年高校学生管理司法审查时间分布矩阵及嬗变趋势图①

立案登记制实质上完全摒弃了立案审查制的各种障碍,以最快的速度进入司法程序,最大程度地契合了教育行政诉讼的时效性特点,同时必将促进高校在履行教育管理权的过程中更加重视程序公正和程序完整。否则,高校在应诉过程中将大量出现田永案中高校"赢了实体"而"输了程序"的结果。2014 年修订的《行政诉讼法》(以下简称"新行诉法")第五十一条改审查立案为登记立案,第五十二条新增了对法院不依法立案的救济途径,为立案登记制上了"双保险"。笔者认为这是新行政诉讼法最大的亮点之一,对高校教育行政诉讼具有十分深刻的意义。首先,诉讼起点不同。立案审查制下,诉讼起点是法院决定立案时;而立案登记制下,诉状提交给法院时,诉讼就开始

---

① 王工厂:《高校学生管理诉讼 20 年:嬗变路径、趋势与回应机制构建》,《复旦教育论坛》2020 年第 6 期。

了。其次,立案条件不同。立案审查制下,各级法院立案审查的尺度不一;而立案登记制下,当事人只要提供符合形式要件的诉状,法院应当一律接收,并在规定期限内依法处理。最后,对诉权的保障不同。立案登记制下,法院一律接收诉状,当事人依法无障碍行使诉权,体现了对当事人起诉权的充分保护,其重要意义在于明确将侵犯受教育权纳入受案范围。新行诉法第十二条第十二项将保障行政相对人权利的范围由"人身权、财产权"扩大至"人身权、财产权等合法权益",这一规定虽未将受教育权明文列举,但从立法原意上看已经部分突破了行政诉讼客体必须是"具体行政行为"的限制,意味着今后高校学生受教育权被侵犯时均可向人民法院起诉以获得司法救济。

就图2-1司法审查时间分布态势,可以观察高校学生管理的类型嬗变和外部张力趋势:一是时间分布和司法体制改革之契合。田永案1999年就在最高人民法院公报登载,但直到2013年之前,尽管案件数量有所起伏,但整体上仍处于低位徘徊。2014年起,案件数量飙升,2014年至2017年的三年间持续增加,2018年的回落不排除文书数据上传的时间差,但整体上是高位震荡。究其原因,2014年在国家治理层面,确定了全面依法治国战略,司法体制改革深化,当年修改的《中华人民共和国行政诉讼法》由审查立案改为登记立案,使得权利主体的诉求日益得到司法机关的积极回应,司法权和学生受教育权张力边界迅速膨胀,实践上表现为案件数量的大幅增加。二是受教育者权利诉求多样化趋势。伴随法治国家理念的深入,权利主体意识的苏醒,受教育者权利诉求日趋多样,由早期的学历证颁发和学位授予等学业证纠纷和开除学籍纪律处分多样化为学籍管理、入学、信息公开及其他各类学生认为自己权利受到侵犯的情形。尤其是学籍管理纠纷的增加,更是凸显学生对高校治理参与过程诉求的增加。三是整体趋势上,张力冲突日益激烈。高校学生管理司法审查涉及大学自治的内在张力、受教育者权利救济张力和司法权的"纠纷解决"和"政策实施"张力,尽管存在司法文书上传时间延迟等客观原因使得数据结构存在诸多缺憾,①但基于大数据相关性的线性趋势预测还是表明三种张力的冲突为愈加激烈,案件数量会持续高位徘徊。

(二)空间分布

案件数据的地域分布基本体现了三类张力冲突状况的地区差异,前十位的省份占据了案件总量的68.68%,其中北京市为46起,占到总量的12.63%。案件数量和高校数量及学生数量有内在的关联,也是高校治理活跃程度和司法监督回应这一过程的直接表现。由图2-2可见,高校治理的完善程度存在严重的地域不平衡,实质上也表明了司法实践的地区化差异。由此也就不难理解,在2018年,黑龙江仍然有法院以内部管理关系思路处理学校开除学籍的争讼。

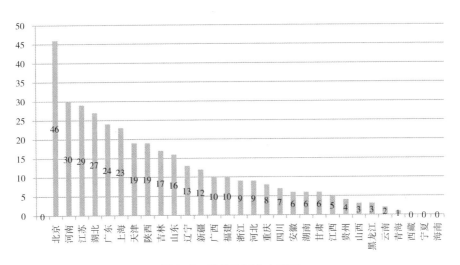

图2-2　案件地域分布范围

---

① 马超等:《大数据分析:中国司法裁判文书上网公开报告》,《中国法律评论》2016年第4期。

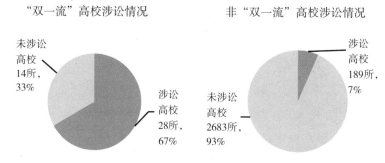

图 2-3　涉讼高校类型分布图

二、高校类型：发生争讼的"双一流"高校与其他高校

截至 2017 年全国高等学校共计 2914 所①,分类标准影响较大的包括 211 高校、985 高校和"双一流"高校与其他高校。依据前文分类,本分类以"双一流"高校和其他高校为基准观察不同类别的学校中学生管理行政诉讼活跃程度。本分类的意义在于发现不同类别的学校诉讼活跃程度,进而分析高校治理状况,不同类别高校间的差别实质上表明了依法治理的状况不同。没有诉讼发生绝不意味着依法治理程度高,或许正相反,高度的行政化淹没了法律的声音,但诉讼过多尤其是裁判结果也可以发现高校依法治理过程的阵痛。但总体而言,有诉讼的发生是高校管理的正常态势。该项目的设定可以发现不同类别高校治理的状况,是否集中到某些类别高校,涉及学校数量及种类和案件分布有无关联等。不同类别高校间的讼争发生率差别实质上表明了大学治理的活跃状况不同,没有诉讼发生绝不意味着其治理能力高,或许正相反。如图 2-3 所示,42 所"双一流"高校中,有讼争发生的学校为 28 所,占比为 67%;而非"双一流"高校讼争发生率为 7%。"双一流"高校是我国高校发展的代表,知名度高,影响力大,治理涉及的相关利益者也更复杂,而其他高校的涉讼情况远低于更具活力的"双一流"高校。讼争发生率的差异表明了不同类型

---

①　中华人民共和国教育部网站。

大学自治内在张力的差距,大学自治内在张力的强弱和治理架构的严密、规范体系的完善及规范执行的刚性强度密切相关,由此,高校和学生权利救济的冲突越强,势必会引发更多的讼争。作为反向指标,其他普通高校极低的讼争发生率正是张力消失的表象,而这显然不符合大学自治的变构趋势。

三、裁判结果

裁判结果是高校学生管理司法审查强度嬗变的直观表达。就裁判结果的价值而言,法院最重要的制度性意义就在于对诉讼当事人所终止的事项进行终局性的决定,一方面以保障人民的权利,另一方面也可以借助于判决的宣誓,来勾画行政行为的准则。而裁判结果,正是法院自主性裁量意义的呈现。根据行政诉讼的理论与实务,裁判结果之类型可以归纳为以下几类:(1)判决驳回诉讼请求;(2)裁定驳回起诉;(3)全部撤销行政行为;(4)部分撤销行政行为;(5)裁定许可。以裁判所呈现的结果而言,代表了法院对当事人争执的诉讼关系所做的终局裁决。以原告的角度观察可能是判决驳回也就是原告败诉,也可能是撤销行政机关的行政处分也就是原告胜诉。在法院撤销判决的情形下,因给予讼争的行政处分是否可分为部分违法或全部违法而有全部撤销和部分撤销的分别。以裁定形式所呈现的裁判结果,原则上是关于行政诉讼程序事项的争执。因为理论上必须依赖具体个案与法规问题的关系才能做成判决,而本研究量化统计的研究方法,基本上无法处理具体个案的事实问题,因此解释某一问题高比例的可能原因只能寻求统计上的关联。这种统计上的观点与真相差距有多大,必须承认是个未知数。根据影响裁判结果的观点架构造成某一问题高比例的原因,可以做以下几种原因的假设:一是原告和被告达成和解,也就是被告满足了原告的要求,原告达到了诉讼的目的。二是原告知难而退。这种概率极小,因为行政诉讼的成本毕竟不高。三是原告的身份。针对这些假设应该做出解释。撤诉、驳回该类项目的统计结果可以看出是对案件数量的不同处理方式,进而发现法院的整体态度,同时也可发现高校对自身依法治理状况的认知,例如和解撤诉的案件,几乎都是以高校的妥协为前提,这表明高校治理法治化过程中存在较多的妥协因素。以高校行为和学生诉请获支持诉率以及撤诉率可以发现不同类型讼争中存在冲突强度,学校和学生胜诉率越接近,张力强度也就越高,司法权扩展趋势就愈加突出;反之,则张力较小,也说明司法上对该类讼争中高校治理权利的认可度高,司法权介入的趋势越弱。撤诉率则可以观察受教育者个体权利张力和高校自治张力冲突趋于消失情形,例如在于森、河北经贸大学经济管理学院教育行政管理(教育)二审行政裁定书①中,直接载明:在本院审理过程中,上诉人以被上诉人已颁发毕业证、授予学位证为由,向本院书面申请撤回上诉、撤回起诉。整体观察表 2-1 数据,纪律处分刚性强同时又不涉及专业判断,高强度的司法审查表现为纪律处分纠纷中学校和学生的获支持率最为接近,高校纪律处分行为获得法院认同的比率最低,这也对高校学生管理行为的公定力产生深远影响;学籍管理行为及招生行为被司法权认可的程度最高,均达到八成以上;其他教育管理讼争中高达四成的撤诉率也表明了学生权利诉求与救济途径狭窄的内在冲突。

表 2-1　司法审查结果统计表

讼争类型	案件数量	高校获支持数	学生获支持数	高校获支持率	学生获支持率	撤诉	撤诉率
学位授予	127	86	30	67.7%	23.6%	11	8.7%
纪律处分	117	64	43	54.7%	36.8%	10	8.5%
学历证颁发	65	44	5	67.7%	7.7%	16	24.6%
学籍管理	55	48	7	87.3%	12.7%	0	0
入学	32	27	3	84.3%	9.4%	2	6.3%
信息公开	16	10	4	62.5%	25%	2	12.5%
其他教育管理	23	10	4	43.5%	17.4%	9	39.1%
合计(平均)	435	289	96	66%	22%	50	12%

---

①　河北省石家庄市中级人民法院(2017)冀 01 行终 420 号行政裁定书。

整体观察,在不涉及专业判断的管理活动中,更易形成司法权、高校自治权及学生受教育权间的激烈冲突。

第三节　基于争议焦点的高校学生管理
司法审查数据解构

一、争议焦点类型化概述

"类型是指按照事物的共同性质、特点而形成的类别。"①任何以归纳为方法、以规范为主旨的学科,都离不开类型化理论的贡献,类型化思维是现实法律推理和法律适用不可避免的逻辑取向。② 其反映的是事物本质特征和具体特征的结合,因此它既有宏观解释力,又有微观解释力。在类型思维指导下外延开放、条理分明的类型理论,在法律操作性上要比抽象概念更具优越性。③争议焦点也就是诉讼中当事人所争议的重点而已,基于此的分类处理是原被告双方所争议的实际问题,毕竟在教育行政诉讼中案由的划分并没有达到如此细致的地步,如果一个案件当中既有裁定又同时还有判决,显然应当以判决书所记载的内容为结果。从案件的争议焦点分布可以观察到讼争发生的类型以及法院审理的重点,可以看出诉讼的起因、重点以及法院的相应态度,也可观察到司法审查介入高校行政管理广度和深度以及高校依法治理的实际状态。

---

① 《辞海缩印本》,辞书出版社 1979 年版,第 1931 页。
② 李平、曹仰锋:《案例研究方法:理论与范例——凯瑟琳·艾森哈特论文集》,北京大学出版社 2012 年版,第 24 页。
③ 章瑛:《学生诉我国公立高校行政案例之类型化研究》,上海交通大学出版社 2013 年版,第 29 页。

二、争讼焦点结构化类型分析与案例数据之解构

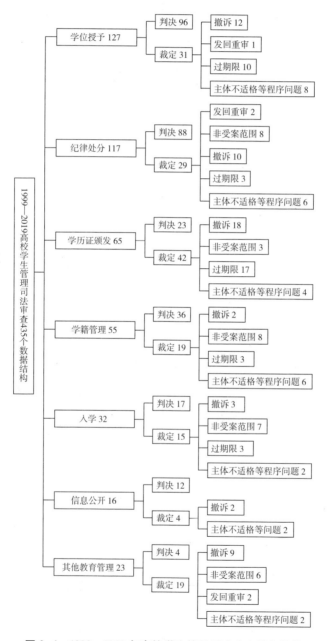

图 2-4 1999—2019 年高校学生管理司法审查数据结构图

形式上微观解构数据后,可以直观发现讼争焦点呈现的司法审查嬗变特点:一是讼争焦点分布呈现鲜明的类型化特质。讼争焦点大体可分为学位授予、纪律处分、学历证颁发、学籍管理、入学、信息公开及其他教育管理纠纷等7类。讼争范围自早期纪律处分纠纷、学位授予纠纷、学历证颁发纠纷扩展至转专业、留级等学籍管理纠纷,入学纠纷,信息公开以及学生基于权利意识对学校提起的其他诸如结业证办理、滥用职权等诉讼。二是受教育者权利诉求和司法回应存在结构化差异。对受教育权实现有重大影响的行为构成了司法审查的主体,大都得以进入到实体审查阶段,学位授予对受教育者权利实现有重大影响为法院普遍接受,这在受案范围上体现得最为明显,127个案件无一不为法院受理。就纪律处分的司法审查而言,只有开除学籍处分才为法院最终受理,尽管也有受教育者就其他纪律处分提起诉讼,但通常被认为不属受案范围,因纪律处分、学位授予引发的讼争合计达总量的56%以上。而对受教育权实现未形成直接、现实、重大影响的多样化诉请难以获得法院的积极回应,在其他教育管理讼争中,仅有17%的案件得以进入实体审查,而且均为行政赔偿类案件。三是文书类型判决与裁定的分步直观呈现了高校学生管理的张力状况;判决和裁定的分类考量,一方面在于观察司法审查是实质审查或是形式审查,另一方面还在于判决结案比裁定结案体现了更强的张力冲突。整体而言,进入实体审理,判决结案的为276起,占比63.4%,裁定结案的为159起,占比36.6%。分布的结构化差异表明了高校学生管理与受教育者权利诉求间的集中冲突所在。如图2-5所示,纪律处分和学位授予作为体现高校自治的重要领域,刚性较强,是受教育者权利实现与高校管理主要冲突所在,也是司法审查历来关注的重点;但同样刚性的学历证颁发作为对受教育权实现有重大影响的行为,其相当高的裁定率则更多体现了高校管理中的妥协与张力限缩。裁判结果有程序上的结果和实体上的结果,即裁定和判决;而胜诉判定尤其关于撤诉的认定解释,基于实践中的行为,原告基于和解的撤诉,一般认定为达到诉讼目的,对被告而言,尽管可能有各种因素的顾虑。本书倾向于

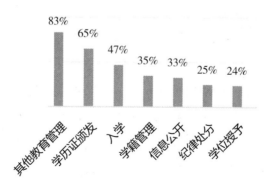

图 2-5 裁定占比分布图

学校承担了不利后果,在部分案件中,学校一、二审均已胜诉,但在再审程序中却与原告达成和解,而形成原告撤诉的裁判结果。但从学校治理的角度而言,学校规范的刚性没有被实现。

第三章　高校学生管理司法审查受案范围之规范与发展

　　受案范围是司法介入高校治理的前提,解构基于中国裁判文书网的司法数据,可以发现,长期以来,作为高校治理主要向度的学生管理司法审查受案范围整体呈现出单一、固化的狭窄状态,进而导致权利救济与权力监督的双重不充分,有违行政诉讼立法意旨,也与诉讼实务整体生长方向不契合。过程行政论语境下,高校学生管理行为是动态的、相互承接的过程整体,基于此,其司法审查受案范围之调整可通过个案实践的探索与积累,完善、统一司法裁判规则,逐步消解同案异判,进而达至高校自主管理、受教育权救济和司法审查间张力的动态平衡。高校亦应积极回应教育法治实践,坚守以学术自治为核心的自主管理,同时完善以校规为核心载体的治理过程,保障充分实现自身功能。

第一节　高校学生管理司法审查受案范围的价值探讨

　　尽管受案范围是高校学生管理诉讼的程序性问题,但同时也是受教育者权利救济和司法介入高校自主管理的前提。2014 年行政诉讼实施立案登记制,2017 年行政诉讼法修订后将行政诉讼的受案范围由具体行政行为扩展为行政行为,高校学生管理诉讼案件数量迅速增长。

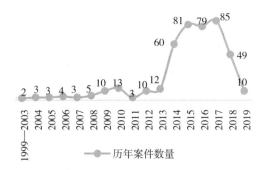

图 3-1　1999—2019 年案件数量变化趋势图(截至 2019 年 7 月 31 日)

　　受案范围在本质上是司法权、受教育者权利救济和高校自主管理间张力边界的直观表现,对高校学生管理的规范影响甚巨。但教育法低密度授权性规范密集,法源型司法规范缺失,高校学生管理诉讼受案范围之界定主要是以指导案例及公报案例的形式表现,而指导案例的个案特质和准法源地位限制了其司法规范功能。笔者对基于中国裁判文书网的司法大数据进行梳理,自 1999 年田永案作为公报案例发布,截至 2019 年 7 月底,按争议焦点分类,20 年来 432 个高校学生管理诉讼案件受理及非受案范围整体分布如图 3-2 所示。

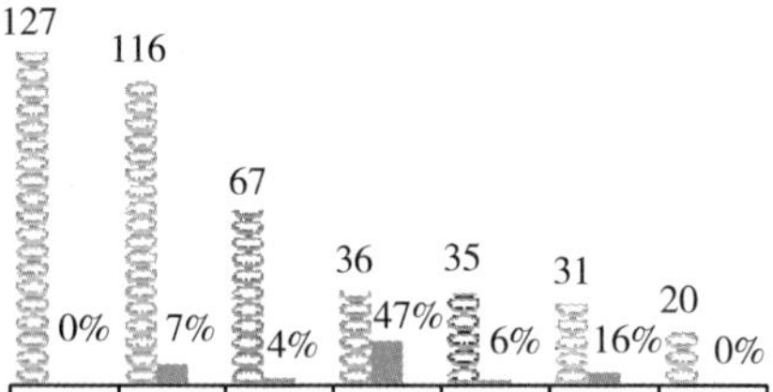

	学位授予	纪律处分	学业证颁发	其他学籍管理	退学	入学	其他教育行政
案件总量	127	116	67	36	35	31	20
非受案范围案件数量	0	8	3	17	2	5	0
非受案范围占比	0%	7%	4%	47%	6%	16%	0%

图 3-2　案件受理范围状况结构图

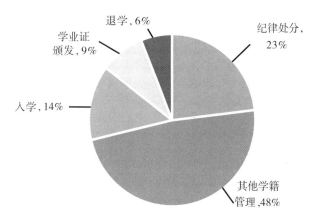

图 3-3　35 个非受案范围案件类型占比图

整体而言,受案范围呈现突出的结构化差异:一是学位授予讼争的司法介入无任何争议,同时,信息公开和基于前置生效判决的行政赔偿讼争也为法院全面受理而进行实体司法审查。二是具体体现高校学生管理过程的各类讼争均不同程度存在非受案范围的情形,高校学生管理过程性行为构成了非受案范围的主体(见图 3-3)。三是高校学生管理诉讼受案范围呈现突出的结构化差异,体现了以最终具体学生管理行为之合法性为中心的司法审查范围标准,形成了片面、静态、对立的校生关系,忽视了行为过程对高校学生活动正当化的功能,割裂了高校治理的整体性。司法统一性的失范和过程行为司法审查的整体缺失使得司法审查对高校治理应有的权威矫正和引导功能出现偏差。这一方面给高校治理法治化带来诸多困惑,让高校开始有针对性地自动退让以减少甚至规避诉讼,出现"削足适履"的尴尬境地,例如有高校通过修订学位授予相关校规,放弃道德品行关联,仅规定学业成绩标准以减少诉讼的形成。另一方面,受教育者权利救济范围被严重限缩,例如论文答辩和学位授予、学业证颁发高度关联,但作为过程行为的拒绝论文答辩普遍不为法院列入受案范围。文献检索表明,尽管学者们近年来开始逐步关注教育法治实践对高校治理影响,但研究基本限于实体司法审查范畴,而受案范围属程序范畴,其所呈现的高校治理司法审查嬗变趋势和司法规律及其高校学生管理规范化的价值基本缺失。

本章通过20年来高校学生管理司法大数据的整体梳理结合个案的微观解构,力图勾勒司法权介入高校学生管理以实现受教育者权利救济和对高校治理监督与矫正的实践图景,通过对受案范围的实践路径解构,进一步揭示过程性行政行为理论对厘定高校学生管理司法审查范围的价值,为形成司法权、受教育者权利和高校自主管理权之间动态、开放、整体的张力平衡提供些许思路和建议。

第二节　高校学生管理诉讼受案范围路径解构

受案范围在行政诉讼中属于司法救济的前提,是行政诉讼法区别于其他诉讼法的一个立法特色,通过限制司法权介入的广度(范围)和深度(行为形态)对司法权和行政权做一个合理的分权与监督。一方面,使一切行使公权力的行为皆有法律救济方法,法院提供无漏洞的司法保障,以抵抗公权力的侵害是必要的;另一方面,司法机关没有能力对所有的行政行为都进行审查,全面的审查既不可能,也不必要。因此,高校学生管理诉讼受案范围实质上也是受教育者权利救济和司法介入高校自主管理程度的前提问题。

一、受案范围之判定路径:教育法低密度规范之密集与指导案例的"准法源"地位

尽管给高校自治留有了足够空间,但低密度的教育法律规范同样也给予了司法者充分的主观价值判断余地。高校学生管理诉讼受案范围主要判断标准是最高法院发布的指导案例和公报案例,即田永案、何小强案和甘露案。受

案范围的司法判断主要立基于法官结合指导案例涵摄情形的自由裁量,这在相当程度上也加剧了受案范围的整体结构化差异和个案语境下的同案异判现象。梳理数据,可以发现由法院受理进入实体审查的讼争主要包括两类:一类是对学生受教育权实现重大影响的行政行为,即学位授予和学业证颁发;另一类是法律效力外化的最终具体行为,包括改变学生身份的开除学籍纪律处分行为、退学处理,入学或招生行为;同时还有信息公开、行政赔偿等其他教育行政管理讼争。这两类案件占自 1999 年田永案作为公报案例发布 20 年来全部案件数量的 80%,讼争类型也基本局限在指导案例或公报案例所确定的司法审查范围。[①]"从 1998 年至今,通过田永诉北京科技大学等一系列案例,司法实务已经普遍认可:大学作为法律、法规授权的组织具有审查授予学位的法定职权,授予或者撤销学位的行为是可诉的行政行为,属于行政诉讼受案范围。"[②]可见,"指导性案例已成为司法裁判中基于附属的制度性权威并具有弱规范拘束力的裁判依据,具备'准法源'的地位。同时,指导性案例的分量低于制定法与司法解释,并受诸多现实和制度因素的影响。"[③]而指导案例对争议内容涵摄固有的不周延性,也形成了受案范围的长期固化和封闭,受教育者权利救济的范围局限于司法者通过个案所确立之主观公权力范畴,严重制约了行政诉讼功能的实现,在实践中必然造成高校治理过程中权力监督和权利保障不充分的双重结果。一方面,诸多不直接为指导案例涵摄的高校治理过程中的公权力行为难以受到司法监督;偏向于主观性的判断标准难免造成个案中法院判断方法上的任意性,尤其是解释方法的多元性和解释结果的不确定性,使得受教育权利救济范围判定在很大程度上沦为司法者的一种主观恣意,同案异判加剧。另一方面,尽管将受教育权利

---

①　指导案例为田永诉北京科技大学拒绝颁发毕业证、学位证案,何小强诉华中科技大学履行法定职责纠纷案;公报案例为甘露不服暨南大学开除学籍决定案,杨宝玺诉天津服装技校不履行法定职责行政案。

②　南京市中级人民法院(2018)苏 01 行终 29 号行政裁定书。

③　雷磊:《指导性案例法源地位再反思》,《中国法学》2015 年第 1 期。

救济范围回归至保护实体法的规定,有助于实现受教育者个体相对于高校的独立法律地位并维护教育秩序的安定,但基于教育法之低密度规范密集,诸多在教育实体法上难以找到规范依据的受教育者权益很难得到司法救济。

二、非受案范围司法判定路径微观分析

(一)数据解构

进一步微观解构该类 35 个司法数据(如图 3-4 所示)可发现:首先,受教育者寻求救济的权利范围呈现多样化的形态,涵盖了学生管理过程中的诸多重要节点问题,如和学位授予关联的纪律处分以及毕业论文拒绝答辩、留级或下编级行为等学业证颁发必要的前置行为。其次,对指导案例未涵摄的高校学生管理行为法律属性存在不同认识,如招生行为。再者,司法不统一,同案异判情形仍较为突出,例如开除学籍处分在 2018 年依然有基层法院认为不属于行政案件受案范围[1],即使取消学籍或入学资格行为这类外化法律效果不应存有争议的行为,也因实体保护规范的欠缺而形成同案异判的情形,例如 2008 年的刘某某不服江苏警官学院取消学籍案[2]实体审查的一、二审判决和 2015 年徐某与中国人民解放军艺术学院取消入学资格案[3]、于某某诉中国劳动关系学院取消学籍案[4]的非行政诉讼受案范围裁定,形成了同案异判的鲜明对比。最后则是过程行为构成非受案范围的主体。

---

[1] 黑龙江省齐齐哈尔市龙沙区人民法院(2018)黑 0202 行初 18 号行政裁定书。
[2] 江苏省南京市中级人民法院(2008)宁行终字第 54 号行政判决书。
[3] 北京市第一中级人民法院(2015)一中行终字第 2465 号行政裁定书。
[4] 北京市海淀区人民法院(2015)海行初字第 00262 号行政裁定书。

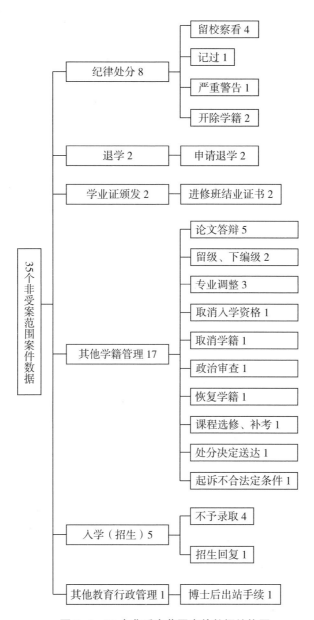

图 3-4　35个非受案范围案件数据结构图

(二)司法判断路径

结合个案异质情形,梳理同质化案例数据,可知司法实践中不同讼争类型的非受案范围判定路径大体有以下情形。

其一,对受教育权不产生实际影响的自主管理行为标准。在崔某某诉中国地质大学案[1]、邵某诉湖北工业大学案[2]、苏某某诉上海开放大学案[3]、梁某某诉南京航空航天大学案[4]四起留校察看纪律处分讼争中,法院均认为,该类处分属依法行使自主管理权范畴的行为,因不涉及受教育者学生身份丧失问题,对受教育者的受教育权不产生实际影响。其判断逻辑在于教育自主管理行为具备外化法律效力行为才是可诉行政行为。

其二,过程行为非最终行政行为标准。法院认为过程行为属行政事实行为,没有创设行政法上的权利义务,非最终行政行为,对受教育者实体权利义务未产生实际影响,不属于行政诉讼的受案范围。该类情形讼争包括决定送达[5]、答复[6]、回复[7]或复函[8]等情形。

其三,内部管理行为标准。该类判定数量最多,有11起,占所有非受案范围案件总量的近三成,讼争类型涵盖开除学籍[9]、严重警告[10]、记过[11]等纪律处分行为以及论文答辩[12]、转专业[13]、留级[14]、课程选修[15]等学籍管理行为。法院

---

① 武汉市中级人民法院(2016)鄂01行终180号行政裁定书。
② 湖北省高级人民法院(2017)鄂行申449号行政裁定书。
③ 上海市第三中级人民法院(2015)沪三中受终字第1号行政裁定书。
④ 南京铁路运输法院(2016)苏8602行初1214号行政裁定书。
⑤ 湖北省武汉市中级人民法院(2017)鄂01行终617号行政裁定书。
⑥ 北京市第一中级人民法院(2017)京01行终444号行政裁定书。
⑦ 北京市海淀区人民法院(2015)海行初字第903号行政裁定书。
⑧ 济南市中级人民法院(2019)鲁01行终284号行政裁定书。
⑨ 上海市第一中级人民法院(2012)沪一中行终字第348号行政裁定书。
⑩ 北京市海淀区人民法院2015年海行初字第01337号行政裁定书。
⑪ 北京市海淀区人民法院(2018)京0108行初1055号行政裁定书。
⑫ 新疆乌鲁木齐市中级人民法院(2016)新01行终46号行政裁定书。
⑬ 南京铁路运输法院(2016)苏8602行初651号行政裁定书。
⑭ 北京市第一中级人民法院(2017)京01行终541号行政裁定书。
⑮ 合肥市蜀山区人民法院(2018)皖0104行初14号行政裁定书。

认为学校的这些行为属内部事务管理行为,并非是在法律、法规或者规章授权的情况下,以自己的名义作出的管理社会公共事务的具体行政行为。①

其四,非法律、法规、规章的授权实施的行政行为。因原告和高校间未形成行政法律关系,高校的行为不属于法律、法规、规章授权范围内的行为,不具有行政决定的单方性、强制性和惩戒性,不属于行政诉讼受案范围,如申请退学②、非学历教育③等。

其五,法院主观价值判断。主要是实体法规范高度不确定同时又不能为指导案例涵摄的行为,是否可诉,往往由法官根据实体与程序不同的情况,对受教育者的实体利益、程序利益以及高校治理公共利益加以衡量确定。④ 包括高校招生过程中的不予录取行为,在徐某某诉清华大学不予录取案⑤中,法院认为,依据《高等教育法》规定,高等学校根据社会需求、办学条件和国家核定的办学规模,制定招生方案,自主调节系科招生比例,高等学校招生权属于高等学校办学自主权的范畴,所诉事项不属于人民法院行政案件受案范围。类似情形还包括取消学籍、入学资格以及学生入伍过程中的政治审查行为等。⑥

(三)结论

整理分析高校学生管理诉讼中非受案范围现状,可以发现,受教育权实体保护规范的不足和指导案例的功能特质在相当程度上形成了非受案范围司法判定路径的固化、恣意和分歧。司法上形成了外部化法律效力、授权行为、改变身份之重大影响加之主观裁量的多重标准,既有并列情形,也有窄化叠加情

① 湖北省武汉市中级人民法院(2014)鄂武汉中行终字第00091号行政裁定书。
② 北京市第三中级人民法院(2018)京03行终916号行政裁定书。
③ 北京市第一中级人民法院(2019)京01行终117号行政裁定书。
④ 杨科雄:《试论程序性行政行为》,《法律适用》2010年第8期。
⑤ 北京市第一中级人民法院(2015)一中行终字第00547号行政裁定书。
⑥ 河北省唐山市中级人民法院(2016)冀02行终41号行政裁定书。

形,实际上大幅度限缩了高校学生管理行为讼争的受案范围,也加剧了同案异判现象的发生。

第三节　受教育者无漏洞权利救济路径之冲突: 突破与限缩

一、立法上扩展趋势之反思

行政诉讼兼具权力监督和权利救济的双重功能,修改后的行政诉讼法扩张了权利救济范围,例如将原告资格由"法律上的利害关系"扩展为"利害关系",将"具体行政行为"扩展为"行政行为"等。受教育者寻求权利救济的案件数量,在2013年之前一直处于低位徘徊,随着2014年行政诉讼相关制度的修订实施,争议数量开始大幅上升并有持续态势。高校学生管理行为的司法审查既是对学生受教育权的救济,也是对高校治理行为实施监督。司法权、受教育权救济与大学自治权之间的张力互相制约又互相作用,一类张力的激发与冲突会导致其他张力的变化,对学生受教育权救济范围越大,司法权介入大学治理的范围越广,极端情况下就会形成以司法判断取代专业判断的情形,张力过大,会导致二者冲突加剧,给双方带来伤害,尤其是给大学带来直接危害,以保障学术自由为核心的大学自治被破坏,同时也必将消耗巨大的司法资源,最终损害社会整体利益。2018年2月施行的《最高人民法院关于适用〈中华人民共和国行政诉讼法〉的解释》进一步细化了受案范围,列举了不属于人民法院行政诉讼的行为。但规范从制定到适用必然出现与现实之间的空白,即"实证真空状态"(empirical vacuum)。高校学术自治和学生受教育权实体保护规范标准的有效规定不足以及高度不确定概念的密集使用,加剧了这种规范与现实之间的落差。① 这实际上为司法者在个案中保留了更大的必然伴随

---

① 王工厂:《基于司法大数据的高校纪律处分实证研究——兼论教育法学研究范式的拓展》,《复旦教育论坛》2018年第6期。

着价值选择的裁量空间,由此,提炼和归纳司法大数据高校学生管理诉讼受案范围判断的具体标准是教育法治研究者应当要完成的课题。

二、司法实务之整体限缩

通过司法数据的解构,梳理异质化微观数据的同质化特征,可以发现,尽管立法上整体对受教育权的救济呈扩展态势,但实务中整体仍保持审慎限缩。

一是权利类型的限缩,将行政诉讼法中"行政机关侵犯其他人身权、财产权等合法权益的"行为限缩为侵犯受教育基本权,而其他受教育基本权以外的与身份和财产高度关联权利影响的行为仍不予审查,如博士后管理和政治审查以及留级带来的财产负担和奖学金申请等。

二是将对权利有实际影响的行政行为限缩为对受教育权实现有重大影响的最终行政行为。行诉解释将"对公民、法人或者其他组织权利义务不产生实际影响的行为"排除在行政诉讼受案范围之外。实践中即使与授予学位和颁发学业证高度关联的行为也被法院以内部管理行为或自主行为为由不予审查,例如与学位授予高度关联的纪律处分行为,受教育者单独提出诉讼的,法院均认为行为未改变身份,不影响受教育权的实现;同样对于延迟学位授予和学业证颁发的留级行为或下编级行为也转化为未改变身份的行为而拒绝司法介入。换言之,部分法院对涉权性要素作了限缩解释,认为权利义务的实际影响必须是创设性的影响。

三是外化法律效力的叠加复合判断标准限缩为一元化的受教育者身份改变行为。一般认为,行政行为外化的判断综合条件包括:后续行为对关联阶段行为的尊重与继受,关联阶段行为符合行政行为成立的必要要素,当事人是否知晓,以及最终后续行为和关联阶段行为目的一致,[1]进而综合确定不同阶段的行为外化问题;但司法数据则显示,开除学籍处分和退学处理以外的学籍管

---

① 蔡震荣:《行政法争议问题研究》(上),五南图书出版公司2000年版,第511页。

理行为基本均已不具备身份改变的外化法律效力,不为法院受理。

综上而言,实务限缩现状之原因在于司法实务不得不考虑如何在保护受教育者诉权和防止滥诉之间予以权衡,而受案范围正是这两个冲突目标之间的平衡器。但如果司法审查要求高校学生管理过程中"考虑、尊重和保护"的法规范只限于"立法旨意明确"情形的话,那么对低密度规范密集的教育法实体规范而言,受案范围可能会变得十分狭窄。

三、扩展的微观突破

高校学生管理诉讼中存在复杂的张力关系,而保护性实体规范缺失,加之司法实践尚未形成统一标准,导致个案的选择必然伴随司法者高度的主观价值判断。这也对固化、单一、静态的高校学生管理诉讼受案范围形成个案形态的突破提供了更多的可能。通过个案数据的解构可以发现,高校学生管理行为的司法审查并未止步于受案范围。

其一,招生行为的授权行政行为法律属性为越来越多的法院认可,其可诉性正逐渐成为司法实务中的共识。由于招生讼争并未被指导案例所涵摄,尽管部分法院认为以《高等教育法》的规定,其应属于高校自主管理权的范畴,不具有可诉性,如在徐某某其他二审行政裁定书[1]中,北京市第一中级人民法院认为,《高等教育法》第三十二条规定,高等学校根据社会需求、办学条件和国家核定的办学规模,制定招生方案,自主调节系科招生比例,依据上述法律规定,高等学校招生权属于高等学校办学自主权的范畴,但越来越多一致的实务认识则是根据《中华人民共和国教育法》《中华人民共和国高等教育法》等法律、法规的规定,高校对招生、录取工作具有审查认定的权力,其审查认定行为属于法律法规授权的组织所作的具体行政行为而具备可诉性。[2] 其中程某

---

① 北京市第一中级人民法院(2015)一中行终字第 00547 号行政裁定书。
② 武汉市中级人民法院(2015)鄂武汉中行终字第 00667 号行政裁定书。

与清华大学不予录取纠纷案①,在北京市第一中级人民法院审结,被评为"1988—2018 推动教育法治进程十大行政争议案件",可见招生权的可诉性为教育法学研究者高度认可。

其二,过程行为之可诉性在个案中得以实现,对现有受案范围适当扩展有相当的突破示范效应。在于某某诉广东外语外贸大学不予博士论文答辩案②中,法院认为参加博士学位论文答辩系原告能否获取博士学位的前提条件,尽管被告否认其作出拒绝原告博士论文答辩的行为,但结合被告对原告作出的相关通知及回复,其对原告进行博士论文答辩的申请实质上已经予以拒绝。被告不准许原告博士论文答辩的行为已对原告的权利产生实质影响,属于可诉行政行为。而 2019 年的张某某诉北京大学取消博士考试资格案③也同样认可了过程行为对受教育者的权利义务产生实际影响。

其三,基于关联行为审查的实体审查范围扩展。受案范围的限缩,并不意味着司法审查对高校管理行政过程止步。实践中,法院可以对行政行为全面审查的要求,实质上实现了对可诉行为前置关联行为的合法性审查,但基于行政行为公定力传统要求,对关联行为实体审查存在认可其合理性的违法性继承说和否认其合理性的违法性截断说之间的分歧。但考量受教育者权利救济的无漏洞保护和争议解决的行政诉讼立法意旨,越来越多的法院认可了关联行为违法性继承,对行政过程行为进行审查,其中由于纪律处分和学位授予关联的校规广泛存在,在学位授予纠纷案中认可关联行为违法性继承的情形最为普遍。④

---

① 北京市第一中级人民法院(2018)京 01 行终 73 号行政判决书。
② 广州铁路运输中级法院(2018)粤 71 行终 2419 号行政判决书。
③ 北京市第一中级人民法院(2019)京 01 行终 2 号行政判决书。
④ 王工厂:《基于司法大数据的高校学位授予实证研究》,《学位与研究生教育》2021 年第 1 期。

四、结论

高校学生管理受案范围实际上构筑了司法权、高校自主管理权及受教育者权利救济的张力边界,本身也隐含了司法权应当对高校自治的尊让立场,但诉讼权能与审查密度又是确保张力平衡的两大枢纽。而司法实践将可诉范围限于低密度教育实体法个别条文明确保护之主观权,同时辅以和指导案例的不周延审查规则,在相当程度上大幅限缩了司法审查的范围。关联行为违法性继承的认可虽然在实体审查上扩展到了行政过程,但其权利救济和权力监督功能仍受制于可诉范围之狭窄。无救济则无权利,对受教育权救济范围的限缩,显然有违于行政诉讼扩大权利救济的发展趋势。在仍然坚守高校治理合法性审查原则的立场下,作为平衡枢纽的诉讼权能应适当放宽。

第四节 过程行政行为视角下的高校学生管理诉讼受案范围完善的必要与可能

高校管理活动并非由完全封闭的、片段式的行为所构成,而是为履行行政管理职能而实施的一系列行政行为形成一个前后承接的动态过程。行政行为是过程性还是终局性很多时候并非泾渭分明,如拒绝毕业论文答辩行为导致不能授予学位或颁发毕业证,取消考试资格行为导致招生录取停止,这样学位授予或招生活动的整体被分割为过程性行政行为和终局性的行政行为,对这种管理过程中较多存在的连续性被割裂了的行政行为,只考察其行为形式的最终法效果,即行政过程末端的行政行为,显然没有充分考虑到导致该效果发生的过程,并且忽略了各种行为形式之内在关联,如果采用封闭的片段性的司法审查标准,活动的违法性难以完全揭示,有违权利救济与争议解决的行政诉讼核心立法要旨。① 毕竟"通过行政诉讼比通过其他途径解决争议的效率更高、成本更低,更有利于保护公民、法人或者其他组织的合法权益"②。

一、行政诉讼实务发展趋势

尽管我国行政诉讼兼具权利救济与监督行政功能,但最高人民法院近年来更倾向于诉讼目的首先在于保障公民主观权利,在近期的判决中对行政诉讼中权利救济法律适用之主观选择亦有明确的要求。"对行政实体法某一法条或者数个法条保护的权益范围的界定,不宜单纯以法条规定的文义为限,以免孤立、割裂地'只见树木不见森林',而应坚持从整体进行判断,强调'适用一个法条,就是在运用整部法典'。在依据法条判断是否具有利害关系存有歧义时,可参酌整个行政实体法律规范体系、行政实体法的立法宗旨以及作出被诉行政行为的目的、内容和性质进行判断,以便能够承认更多地值得保护且需要保护的利益,属于法律保护的利益,从而认可当事人与行政行为存在法律上的利害关系,并承认其原告主体资格,以更大程度地监督行政机关依法行政。"③对形成争议的部分实体法条文,要超越单一、封闭的实体保护规范内容,强调从法律整体衡量权益的保护。除了行政诉讼法,更多地应参酌法律、法规、规章,甚至规范性文件,凡属保护规范,必是合法性审查之"法",强调"适用一个法条,就是在运用整部法典"。同时也提出权利救济扩张的限定,即"将行政实体规范未明确需要保护,但又的确值得保护且需要保护的权益,扩张解释为法律上保护的权益,仍应限定于法律解释方法能够扩张的范围为宜",④进而减少司法判断的主观恣意。对权利的救济"不再主要从立法者可获验证的主观意图中导出,而依赖于对利益的客观评价"。⑤ 高校管理诉讼受

---

① 朱维究、胡卫列:《行政行为过程性论纲》,《中国法学》1998 年第 4 期。
② 信春鹰:《中华人民共和国行政诉讼法释义》,法律出版社 2014 年版,第 69 页。
③ 最高人民法院(2017)最高法行申 169 号行政裁定书。
④ 最高人民法院(2017)最高法行申 169 号行政裁定书。
⑤ 赵宏:《保护规范理论的历史嬗变与司法适用》,《法学家》2019 年第 2 期。

案范围标准之确定应体现这种趋势,考量受教育权整体立法意图,不过分拘泥于高度不确定的教育法实体规范,对受教育权实现无漏洞权利救济。在赵某某与中国政法大学纠纷案①中,法院认为,对于履责之诉,司法审查包含但不限于行政机关作出的拒绝性答复的合法性,也应当就原告申请被告履行法定职责的理由是否成立对行政过程进行全面审查,以体现《行政诉讼法》"解决行政争议"的立法宗旨。

二、行政过程论与高校学生管理行为可诉范围之契合

行政过程论于 20 世纪 60 年代末期到 70 年代由日本学者远藤博也教授、盐野宏教授等倡导提出。行政过程是指"为了实现一定的行政目的,行政主体依据法律实施一系列的行政行为或其他行为而构成的过程"。② 作为高校治理的主要向度,学生管理就是一个高度分化又高度聚合的权力和权利分配与制衡的系统,既存在权力与权利交错,也有权力的内外交错,是有一系列不断运动、相互关联、具有承接性的行为过程构成。这一过程具有复杂、动态、多阶段运行的特征。行政过程论就是从动态的、全面的、整体的角度来对行政活动所作出的界定,该理论认为行政行为不是一个静态的、片段式的行为结果,而是一个动态的、全面的行为过程,因为"任何一个特定的行政行为都是包含若干发展阶段的动态过程",单个行政行为合法并不必然推导出整个行政过程合法的结果;而单个行政行为违法则会对整个行政行为的合法性造成影响。③ 就现有纳入高校管理诉讼之受案范围的几类最终授权性行政决定作出之前,可能已经存在高度关联的阶段性分工行为,如阶段行为基于某种原因而突破了内部行为的界限,完成了一个所谓"外部化"的过程,尚需对外部化路

---

① 北京市第一中级人民法院(2017)京 01 行终 176 号行政判决书。
② 江利红:《行政过程论在中国行政法学中的导入及其课题》,《政治与法律》2014 年第 2 期。
③ 江利红:《行政过程论在中国行政法学中的导入及其课题》,《政治与法律》2014 年第 2 期。

径进行定性分析,并形成体系化的受案范围判断标准。

一般认为,行政诉讼受案范围的过程行为应当具备相应的要件:其一,公法主体要件,也就是说过程性行为实施主体无论与最终行为主体是否同一,均应当是行政主体,形成的也是公法上的利害关系。其二,提起救济的权益具有公法性质,也即视为行政实体法所保护的权利属于行政主体履行行政职责的范畴;但这里的"实体法"应当超越单一的具体条文,包括不具有规范法源属性的行政规范性文件。其三,能够直接产生法律上的效果,也就是说能直接引起权利义务关系的形态变动,包括风险;这里的"直接"应当是不需借助于其他过程性行政事实行为即可直接产生"利害关系"。其四,就形式要件考量,一个终了的行政行为(特别是要式行政行为)一般会有一个法律文书的形式体现,当然就高校管理活动而言,其更多表现为多样化的事实行为之外观,但"行政事实行为只是内容上不确定当事人的权利义务,并非后果上不影响当事人的权利义务,行政事实行为直接产生事实效果,而且该事实效果一旦形成就可能对相对人造成损害。所以,将行政事实行为排除在行政诉讼的受案范围之外并不符合保障人权的宪法原则"。① 而过程行为之可诉则具有非常明显的强化行政诉讼救济功能的目的导向性。

三、高校学生管理过程行为可诉范围司法判断路径之考量

通过解构司法数据可以发现,实务中我国高校学生管理行为中的可诉范围判定过分关注于直接对受教育者产生法律效力的具体行政行为,对高校自主管理权和学生权益范围的界定多以孤立的、割裂性的单个条文文义解释为限,忽略了管理过程中各种行为以及行为形式之间的联系。但司法实践发展趋势则体现了司法保护对实体法单个条文所确定权利之超越,而更多从事实和后果方面,判断相对人和利害关系人合法权益遭受侵害的可能性和行政违

---

① 王锴:《论行政事实行为的界定》,《法学家》2018 年第 4 期。

法风险。如通过个案探索积累形成统一的司法判断规则,借由解释规则的开放性,便可为法院回应日渐趋兴的权利救济需求提供空间。对司法数据加以同质化类型梳理可知,实务中过程性行政行为一般包括两方面的要件:一是该行为是为了最终行政行为而进行的准备性、辅助性、中间性的行为,与最终行政行为不可分割;二是内容上该行为一般并不直接处理相对人的权利义务,但可能会因为其行为的实施,在结果上影响到相对人的权利义务。该行为既可以表现事实行为也可表现为处理行为,但无论行政处理还是行政事实行为都可能因为不影响当事人的权利义务而无法起诉,反之亦然。①

(一)过程性事实行为转化为最终行政行为直接判断标准

在德国,行政事实行为并非旨在追求一种法律效果,而旨在产生一种事实效果。事实效果与法律效果的区分在于,前者是对事实状态的改变,即事实上可以改变现实并且直接对现实产生影响;后者是对法律状态的改变,即对当事人法律上权利义务的影响。一个法律行为不能直接改变现实,而必须通过事实行为才能产生事实效果。事实行为能够直接改变现实,而不像法律行为那样必须通过事实行为的"中介"才能引起现实的变化。同时,事实行为不直接引起法律效果,因为事实行为中的行为意思与可能的法律效果之间没有因果关系。行政事实行为与行政处理的关键区别在于缺乏调整性。比如答复是否具有授予或者拒绝的意思,决定了它是行政处理还是行政事实行为。德国联邦行政法院认为,行政机关的措施旨在产生一种有约束力的法律效果,也就是说,直接形成、改变、废除当事人的权利义务并产生了有约束力的肯定或否定的影响。由此可见,调整包含两点:(1)有法律效力。法律效力与事实上的强制力或暴力不同,法律效力是一种法律上的应然,这种应然本身就可以对当事人的行为产生指引,并不依靠事实上的强制力。(2)直接产生法律效果,即该

---

① 江必新、梁凤云:《最高人民法院新行政诉讼法司法解释理解与适用》,中国法制出版社2015年版,第44—45页。

行为旨在形成、变更、废除当事人的权利义务或者对存在争议的权利义务状态进行澄清。行政事实行为直接产生事实效果说明其欠缺调整性的法律效力要素,因为法律上的应然无法直接改变现实;行政事实行为不直接产生法律效果说明其也不具备调整性的第二个要素。所以,可将"主观上是否直接产生法律效果"作为区分行政事实行为与行政处理的标准。

可见,不通过事实行为,法律行为不能直接改变现实,也不能产生事实效果,事实行为与法律行为不能割裂开看待。但无论行政处理还是行政事实行为,都可能因不影响当事人的权益而不具备可诉性。高校管理过程中的行为如果导致后续授权行政行为事实上不再继续,进入终止的形态,此时该过程性的行为已产生了最终的后果,即使这个结果并没有合并吸收为最终行政行为,但已经对受教育权的实现形成实际影响。如果受教育者也无法通过对相关实体性行政行为提起诉讼以获得救济,法院应予受理,同时也不会产生影响行政效率或是过程与结果两个救济程序出现的矛盾情形。[1] 司法实践中,法院没有在法律上直接设定或者变更相对人的权利义务,而是影响了相对人事实上的权利行使,客观上造成了受教育者权益的损害,可能错失及时有效维护其合法权益的时机。可见事实行为不旨在产生法律效果,但并非不能产生法律效果。这类行为在讼争中多表现为与学籍管理过程和学位授予、学业证颁发、退学处理决定等最终行政行为直接相关联。例如停止学位授予的事实行为。田某诉河北科技大学学位授予纠纷案[2]中,田某在 2013 年 5 月举办的法语专业等级考试中因涉嫌作弊,被教育部"外指委"取消考试成绩,并要求其所在河北科技大学作出处理。此处理结果直接关系到田某之前取得专业学士学位是否会被撤销。在田某学士学位是否撤销作出最终处理结果之前,法院审查认

---

[1] 《最高人民法院关于审理行政许可案件若干问题的规定》中第三条明确通知法院通常不予受理:"公民、法人或者其他组织仅就行政许可过程中的告知补正申请材料、听证等通知行为提起行政诉讼的,人民法院不予受理,但导致许可程序对上述主体事实上终止的除外。"可见,如果过程行政行为导致许可程序对主体事实上终止的依然属于法院的受案范围。

[2] 河北省石家庄市中级人民法院(2016)冀 01 行终 300 号行政判决书。

为河北科技大学停止给田某颁发辅修专业学士学位的行为,理由正当。另外,本案实质上也涉及"教育部'外指委'取消考试成绩,并要求其所在学校作出处理"的通知是否可诉的问题。本书认为上级机关的通知行为尽管直接作用对象限于行政系统内部,但其已产生外部法律效果,具备可诉性。又如张某某与新疆大学教育行政纠纷案中,学校拒绝毕业论文答辩的行为,事实上引发了学位授予和学业证颁发的终止行为,应属法院受案范围。在美国,确定争议是否适合司法审查的成熟性行政行为标准,通常也考量如果暂停司法审查是否会给当事人造成困难。"也就是说如果未成熟的行政行为等成熟后再纳入司法审查的话会给当下的当事人造成困难的话也可以纳入司法审查的范围。"①所以对于行政事实行为来说,有效的救济层次一方面是防止事实效果的形成,亦即不让那些有可能给当事人造成损失的事实行为作出;另一方面对已经形成的事实效果,涉及结果除去请求权,在我国一般以补救判决的形式出现。②

(二)阶段性内部处理行为外部化的复合判断标准

较之过程性事实行为,阶段性内部处理行为是否具备外部效力得以进入行政诉讼受案范围,判断标准也较为复杂。行政法理论中将阶段性内部处理行为外部化的判断标准总结为涉权性,具体、确定和直接性,相对人知悉等。除此以外,高校学生管理过程应考量的因素还需包括以下方面。

一是独立涉权性。主要指与过程事实行为相比,该行为已经独立为受教育主体设定了权利义务,并非是最终行政行为的吸附行为,并产生了有约束力的肯定或否定的影响。其是否可诉的关键在于法院适用保护实体规范的整体性考量。具体而言,这类行为主要包括和受教育权实现有重大影响的直接关联行为,如果各行为独立地产生不同的法律效果,则相互间互不影响效力的存在,例如许多高校将纪律处分与学位授予关联,无论何种纪律处分,如果和学

---

① 王名扬:《美国行政法》,中国法制出版社 2005 年版,第 637 页。
② 王锴:《论行政事实行为的界定》,《法学家》2018 年第 4 期。

位授予是直接关联而不需要借助其他任何行为,以整体实体规范判断其足以导致学位授予被拒绝的或延迟的,应纳入受案范围。类似的还有留级行为等其他足以改变学业证、学位证颁发的行为。

二是适用法律的整体性,也即要求法官不拘泥于高度不确定的教育法律实体规范的个别条文,而是从教育法律体系整体尤其是涉讼学校的校规内容来综合判断该行为对受教育权的重大影响是否已经形成足够的风险。"刘广明案"就是最高人民法院首个明确引入保护规范理论的判例,具有替代"直接联系论"和"实际影响论"的法律意义。只有主观公权力,即公法领域权力和利益,受到行政行为影响,存在受到损害的可能性的当事人,才与行政行为具有法律上利害关系,才形成了行政法上权利义务关系。只有在有关行政法律规范对其加以保护的情形下,才能成为行政法上保护的权益,才能形成行政法上的利害关系。保护规范理论或者说保护规范标准,以行政机关作出行政行为时所依据的行政实体法和所适用的行政实体法律规范体系,是否要求行政机关考虑、尊重和保护原告诉请保护的权利或法律上的利益,作为判断是否存在公法上利害关系的重要标准。

三是损害的风险性。就通过行政诉讼或行政赔偿诉讼而追究行政主体责任,获得相应救济而言,由于风险本身并非传统意义上的"损害",因此利害关系人能否仅仅基于受到风险威胁而主张原告资格是高度争议性的问题。但风险判断本身的复杂性和整体保护性实体法律规范综合性,需由法院在个案中结合行政诉讼之立法意旨和发展趋势以及受教育权救济和高校自主管理权的平衡作判定,并逐步积累判定规则。

(三)超越受案范围司法判断路径:实体审查中过程行为违法性继承之判断

现代行政日趋复杂,行政活动已非只需要一个行政行为即可完成的简单活动。在现实中,一项行政活动的完成,往往需要通过数个行政行为前后相连,有时甚至结成复杂的组合关系才能实现。受传统行政法学理论影响,人们往往过分关注行政过程中对直接相对人权益有影响的"行政行为",而容易割裂各种行为形式之间的联系,忽视对直接相对人之外的利害关系人权益的保护。与传统行政法学理论不同,着眼于行政手段多样化而提出的行政过程论,则主张将行政过程中的各种行为形式都纳入行政法学的研究范围,将行政过程作为复数行为的结合和连锁而加以考察,并将直接相对人以外的利害关系人也纳入行政法学的视野之中,强调行政过程中私人能动的地位与行为。①

1."违法性截断说"与"违法性继承说"之冲突

如果从行政过程论的视角,从更宏观的角度分析和研究多阶段行政许可权力运行过程中各个不同阶段或环节中带有的共性问题,则过程行政行为之间的关系分为两种:其一,"违法性截断说"。只要第一环节的行政行为客观存在且具合法的外形,作为后续行为的第二环节的行政行为必须受其效力约束,该后续行为的主体不能对第一环节的行政行为的合法性要件进行判断。简而言之,该观点认为先行行为的违法性仅仅停留在其行为本身的阶段内,这种观点在学理上可称为"违法性截断说"。其二,"违法性继承说"。根据行政行为过程性理论,"行政行为是由若干个行为阶段组成的,这些阶段行为或者表现为法律行为,或者表现为事实行为。无论表现为何种形式,各阶段行为本身就可能是一个独立的行为。如果阶段行为具有重大且明显瑕疵的情形,那么就会导致两个结果产生:一是阶段行为自身构成无效行为,二是整个行政行为因阶段行为而归于无效。至于几个行政行为之间具有关联性,其中一个行政行为无效是否影响其他行政行为的有效性问题,要考虑几个行政行为之间的关系。如果各行为独立地产生不同的法律效果,则相互间互不影响效力的存在;如果各行为为实现同一目的而属于同一程序,则先行行政行为的无效性由后续行政行为所继承,先行行政行为无效,后续行政行为也无效"。②

---

① 江利红:《日本行政法学基础理论》,知识产权出版社 2008 年版,第 329—330 页。
② 李琦:《行政行为效力新论》,中国政法大学博士学位论文,2005 年,第 99 页。

2. 行政过程论语境下,实体审查中"违法性继承"理论之价值判断

我国的司法审查过分关注于直接对行政相对人产生法律效力的具体行政行为,从而忽略了行政过程中各种行为以及行为形式之间的联系。日本最高法院曾在相关判决中指出:"如果连续发生的行为相互关联,追求并完成的是同一效果时,则先行行为的违法性为后续行为继承。"①具体行政行为理论语境下,目前我国的多阶段行政许可在制度设计上还主要表现为外部化的多个独立的行政许可;但就具体行政行为在行政法体系中的定位而言,它只是分析行政过程的一个素材而已,并不一定内含对利益冲突的解答,对各种利害冲突予以指出并提出问题应当发生在行政过程之中,具体行政行为只是一个结果。②据此,多阶段行政许可制度的设计就应当重视行为形式与行政目的之间的联系和各种行为形式之间的联系,应当将多阶段行政许可过程作为复数行为的结合和连锁而动态地加以规范,从法律上将复数行政许可评价为一个行政行为,并给许可申请人以外的利害关系人以必要的保护。在行政相对人看来,关联行政行为违法,则以关联行政行为为依据而作出的后续行政行为必然违法,法院理应认定违法而加以撤销。但是法院却拒绝对关联行政行为作出审查,认为不属于本案审理范围而驳回起诉。这是对行政机关的违法行政行为的忽视,会降低法院的服判息讼率及司法的公信力。即使是告知另行起诉,相对人认为也是在踢皮球,增加当事人的诉累。这是行政行为效果外化作用对法院审理被诉行政行为造成的困境。若忽视这一点,则往往会导致程序的繁琐、行政效率的低下,甚至违背行政统一性之要求。③具体而言,否定违法性继承的制度安排明显存在以下弊端:一是外部行政许可程序繁琐,使得许可申请人疲于奔命。二是利害关系人若要保护自己的权益免受侵犯,就必须参与到每个先行行政许可程序中来,其成本是高昂的,而且在利害关系人众多

---

① [日]南博方:《行政法》,杨建顺译,中国人民大学出版社2009年版,第556页。
② 陈春生:《行政法之学理与体系(二)》,元照出版有限公司2007年版,第309页。
③ 肖泽晟:《法治政府建设》,《国家行政学院学报》2010年第3期。

且每个人受影响的利益都较少的情况下,很容易出现没有利害关系人参加行政程序的现象。三是利害关系人在权益遭受侵犯后的救济将面临巨大的困难。四是在先行行政许可众多且违法性不明显的情况下,因利害关系人提起相关的复议或诉讼可能旷日持久,进而使后续行政许可所确立的法律关系处于不稳定状态而严重破坏法的安定性。五是先行许可机关与后续许可机关都只维护自己职权范围内的公共利益,若不承认违法性的继承,则后续许可机关不仅难以对多元利益冲突进行公正协调和处理,而且保护许可申请人对先行许可信赖利益的负担也将随之增加。

一般认为,这种"违法性的继承"仅限于先行行为与后续行为之间存在手段与目的的关系时才发生。在多阶段行政许可中的违法性继承中,前后相联系的多个行政行为之中往往是最后一个行政行为对行政相对人的权益产生直接影响,这也就是行政行为的效果外化。对于我国"外部化"的多阶段行政许可,应当从法律上承认违法性的继承,允许将其评价为一个行政许可,使后续许可机关在行政程序中不能对作为其决定依据的先行许可的违法性置之不理,或者应当规避违法性继承的问题,使"外部化"的多阶段行政许可完全"内部化"为一个行政许可。但如果关联行政行为是一般违法,除非关联行为与后续行为以实现同一个法律效果为目的而互相结合,否则不支持对关联行政行为进行合法性审查。

3.高校行为实体审查中"违法性继承"理论之适用路径

受教育者权利救济语境下,关联行为违法性继承理论的价值在于学生不能直接针对关联行为争讼时,其权利仍可得到法律的无漏洞救济。从行政过程论的视角,基于行政行为违法性继承理论的价值判断和路径分析,关联行为的违法性继承为多阶段行政行为之间的效力传递提供了一个可供司法检视的法律平台,有利于明确高校的行为主体权责,避免后续行政许可所确立的法律关系处于不稳定状态而损害法之安定性;扩大了受教育者的权利救济,也符合诉讼经济原则,避免利害关系人可能提起旷日持久相关的复议或诉讼。实务中,法院对关联行为的违法性继承判断路径大致有以下几种情形:一是审查作为依据的高校校规,这种"间接附带审查"方式使得法院的审查触角延伸至被受案范围明确排除的高校校规制定行为。二是审查作为事实要件的关联行政行为。关联行为既是一种独立的行政行为,也是后续行为的事实要件。关联行为的非法性必然导致后续行为缺乏法律要件。三是审查作为证据的关联行政行为。由于关联行为与后续行为存在逻辑上、内容上的关联性,关联行为也因此经常成为支撑后续行为合法性的证据。四是审查多阶段专业判断关联行为。法院对高校学生管理行为专业判断的审查通过将关联行为的审查转化为对专业判断的高密度审查,或者直接对学校学业管理高强度审查。整体上观察,高校关联行政行为的实体司法审查实现路径大致可抽象为"违法性继承"和"违法性截断"两个模式,法院选择何种路径审查学生管理中的关联行为,实际上更多体现了行政诉讼的发展趋势。

四、结论

概括来说,过程性行政行为应当具备两个方面的要件:一是该行为是为了最终行政行为而进行的准备性、辅助性、中间性的行为,与最终行政行为不可分割;二是内容上该行为一般并不直接处理相对人的权利义务,但可能会因为其行为的实施,在结果上影响到相对人的权利义务。确定讼争高校学生管理行为之可诉性,应注重行政过程中各行为以及同一行为内部的各环节之间的关联性,对行为过程进行全面、动态的考察符合解决争议、保障权力监督权利的行政诉讼立法意旨,也是司法实务发展趋势。但应逐步探索建立统一的具体判定路径,借由解释规则的开放性,为法院回应日渐趋兴的权利救济需求提供空间;力图避免主观公权力的探求变成法官个人的价值判断,形成主观公权力的无限泛滥,从而不当超越司法体制、司法能力和司法资源所容许的范围。①

---

① 章剑生:《行政诉讼原告资格中"利害关系"的判断结构》,《中国法学》2019 年第 4 期。

第五节　高校学生管理过程行为规则体系之完善：坚守与超越

司法审查强度是指法院对行政行为进行审查时"以自己观点替代行政机关看法的自由度"，是"法院对进入司法领域的行政行为介入和干预的纵向范围"。① 司法审查强度的提出，主要是为了解决高校学术自治权与司法监督权二者潜在的冲突问题。司法权的主导思维是争议解决和权利救济，而高校治理的主要载体是以学术自由为核心的自主管理。两者间的核心张力是围绕高校功能而产生的两种不同的保障受教育权实现的价值观。作为高校治理主要向度的学生管理行为可诉范围的狭窄与固化显然与行政诉讼立法意旨不合，司法实践生长方向亦正体现突破之势。行政过程论语境下，作为张力平衡调节器的受案范围，则可超越因价值观差异所形成的受教育者权利救济与高校管理行为的割裂状态，其审查路径的解构也为高校学生管理行为规范过程积极回应教育法治实践、坚守自身功能实现的底线，提供了有针对性的实现路径。

一、高校学生管理过程中行政行为与教育自主管理行为之再认识

有学者将行政行为的构成要素概括为：处理行为；主权性；具体事件的处理；行政机关；外部直接法律效果。② 有学者将其总结为：公权力措施；行政机关；在公法范围内；规制属性；针对具体个案；具有直接的对外效力。③ 有学者

①　杨伟东：《行政行为司法审查强度研究》，中国人民大学出版社 2003 年版，第 6—7 页。

②　[德]哈特穆特·毛雷尔：《行政法学总论》，高家伟译，法律出版社 2002 年版，第 183—196 页。

③　赵宏：《法治国下的目的性创设——德国行政行为理论与制度实践研究》，法律出版社 2012 年版，第 88—110 页。

将其归纳为:行政机关;单方规制措施;公权性;具体事件;对外直接发生法律
效果为目的。① 有学者将其归结为:行政机关;直接发生法律效果;公法行为;
单方行为;外部性;针对特定具体事件。② 总的来说,学者们对行政行为的构
成要素只是表述上的差异。但2018年2月实施的《最高人民法院关于适用
〈中华人民共和国行政诉讼法〉的解释》第二十四条规定"当事人对高等学校
等事业单位以及律师协会、注册会计师协会等行业协会依据法律、法规、规章
的授权实施的行政行为不服提起诉讼的,以该事业单位、行业协会为被告"。
据此,高校管理过程的授权性行政行为范畴最初以指导案例形式确认,本条规
定则是司法解释第一次以规范法源的形式明确了学校的授权性行政主体之法
律地位,较之指导案例的准法源地位在立法位阶更高,也更明确。但在理论上
仍有不同认识,有观点认为尽管高校的学籍管理和学历证书颁发及学位授予
行为都属于高校学生事务管理的重要内容,但学业证书管理和学位管理是两
个不同的管理体系,高校对学业证书的管理是其法定职权,而对学位证书的管
理则由法律授权,进而形成对高校学生管理行为的授权性行为和职权性行为
之分。③ 本书认为这种割裂性认识与立法意旨和司法实践多有不合,在教育
法实体保护规范高密度刚性规范不足的背景下,教育法治实践中,宜统一到立
法引导上来,宜对教育法规定简要梳理以厘清认识。教育法规定了国家的国
家教育考试制度,依《教育法》第二十一条规定:"国家实行国家教育考试制
度。国家教育考试由国务院教育行政部门确定种类,并由国家批准的实施教
育考试的机构承办。"《教育法》也规定了学业证书制度,第二十二条规定:"国
家实行学业证书制度。经国家批准设立或者认可的学校及其他教育机构按照
国家有关规定,颁发学历证书或者其他学业证书。"另外还有学位制度,第二
十三条规定,"国家实行学位制度。学位授予单位依法对达到一定学术水平

---

① 陈敏:《行政法总论》,新学林出版股份有限公司2009年版,第299—324页。
② 翁岳生主编:《行政法》(上册),中国法制出版社2009年版,第602—633页。
③ 戴国立:《论高校学籍管理行为的司法审查》,《复旦教育论坛》2016年第2期。

或者专业技术水平的人员授予相应的学位,颁发学位证书",并对实施该三类行为的主体做了要求。高校从事该三类行为均应属于国家授权的行政行为,其他行为属于教育自主管理行为。至于高校履行该三类授权行政管理之过程行为是否均应为司法审查范围,依前述受案范围标准和实体审查中的违法性继承路径足以实现对权力监督和权利救济之行政诉讼目的。在钟某某与闽西职业技术学院退学纠纷案①中,法院认为,高等学校以《高等教育法》第四十一条的规定,对学生进行学籍管理并实施奖励或者处分的职权行为,是在行使依法律、法规授权的国家行政职能,其应当具有行政诉讼的被告主体资格。学校对受教育者的受教育权和身份权的处理,系特殊的外部行政管理关系,不属于内部管理行为,故依法具有可诉性。

二、树立校规为"法"的理念

高校自主管理的核心载体就是校规,其内容订定在坚守高校学术自治权的同时亦应充分回应实践发展趋势。过程行政论语境下,依行政诉讼法相关规定和实务状态,校规作为实体规范具备广义上的法属性,校规内容应是法院考量受教育者受公法保护的实体权益判断依据,同时也是个案实体审查中的合法性审查对象。校规制定除了应符合上位法的具体授权性规范,亦应合乎上位法的整体观,不拘泥于一部法律或一个条文,对受教育权保护内容做广义的理解。

三、学术自由之坚守

"学术能力的评价不同于其他行政行为,涉及高度属人性的判断,通常具有不可代替性。另外,根据平等原则,教师和评议机构根据以往各种类似考试以及评议所累积的经验,作为阅卷和评议时一般的评判标准,而法院针对个别

---

① 龙岩市中级人民法院(2010)岩行终字第 37 号行政判决书。

案件进行审理,此时不服考评结果的人获得了超出一般考评标准的机会,有违平等原则。因此应当承认考试机关和高校对于学术行为享有独立判断的权力,法院原则上应尊重考试评议委员会的评议决定,不作审查。"①高校作出退学处理(学业原因)的决定,都是因为学生的学业成绩未达到学校要求,因此,学业成绩是否达到学校要求便成了退学处理合法性的前提。目前我国高校评定学生成绩的方式有两种:考试和考查。考试是评量学生学业水平的主要方式,考试评分的公正与否将直接决定学生的学业成绩,法院对退学处理事实认定的审查,也应集中在考试评分的审查。法院应当如何审查考试评分?德国联邦行政法院采用"判断余地理论",对考试机关的评分予以极大的尊重,行政法院原则上不作审查。② 其理由是:"1)考试评分涉及考试委员个人高度学术、教育专业性判断,由于各个评分委员个人不同特质具高度属人性,因而,局外第三人应尽量不予介入。2)考试进行中不可避免地受外界因素影响,而这些因素却是无法预料,一般称之为'考试经验',而此一经验在行政诉讼程序中,法官亦难以事后自身想象及审查。基于客观不可能,纵使经过审慎地举证亦难以在法官面前重建考试情状,考试状况无法重新进行性。4)法院在事后审理个案时,无法比较其他应考人之考试成绩。考试评分往往是具有相同专业人员组成委员会对考生个人所作成之评价,行政法院不是'超级的'考试委员会,成为提供成绩不好考生更改分数的救济管道"。但是,在以下几种情形,法院还是应当进行审查,例如考试委员"1)是否有遵守程序性规定;2)是否对具体事实有误论;3)是否有偏离一般公认评断标准;4)是否参酌与考试事件无关因素之考虑。"③

针对判断余地理论过多地赋予考试委员的自由裁量权,有可能出现考试评分中的法治真空情况,德国联邦宪法法院修正了"判断余地理论",将考试

①　王敬波:《论高校学术评价行为的司法审查范围与强度》,《法律适用》2007年第6期。
②　董保城:《教育法与学术自由》,月旦出版社股份有限公司1997年版,第85—86页。
③　陈新民:《行政法学总论》,三民书局2000年版,第86—87页。

事件区分为"考试本质特殊性评量"与"学术专业正确之审查",就考试本质特殊性评量尤其是考生的答题评分上,联邦宪法法院认可了判断余地理论,这是基于考试阅卷经验的积累、考试不可回复性以及机会平等原则等方面的考量。而对学术专业正确性亦即专业问题的审查,联邦宪法法院则认为行政法院具有完全的审查权,而且在必要时可以聘请专家来协助审查,只要考生在试卷上的作答至少理论上可以说得通,就应视为正确答案而给予分数,不能因为考生的作答与考试委员个人的学术偏好相左而拒绝给分,这也是学术自由的应有之义,对此,法院应有审查权。这就是联邦宪法法院所提出的"考生作答余地理论",以对抗行政法院的"判断余地理论"。

我国台湾地区的司法实践也借鉴了德国的"判断余地理论"来审查考试评分,"第 382 号解释理由书"中写道:"又受理学生退学或类此处纷争讼事件之机关或法院,对于其中涉及学生之品行考核、学业评量或惩处方式之选择,应尊重教师及学校本于专业及对事实真相之熟知所为之决定,仅于其判断或裁量违法或显然不当时,得予以撤销或变更。"①

在我国,笔者主张完全可以借鉴德国的"考生作答余地理论",在对考试评分的审查中,法院应当尊重教师的阅卷经验、综合考虑考试不可回复性以及机会平等原则等因素,对学生的答题应该评多少分、相类似作答之间的分数差距应该是多少等"考试本质特殊性评量",法院应当尊重教师的"判断余地"。但是,在学生考试作答是否正确的专业性审查方面,法院应具有完全的审查权,只要学生的作答在理论上说得通,就应视作为"可接受"的答案,亦即考生的作答具有前后一贯的有效论证、说理合乎逻辑就应视为"可接受"的答案,阅卷教师若拒绝给分或给分明显偏低,就属于裁量显然不当,法院应当予以撤销或变更,必要的时候可以聘请专家予以协助审查。这是因为学术本身就是一种有计划的、依循一定研究方法以及自我负责探索知识的活动,它具有无固

---

① 《大法官会议解释汇编》,三民书局 1999 年版,第 385—386 页。

定结果且容许争议的特征,因此,对专业问题,学生的考试作答并非仅有对、错之二分法,教师若固执己见,判定那些与其自身的学术观点相异的考生作答为零分或极低之分数,实有违学术研究的本质。因此,笔者主张在专业性审查方面,法院应有完全的审查权。这既有利于促进学术研究的繁荣,也有利于维护学生的受教育权。法院对基于学业原因的退学处理进行司法审查,更多涉及高校的学术评价能力,而法院仅仅在法的适用方面有其能力上的优势,法院不是"超级考试和评议委员会",在评价学术水平与能力方面有其先天的不足之处。但是,法院又是公民权益保护的最后一道防线,不能以自己学术水平有限为由而拒绝履行其保障公民权益的职责,如何解决这"二律背反"的难题? 司法审查之时机以及司法审查之强度乃是解决这一难题的制度设计。

四、高校应恪守管理过程中的正当关联原则

这些原则包括:一是禁止不当联结原则。高校学生管理关联行为规则的制定应注意目的与手段之间是否具有正当的联结性,相关措施能否促进法律目的之实现。[1] 尤其是区分行政处理行为和事实行为与最终行为的关联,对直接关联的行政处理行为的规范可比照最终行为的规范要求,而事实行为则情形复杂。本书认为可以区分的非学术事实行为与管理事实行为分别审慎规范,后者无涉判断余地,司法得以自由裁量判定其对受教育权的利害关系,尤应注意正当程序要求。二是比例原则和不得放弃行政裁量原则。从制度安排的角度说,行政过程前后关联行为的规则应由学校根据受教育权保护的整体实体法律规范之要求结合个案的实际状况,并依据管理行为对权利的利害关系、学生自身过错的严重程度、悔改态度和平常表现等给予相对明确处理,其中尤以量化机制更符合教育法概括授权规定密集的特点,分档、合理关联以体现比例原则。笼统地将过程行为和最终行政行为关联,违背了行政行为不得

---

① 王工厂:《基于司法大数据的高校学位授予实证研究》,《学位与研究生教育》2020 年第 3 期。

放弃行政裁量原则,属裁量滥用、裁量逾越和裁量怠惰情形。①

五、提高行政过程规则制定的科学性

高校学生管理校规应提高制定的技术性要求,注意过程行为关联规则的严谨、细密,这也是治理水平的重要表现。一是违纪行为作为事实不宜直接关联最终行政行为。例如将论文不端行为、考试作弊行为直接与学位授予关联,学生申诉权被剥夺,违背了正当程序原则,也不符合比例原则和不得放弃行政裁量原则。本书认为所有与最终行政行为关联的违纪行为均应效果外化也即形成违纪处分,以规范高校治理过程。二是不规范的不确定概念应在关联规则制定时谨慎合理使用。诸如"表现不好""无明显悔改""屡教不改"等不规范概念的使用,往往使学校在具体讼争中无法提供证据支撑而陷于尴尬处境。三是以量化机制分档规范情形复杂的学生管理事实行为,避免事实行为作出时的主观恣意。

六、结语

受案范围是司法介入高校治理的前提,但长期以来,司法实务中将高校学生受教育权救济范围整体限缩为身份改变及学位授予、学业证颁发等情形,割裂了高校治理过程的整体性,不能提供充分受教育权利救济,也不利于高校学生管理的规范化。这既违背行政诉讼解决争议、保障权利、监督权力的立法意旨,也与行政诉讼实践整体价值取向不合。行政过程论视角下,高校学生管理行为不是单个片段式的、封闭的割裂行为,而是互相承接的整体过程形态。最高人民法院倡导主观公权力保护实体规范适用时的整体法律观以扩大权益保护范围;部分法院亦尝试突破现有受案范围限制,在案件受理和实体审查上介入高校学生管理的行政过程,以个案范式积累形成受教育权无漏洞法律保护

---

① 王工厂:《基于司法大数据的高校行政裁量实证研究》,《郑州师范教育》2019年第4期。

的判断规则。高校治理在对实践回应过程中需坚守学术自治为核心的自主管理权,不应因避讼而无序退让;但同时也应超越管理过程为内部行为的传统观念,树立学生受教育权的整体保护理念,突破个别条文、单部法律的局限,完善规范校规内容,在高校自治、受教育权救济和司法审查间张力的动态平衡中,充分实现自身功能。

第四章　纪律处分

　　教育法语境下的纪律处分作为学生管理的重要内容,涉及正当程序、法律适用以及体现高校管理权的行政裁量问题,具备高度的实践品格。但对这一问题的现有研讨基本局限于运用社会科学理论来解释法律的规范研究,例如对纪律处分法律属性的争论就有行政处分说[①]、行政处罚说[②]、准行政处罚说[③]和属性分段说[④];虽然有其合理性,但这种解释主体可能往往是试图获得一种带有个人解释的"主观知识"。本章试图通过相关司法大数据的简单量化分析,观察司法者在纪律处分引发的学校与学生间讼争的价值导向和裁判的整体趋势,分析裁判结果对教育立法和高校治理产生的影响。

第一节　样本案例的类型化分析

一、纪律处分司法审查之现实意义

　　所检索裁判文书依据争议焦点的分布,大体涉及纪律处分、学位授予、学

---

① 申素平、黄硕、郝盼盼:《论高校开除学籍处分的法律性质》,《中国高教研究》2018 年第 3 期。
② 张胜先、杨雪宾:《论高校处分权与学生权利救济制度》,《现代大学教育》2004 年第 4 期。
③ 董立山:《高校学生身份处分权问题研究》,《湖南社会科学》2006 年第 5 期。
④ 陈鹏:《高等学校学生处分权的法理学探析》,《教育研究》2004 年第 9 期。

历证颁发、学籍管理、入学、信息公开及其他管理纠纷等 7 大类别。该分类处理的是原被告双方所争议的实际问题,从中可以观察到讼争发生的原因以及法院审理的重点,也可观察到司法审查介入高校行政管理广度、深度和高校依法治理的实际状态,该分类的具体数据整理如图 4-1 所示。

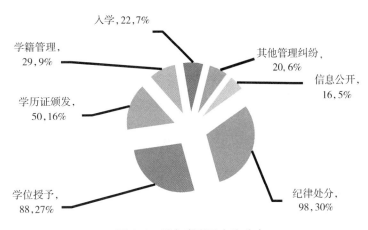

图 4-1 讼争类型及占比分布

从图 4-1 中可以发现尽管司法审查的范围已涉及高校学生管理各类内容,但集中度却差异明显,其中纪律处分引发的诉讼数量最多,接近全部样本案件的三分之一。

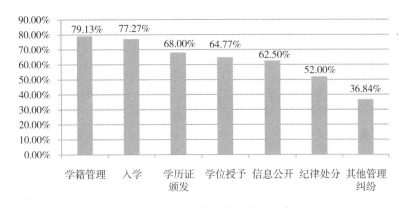

图 4-2 不同讼争高校获支持率分布图

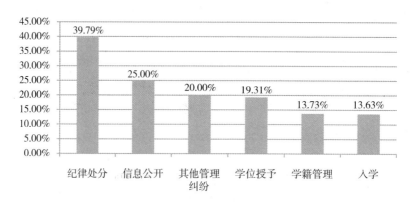

图 4-3　不同讼争学生获支持率分布图

讼争中,高校管理行为的司法审查结果则更直观反映了其治理的规范程度,综合图 4-2、4-3 所示内容,可以发现,剔除和解和撤诉的情形,纪律处分不为法院认同的比例最高,近四成的纪律处分纠纷不被法院支持,这对素来以象牙塔自居强调大学自治的高校治理影响不可谓不大。

高校治理语境下,纪律处分作为学生管理中最具刚性的内容,其主体关联性强,而较之学位授予、学籍管理等专业判断余地强的内容,司法审查介入并无专业判断的限制,利益平衡的色彩浓厚。司法审查既是对高校治理的监督,也是一种厘清、引导和促进,更是一种活法的现实回应,"真正的法规范不是形式上被抽象编写出来的文字,而是通过法官为了使该法条获得实践,日复一日操作的具体内容"。[①] 对纪律处分司法审查图景展开分析更具现实意义。

二、纪律处分纠纷样本案件说明

对 98 起检索样本案件和涉及的 113 份裁判文书分类说明:一是样本案件数量的确定,结合裁判文书内容,98 起样本案例中,以裁定方式结案的 21 个样本中,载明案由和裁定结果并叙明案件事实的有 7 件;以判决方式结案 78

---

① 苏永钦:《活法作为违宪审查的标的》,《法令月刊》2015 年第 10 期。

件;实际使用样本 85 件。二是就裁定而言,对学生起诉不予受理和驳回起诉的情形,本书统计按司法实践中的通常认识,也视为学校胜诉。三是与表 4-1 统计结果的差异,由于案件基数由 98 件减少为 85 件,主要是剔除了和解撤诉和以程序性裁定结案的情形。据此,整体分类呈现如图 4-4 所示。

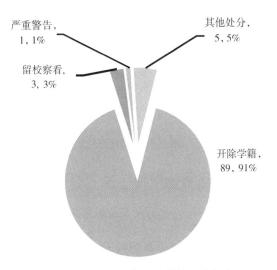

图 4-4　各类纪律处分纠纷占比分布

司法审查的核心要义就是行政诉讼,尽管如图 4-4 所示,原告提起行政诉讼的纪律处分类型包含了严重警告、留校察看和开除学籍。全部 98 例样本中,有 89 例处分是开除学籍,开除学籍处分占比超过 90%,考试抄袭的纪律处分类型有 3 例是留校察看,严重违纪的纪律处分中有 1 例是严重警告处分,当然,这 4 例的裁判结果是不予受理或驳回起诉。开除学籍以外的纪律处分因不涉及学生身份的改变,司法实践中被认为没有影响学生的受教育权,不能启动司法审查以寻求诉讼救济,即便是这种纪律处分与学生身份的改变已经具备高度关联性,法院也难以突破。在"梁思杰与南京航空航天大学留校察看处分纠纷"案中,法院在裁定书中叙明:"在本院组织的谈话中,原、被告双方均称即使原告受到的是严重警告处分,也会影响到原告的专业选择、学位取得及委托培养合同的履行等";但同时法院依然认为:"被告南航大因认定原告梁思杰考试作弊而对原告作出留校察看的处分决定,该处分决定并不直接导致原告学生身份的丧失……因该处分行为主要属于被告行使高校自治权的行为,并未直接侵犯原告的受教育权利,不属于人民法院行政诉讼受案范围"。① 来自司法实务中的观点认为,"这里的权利义务影响不同于行政诉讼中的实际影响,而是比实际影响更严格、标准更高的实质影响,即一般的权利义务影响受制于尊重办学自主权,还不足以纳入司法审查范围"。② 对开除学籍以外的纪律处分,司法实践中的变通做法是引导学生提起申诉,对申诉决定不服提起行政诉讼的,法院只审查正当程序,不涉及实体,但申诉处理的质量和可接受性的提高均难以保障。

三、纪律处分司法审查的微观分析

分解各类型教育行政行为的司法审查个体微观面向,加以横向比较,更能发现问题,就纪律处分司法审查加以解构可以表 4-1 呈现。

表 4-1　纪律处分分布表

处分原因	样本案件数量	处分类型	学校获支持数量	学校胜率	学生获支持数量	学生胜率
替人考试	17	开除学籍	5	29.41%	12	70.58%
找人替考	16	开除学籍	10	62.5%	6	37.5%
考试抄袭	5	开除学籍	2	20%	1	20%
		留校察看	3	60%	0	0%
通信作弊	24	开除学籍	14	58.33%	10	41.66%
严重违纪	23	开除学籍	13	56.52%	9	39.13%
		严重警告	1	4.34%	0	0%
合计/占比	85		47	55.29%	38	44.70%

---

① 南京铁路运输法院(2016)苏 8602 行初 1214 号行政判决书。
② 王振清:《刍议高校学生管理行为司法审查的范围与限度》,载北京大学教育法研究中心、北京大学宪法与行政法研究中心主编:《教育行政诉讼理论与实务研究》,中国法制出版社 2012 年版,第 7 页。

通过该表可以发现高校纪律处分纠纷司法审查的整体样态,进而清晰地观察到其中隐藏的司法趋势:触发开除学籍处分的原因主要可分为考试作弊和其他严重违纪两种,其中以考试作弊为主体,占比 73%,作弊方式涵盖替人考试、找人替考、考试抄袭(携带小抄)、通信作弊,这里又以通信作弊方式为最多,占全部考试作弊 62 件中的 24 件,占比为 38.7%;而传统携带小抄的考试作弊方式仅为 5 件,占 8%。就考试作弊的纪律处分类型而言,有学校显然认为携带小抄作弊行为的危害性要小于其他作弊方式,纪律处分种类上有 3件给予轻于开除学籍处分的留校察看处分,但有 2 件此类作弊行为仍然区分地给予了开除学籍处分。严重违纪占比 27%,这里也可分为与刑事处罚、行政处罚竞合的严重违纪和其他违背高校校规规定的违纪两种情形。然而就司法审查结果整体而言,学校纪律处分被撤销率和学生诉讼请求获支持率是如此接近,其他教育行为的司法审查中学生诉讼请求平均被支持率不足 20%。两厢比较,也就意味着有近半数学校作出的纪律处分不被法院认可支持,将这一司法现象置于高校自主管理为核心的学校依法治理背景下观察,尤其值得深入探讨。

四、案由: 纪律处分的司法实践样态

司法审查中,法院如何界定纪律处分的法律属性,应当关乎讼争正当程序、事实认定、法律适用、行政裁量及审查强度等重要面向。案由是案件的名称和内容的摘要,它体现了案件的类型和法律关系,概括了讼争焦点。2004年 1 月 14 日最高人民法院发布了《关于规范行政案由的通知》。在这一通知中,行政管理范围有 42 个,其中教育行政管理列排在第 31 项。据此,本书按上网裁判文书记载的案由类型加以统计,但尤其应当说明的是,中国裁判文书网对案由的划分虽然基本上依照最高院上述通知展开,而"第 31 项的教育行政管理"作为行政案由却并未单列存在,这在事实上大大增加了样本收集的困难。其中对案件名称所列案由与裁判文书主文中所列案由不一

致,本书按裁判文书主文记载统计。依据这一规定,高校纪律处分案由如图 4-5 所示。

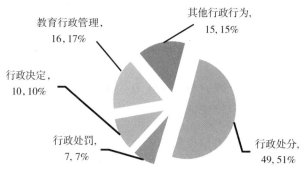

图 4-5　高校纪律处分案由分布图

　　以此分析,高校纪律处分司法审查图景应涵盖如下内容:首先,高校给予学生纪律处分的行为,体现的是行政法律关系,高校的处分行为是具体行政行为,司法上已无争议。其次,在行政法语境中,应如何厘定纪律处分行为的法律属性,并未形成统一认识。目前唯一可诉的高校处分行为是开除学籍处分,但案由表述多达 6 种,不规范、不准确。在某种意义上,中国裁判文书网对案由分类时,教育行政管理案由的缺失也是这种认识分歧的表象。再者,纪律处分法律属性这一学界论争的热点,并未影响司法审查现状,法官对案由确定表现出较强的主观随意性,例如名称为"王青与衡水学院行政处罚一审行政判决书",但判决书主文则将案由记载为"原告王青诉被告衡水学院开除学籍行政管理"。理论与现实的脱节,实质上也凸显了在缺乏法律制度有效安排的背景下,理论供给对司法实践回应的不足。

五、纪律处分纠纷的司法实践分类

　　行政决定、行政处理、行政处分、行政处罚的概念均在司法审查中被使用。行政决定和行政处理含义接近;行政行为就其表现形式而言都是行政决定或行政决定书,只是具体行政行为被表述为行政决定时更着眼于行为结果,在我国其又被称为"行政处理"。① 但高校纪律处分作为行政处罚或处分与学籍管理、学历证颁发、学位授予等行政处理行为,在行政规章上被严格区分。《普通高等学校学生管理规定》(以下简称《管理规定》)第五十六条规定:"对学生作出取消入学资格、取消学籍、退学、开除学籍或者其他涉及学生重大利益的处理或者处分决定的,应当……"这里的"取消入学资格、取消学籍、退学"属于行政处理,"开除学籍"则属于行政处分。就案由分类考察,纪律处分行为可能被笼统地定义为教育行政管理、行政决定(行政处理),或者是行政处分与行政处罚的交替,但除了《普通高等学校学生管理规定》确定的五类纪律处分外,并无其他行政行为在司法审查中被厘定为行政处分。学理上论述的高校惩戒行为尚包括不授予学位以及取消学籍、入学资格、学业不合格导致的退学等行政行为,但笔者尚未发现这些行为在司法审查中被列为行政处分或行政处罚的情形。行政处理和行政处分分别被使用的意义在于其蕴含了司法审查价值评判,即行政处理和行政处分所涵摄的事实不同,法院应当给予不同程度的尊让,表现为对行政处理和行政处分分别适用不同的审查强度。纪律处分行为关乎事实认定,司法审查排除判断余地,法院采取全面审查,包括行政自由裁量权的事实认定、正当程序、法律法规及校规校纪适用等内容。行政处理体现高度的专业性,适用判断余地,司法审查强度低于行政处分。司法审查对这种区分的回应是很明显的。在高某某与重庆市房地产职业学院行政撤销案中,重庆市第一中级人民法院认为重庆市房地产职业学院对高某某作出的退学处理决定并非处分,因此向高某某告知陈述申辩权并非其法定程序,这里行政处理和行政处分的适用程序被严格区分。② 另外就样本案例载明的司法审查结果统计,高校不同行政行为在司法审查中得到法院支持情形差别甚大,其中高校的纪律处分行为在司法审查中被撤销或被判重新作出具体行政行为的数量最多;其他行政处理行为要比行政处分行为得到法院更高程度的尊重。

---

① 杨登峰:《行政决定效力的本质与体系》,《行政法学研究》2013 年第 4 期。

② 重庆市第一中级人民法院(2017)渝 01 行终 364 号行政判决书。

第二节　高校纪律处分司法审查的逻辑证成

纪律处分系高校依据低密度教育法律、法规和校规作成,司法审查又要面对学生受教育权和高校基于学术自治的自主管理权平衡需求。但据其呈现的实践样态特质,遂令人质疑:纪律处分之司法审查基准是否有脉络可循? 根据表4-1内容,学校纪律处分在司法审查中未获法院支持的样本案件38个,以裁判文书内容考察,有5件是综合了程序不当、事实认定不清、法律和行政自由裁量权适用不当等情形中的两种或三种,其余则是以前述单一原因导致了学校败诉。

一、程序正当性是纪律处分司法审查的主要问题

因程序不当导致学校纪律处分被撤销的案件为22起,数量最多,占比最高。尽管《教育法》也规定了学校有对学生处分的权力,但并未涉及处分程序,个案正当程序的司法审查主要是依据《管理规定》这一部门规章,该规章有原国家教委1990年版本和2005年制定实施并于2016年修订2017年实施的版本,处分种类和程序安排以及权利救济等内容随着该规定的修订而适当变化。司法审查中,高校作出的纪律处分被认定为违背正当程序的情形大体如下:一是未给予违纪学生陈述和申辩的权利。个案中,法院均认为开除学籍是对学生违规违纪行为最严重的一种处分,学校在对学生作出处分前,应当书面向学生告知其享有陈述和申辩权,并认真听取学生或者代理人的陈述和申辩,在法律规定的范围内,充分论证,慎重处理,从严掌握。但涉讼高校在证明严格履行该程序时,有的没有证据,有的证据不充分。[1] 二是既未听取学生或

---

[1]　南京市浦口区人民法院(2015)浦行初字第3、4号行政判决书;上海市杨浦区人民法院(2015)杨行初字第83、85号行政判决书;广州市天河区人民法院(2012)穗天法行初字第185号行政判决书;天津市宝坻区人民法院(2017)津0115行初7号行政判决书;新疆生产建设兵团第八师中级人民法院(2016)兵08行终4号行政判决书;太原市万柏林区人民法院(2015)万行初字第00003号行政判决书。

者其代理人的陈述和申辩,亦没有将处分决定送达学生本人。在安某某与兴义民族师范学院教育行政管理(教育)案①中,法院认定,学校提供的证据是辅导员曾将该决定于2017年7月12日上传到"2014级美术学2班"QQ群,不能直接证明学校将该通知书送达给学生。在许昌学院与李某某、益某某行政纠纷案②、易某与湖南中医药大学湘杏学院教育行政管理纪律处分案③中均存在因送达问题导致的程序不当。三是未经校长会议研究决定。在王某某与新疆农业大学纠纷案④中,法院认为新疆农业大学虽然在《处分决定》中载明"经校长办公会议研究",但未提交其对王某某作出开除学籍处分决定已经校长会议研究决定的证据,进而被认定为程序不当。四是先做出处分决定后完善程序。在郑州航空工业管理学院与张某行政处罚一案中,被告在发现原告考试作弊的当日即在其校园张贴通告,给予原告开除学籍处分,虽然此后被告履行了听取学生陈述和申辩等程序,但被告的行为系先作出开除决定,后履行相关程序,属程序违法。但法院对正当程序审查也考量对实体权利的实际影响,以行政诉讼法的规定,未实质影响实体权利的程序问题不足以构成违背正当程序原则。在唐某与沈阳师范大学纪律处分纠纷案⑤中,学校送达程序存在瑕疵,但原告实际已按照相关规定向学校学生申诉处理委员会进行了申诉,被维持原处分决定后,其又向辽宁省教育厅提出了复核申请,也得到了书面答复,其权利行使并未受到影响,法院认为在程序上存在的瑕疵,尚不能动摇其对处分结果的认定。吴某某、李某与厦门海洋职业技术学院行政处罚案⑥中,原告提出被告送达处理决定系复印件以及抬头载明各学院而非原告本人等问题,确实存在瑕疵,但法院也认为未影响原告实际权益,仅予以指出,不认定为违法。

---

① 贵州省安龙县人民法院(2017)黔2328行初109号行政判决书。
② 许昌市中级人民法院(2009)许行终字第15、16号行政判决书。
③ 长沙市中级人民法院(2014)长中行终字第00309号行政判决书。
④ 新疆维吾尔自治区乌鲁木齐市水磨沟区人民法院(2017)0105行初69号行政判决书。
⑤ 沈阳市中级人民法院(2008)沈行终字第1号行政判决书。
⑥ 厦门市思明区人民法院(2016)闽0203行初123、124号行政判决书

二、事实认定不适用判断余地

一般认为,事实认定的司法审查标准涉及事实的性质、证据的充分程度和事实所涉及权利的性质即基本权利特别保护原则等内容,司法现状下,纪律处分得以进入司法审查程序的前提,主要是作为基本权的受教育权受到了重大影响,足以改变学生身份。因事实认定不清导致司法审查结果不利于学校的8起案件中,严重违纪和考试作弊各占4起。整体比较而言,虽然事实认定对学校处分行为的影响宽泛程度不及正当程序问题,但就个案呈现的过程而言,事实认定并不涉及判断余地,而是由法院依据证据规则认定。

(一)考试作弊事实认定的审查

在大连海事大学与张某某开除学籍处分决定案[1]中,大连海事大学作出的开除学籍处分决定认定的事实为原告组织外校学生参与作弊,仅有一份对原告的询问笔录作为事实证据,只体现了原告加入和退出微信群的时间、原告被谁邀请及又邀请谁加入微信群、原告考试时电话关机等内容,并没有关于原告组织外校学生参与作弊的相关信息,无法证明被诉决定所认定的事实,故被诉决定属主要证据不足。在吕某某与郑州航空工业管理学院行政处罚案[2]中,郑州市二七区人民法院认为替考的男性"王 X"所写的说明亦不能证明其身份,不能证明作为女性原告与王 X 之间存在替考行为。故被告认为原告有由他人代替考试的行为证据不足。张某某与郑州航空工业管理学院行政处罚案[3]中,被告郑州航空工业管理学院在其《郑州航院考试违纪情况说明表》所记载内容与原告张某某的陈述内容相矛盾的情况下,仅凭其学院监考教师单方面记录的《郑州航院考试违纪情况说明表》,未经进一步核实,即认定原

---

[1] 大连市中级人民法院(2015)大行终字第 429 号行政判决书。
[2] 郑州市二七区人民法院(2012)二七行初字第 48 号行政判决书。
[3] 郑州市二七区人民法院(2012)二七行初字第 49 号行政判决书。

告在被告组织考试中有利用手机作弊行为,其作出决定属事实不清,主要证据不足。在郑州航空工业管理学院与张某行政处罚上诉案①中,上诉人郑州航空工业管理学院在其《郑州航院考试违纪情况说明》所记载内容与被上诉人张某的《说明》内容相矛盾的情况下,仅凭其学院监考教师单方面记录的《郑州航院考试违纪情况说明》,即认定被上诉人张某大学英语四级考试时,携带橡皮状接收器握在手中,以及在手中握有通讯工具,上面带有英文相关内容,其作出决定属事实不清,主要证据不足。

很显然,如果说第一起案件中,法院对事实认定证据的怀疑尚属合理,其系采用明显优势的证明标准,余下三起案件对证据证明力的评判和对案件事实的推定,则采用了一般在刑事诉讼法中适用的排除合理怀疑标准甚至更为严格的证据确凿标准。开除学籍处分关系到学生的受教育基本权,其处分作出理应谨慎。对事实认定,高校应严格依照法定标准进行,但在法律有效供给不足的前提下,司法审查者个人自由心证的拿捏更多体现公共利益和个体权益平衡的认识。后三起案件均为一年内由一家基层法院对一所高校作出的相同审查结果,其是否具备代表性值得怀疑。在类似情形的龙某与井冈山大学开除学籍处罚案②中,一审吉安市青原区人民法院认为,监考老师发现原告身上有橡皮型电子接收器一个,且该设备处于开机状态这一事实,但被告未能提供证据证明龙某使用了该无线通讯设备,且接收或记载了与考试有关的内容。故被告仅凭上述事实认定原告是使用通讯工具作弊,属于严重考试作弊情形,明显证据不足。这一事实认定的证明标准没有被二审法院认可。

(二)严重违纪事实认定的审查

严重违纪事实认定有两类:一类涉及与刑事处罚、行政处罚等社会处罚相竞合的严重违纪;一类是其他严重违纪的纪律处分。

---

① 郑州市中级人民法院(2012)郑行终字第 162 号行政判决书。
② 吉安市中级人民法院(2013)吉中行终字第 35 号行政判决书。

对这两类事实认定的司法审查标准,法院审查标准大相径庭。对于前者,法院在判断余地上更尊重专门机关的判断,在此之前,学校的处分行为会被法院认为事实认定不清证据不足。沈某某与安徽中医药大学行政处罚案[①]中,法院认为另涉案纠纷公安机关已受案调查,未作处理决定之前被告即作出相关事实认定属证据不足。同时,在有专门机关作出判断后,高校基于此的纪律处分行为均得到法院的支持。

但在不涉及专门机关判断的严重违纪审查中,法院的事实认定证明标准和考试作弊事实认定的审查类似,同样存在重大分歧。赵某与西北政法大学二审诉讼案[②]中,二审法院否定了一审支持被告的判决,认为如何严重影响学校教育教学秩序、生活秩序以及公共场所管理秩序,造成严重后果,手机短信、互联网网名的实名指向不清楚,证据并不充分。王某某与山东护理职业学院教育纪律处分一审案[③]中,法院认为被告并未提交相应证据证实原告存在违反校纪校规,情节极为严重的情形,法院不予支持学校的行政行为。

如果不确定法律概念涉及的是单纯事实描述,纯属经验,一般人可以感官判断,法院依职权调查证据后予以判断,并无应尊重高校判断余地的问题。张某某与鲁东大学纪律处分纠纷中,法院认为在留校察看期间再次违纪,符合《普通高等学校学生管理规定》第五十四条"屡次违反学校规定受到纪律处分,经教育不改的"情形。在郭某某诉兰州大学开除学籍申请再审案[④]中,甘肃省高院直接认定申请人通过不正当手段获取造假论文 10 篇,并将其中 2 篇论文投送国际学术会议,该行为属于抄袭与剽窃行为,符合教育部《普通高等学校学生管理规定》第五十四条第(五)项剽窃、抄袭他人研究成果,情节严重的,学校可以给予开除学籍处分的规定。

---

① 合肥市蜀山区人民法院(2015)蜀行初字第 00046 号行政判决书。
② 西安市中级人民法院(2015)西中行终字第 00574 号行政判决书。
③ 济南市历城区人民法院(2012)历城行初字第 39 号行政判决书。
④ 甘肃省高级人民法院(2016)甘行申 115 号行政裁定书。

（三）法律与校规的适用错误

就纪律处分适用法律依据的审查而言，主要涉及两类，即教育法律、规章和校规。法律适用错误具体有如下情形：一是学校处分依据没有指明具体的条文。① 二是单独适用学校校规没有引用上位法的相关规定。法院一般将这种情形表述为"仅仅适用本规定，应属程序违法、适用法律错误"。② 法院认为在上位法已对开除学籍情形作出明确规定的情况下，学校应当优先适用该上位法的规定，在处分决定未能引用，被认为不妥。③ 但司法审查的结果也表现了在不同时期，面对法律适用的条件与实质公平冲突，司法审查的政策执行和纠纷解决功能何者优位的价值取向问题。在康某某不服桂林电子科技大学开除学籍处分决定案中，法院就认为："被上诉人在处分决定中未直接适用相关法律规范，属于瑕疵问题，不足以确定被诉行政行为无法律依据。"④三是无法律依据。这里的情形，主要是因纯获益的学业问题导致的淘汰性行政处理和因违纪引发的惩罚性处分相混淆。⑤

（四）纪律处分的合理性审查

对纪律处分的合理性审查，一是审查高校处分行为是否遵守不得拘束（放弃）行政自由裁量权原则。学校是否根据个案情形给予学生合理裁量范围之内的处分种类，是行政裁量合理的关键。二是结合学生行为的整体内容审查比例原则的适用，包含了学生行为方式、日常表现以及事后心理等。在张

---

① 甘肃省高级人民法院（2016）甘行终 133 号行政判决书。
② 衡水市中级人民法院（2015）衡行终字第 16 号行政判决书；眉山市东坡区人民法院（2016）川 1402 行初第 90、91 号行政判决书；长春市中级人民法院（2015）长行终字第 48、49、50号行政判决书。
③ 北京市第三中级人民法院（2017）京 03 行终 87 号行政判决书。
④ 桂林市中级人民法院（2014）桂市行终字第 201、202、203、204 号行政判决书。
⑤ 韶关市曲江区人民法院（2016）粤 0205 行初 21 号行政判决书。

某某与济宁医学院案①中,法院认为原告平时学习认真、要求进步,并担任学生干部,表现良好,本次作弊属初犯,且在事后的检讨、申辩和申诉时,均对作弊行为表达了深刻的认识和悔改。被告直接作出开除学籍的决定失当。三是平等待遇是否体现。另外,对正当目的司法审查则是法官综合个案情形结合自身经验心证的裁量过程。

综合前文,可以发现高校纪律处分的司法审查在整体上呈现为高强度审查标准。依据审查范围可将司法审查分为高强度审查(审查内容包括内容、事实和程序的全面审查)、中等强度审查(审查内容和适用程序)与低强度审查(仅审查适用程序)。纪律处分的审查和其他教育行政行为相比,系采用高强度标准,即纪律处分行为所涉及的正当程序、法律适用、事实认定和行政裁量均在审查范畴内。尤其是事实认定的审查,不适用判断余地,法院可以经验、规范自行判定。

第三节　高校纪律处分内部规范的回应性建构

从高校治理的角度说,高校纪律处分内部规范的现实建构,不仅应当关注制度体系安排的理想架构,更应注意及时回应司法审查的现状,努力使二者生成的方向相契合。本书认为高校应当从以下几个方面规范学校的行政裁量。

一、正当程序规范渊源包括法律、法规和校规

重实体轻程序的传统认识在司法系统改变甚巨,但在学术象牙塔的高校,并未有大的改观,导致学校败诉的纪律处分纠纷中,半数以上涉及程序不当。司法审查中正当程序的审查基于两类规定:一是法律、规章规定的程序。由于

---

① 济宁市中级人民法院(2014)济行终字第333号行政判决书。

教育法和高等教育法的低密度规定,司法审查中对程序正当审查主要依据是教育部制定的《管理规定》。二是学校校规规定的程序。学校校规在符合上位法前提下规定的程序,学校在实施纪律处分过程中应严格遵守,不应违反自己规定的程序。

二、校规的制定应关注和上位法的正当、合理衔接

校规的审查标准主要是是否违背上位法的规定,然而这本身又是一不确定法律事项,但就司法实践观察并未适用判断余地保留,尤其是学校校规采取高于上位法的规定是否适当,实践中分歧巨大。笔者认为,开除学籍的纪律处分条件不宜严于上位法的规定,按照教育部《管理规定》第五十二条、第五十四条规定,要求学校对学生纪律处分时,充分考量违法、违纪行为的个案特质,全面衡量后确定处分手段,过罚相当、罚当其过。学校不加区分地将某一违纪行为不分个案差异地给予同一类纪律处分,看似采取了高于上位法标准。但实质上是违反了行政自由裁量权行使中的不得拘束(放弃)行政自由裁量权原则;但如果是对不确定法律概念进行细化后,制定的补充性校规制度,法院倾向于对学校的自主管理权保持适度的尊重,认可其合法性。

三、事实认定应符合基本的证据规则要求

司法审查中,纪律处分事实认定无涉判断余地,尤其是开除学籍本身即关乎学生受教育基本权,司法张力更呈扩展之势。高校对此类处分所涉事实认定必须做到证据充分,尤其是认定关键事实的证据应当做到证据确凿。在路某某与天津职业技术师范大学教育行政管理(教育)案[①]中,学校对原告考试试卷及相关材料进行司法鉴定后,才确认原告确有找他人替考的作弊事实。在直接证据不足的情况下,学校的判断可能不被法院所认可。崔某某与中国

[①] 天津市津南区人民法院(2016)津 0112 行初 43 号行政判决书。

地质大学纠纷案①中,在原告、马某、颜某均未陈述其三人存在协助作弊的情况下,监考老师推断认定三人存在传递草稿纸、协助作弊行为,被法院认为主要证据不充分。

四、行政裁量应体现合理性

行政裁量是现代行政法的核心,可以说行政法是在对行政裁量规制过程中不断发展的。高校给予学生纪律处分行为,是法律法规授权行为,其行政裁量首先应当是合法的,不能滥用职权,超越职权;其次,行政裁量也要求在某些情况下,高校应根据自己的判断和规范要求,而非他人判断或道德行事的权力。但这种权力的行使不能违背惩戒和教育结合的正当目的,要前后一致,平等对待每个学生,充分考量应当考量的因素,在合理的幅度和适当处分类型中,选择最适合的纪律处分方式。

整体而言,尽管纪律处分是高校治理的重要面向,但和学籍管理、学位授予等带有高度专业属性的典型性高校自主管理范畴相比,其呈现一定的非典型性;而教育自身的特殊性又决定了纪律处分不同于普通行政决定行为,承载双重特性的高校纪律处分行为在面对高强度审查的司法监督时,应当主动回应,而非消极面对。随着国家治理由形式法治转向实质法治,权利主体的保障范畴呈扩张之势,这也决定了司法张力的边界会继续延伸至更多的高校治理领域。② 实践中呈现的诸多问题,也需要学者对高校纪律处分的探讨不仅关注理论解构,亦应与司法审查现状相呼应,最终能形成符合本土需求的解决方案。

---

① 武汉市洪山区人民法院(2015)鄂洪山行初字第 00135 号行政判决书。
② 例如我国台湾地区对学生受教育权的可诉内容就由 1995 年司法院大法官第 384 号解释的"退学或类似处分"扩展至 2011 年第 684 号解释的"非属退学或类似之处分"。

第五章　高校学位授予关联
行为的规范

梳理司法大数据的样本案例可以发现,尽管形成学位授予讼争的主要原因是违纪行为和学业成绩评定,但学术自治与司法审查的真正张力所在却是违纪行为关联的正当性;司法审查正试图突破行政诉讼受案范围的限制为受教育者权利提供无漏洞的法律保护。进一步考察涉讼110所高校的学位运行制度,学位授予关联违纪行为的规则普遍存在,但又繁杂失范。由于高校设定的学位授予条件对受教育者权利的实现影响重大,同时也是学术自治的核心内涵之一,本书认为高校应回应司法审查之扩张趋势,高度重视治理规则的针对性完善,进而形成与司法张力的动态平衡;同时还应坚守学术自治底线,保障自身社会功能的完整实现。

第一节　问题之发现

一、数据微观梳理

高校基于法律授权,取得对受教育者授予学位的权利。由于教育法律大量存在低密度的概括性授权规定和不确定法律概念,学位授予条件的设定也被认为充分体现了高校的学术自治,同时也对受教育者权利的实现有重大影响。截至 2019 年 4 月 29 日,在中国裁判文书网发布的 423 起高校学生管理行政诉讼案件①中,因学位授予争议引发的案件数量为 121 起,占比近 29%,数量最多,超过纪律处分讼争 27% 的比重。通过简单量化统计梳理,如图 5-1 所示,可以发现导致学位授予纠纷的原因主要是违纪(占比近 50%),其次是学业不合格(占比 31.4%),再者是前置条件缺乏(诸如无报考资格、相关证明文件缺失以及前置学历不符合授予规定)等。就案件裁判结果看,因学业原因和前置条件缺乏形成的讼争,基于二者刚性较强兼具专业判断余地,高校的行为往往得到司法权的高度尊重,尽管有部分案件和解,但总体上还是获得了法院 90% 以上的高支持率。对学业成绩的评定和论文水平的实质性评价则属于学术自治的范畴,行政和司法权力不应干预也得到了认可②;但在因违纪原因形成的学位授予纠纷中,学校行为的法院支持率仅为 61.7%;换言之,近四成因违纪未获得学位的学生诉请为法院所支持。同时,通过对涉讼的 110 所高校在学位授予细则中设定的学位授予条件进行梳理③,可以发现,仅有 4 所大学未将违纪行为与学位授予关联④,其余高校均将违纪行为作为学位授予的前置否定条件,关联率为 96%。而图 5-2 则显示,纪律处分和学位授予关联的案件(违纪事实行为和考试作弊处分)比重接近 87%,也即因纪律处分形成的学位授予纷争,构成了司法权和以学术自治为核心的高校学位授予权之间的关键张力。

---

① 案例数据数量的确定方法,参见王工厂:《基于司法大数据的高校纪律处分实证研究——兼论教育法学研究范式的拓展》,《复旦教育论坛》2018 年第 6 期。

② 陈越峰:《高校学位授予要件设定的司法审查标准及其意义》,《华东政法大学学报》2011 年第 3 期。

③ 部分高校对学士学位授予和硕士、博士学位授予分别做了不同规定,本书选取的样本为学位授予纠纷讼争所涉及的学位授予细则规定。

④ 重庆大学、中国科学院大学、中国海洋大学、清华大学四校的学位授予规定未有违纪和学位授予关联的内容。

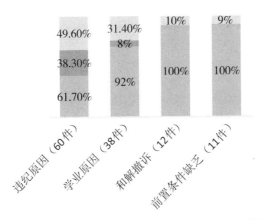

图 5-1　学位授予纠纷类型张力占比结构图

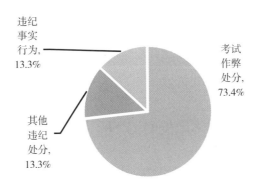

图 5-2　学位授予关联违纪行为分类占比图

二、问题之发现

在现行诉讼体制下,行政诉讼受案范围的过滤和调节机制决定了高校治理行为司法审查受案范围狭窄。就司法实践而言,开除学籍处分以外的纪律处分,包括警告、严重警告、记过、留校察看等均不具有可争讼性;而学位授予所关联的纪律处分行为也被现行行政诉讼受案范围所排除,不能成为司法审查的直接对象,其对高校治理的影响同时亦为教育法研究者长期忽略。司法机构因循何种路径突破现有行政诉讼受案范围的限制,实现了对关联纪律处分行为的合法性审查? 在概括性授权的语境下,学生违纪行为和学位授予相关联的正当性问题无涉专业判断,而司法权的这种扩张又对高校治理产生了何种影响? 面对充满浓厚利益平衡色彩的高强度司法介入,高校是否已形成抑或又将如何形成动态、开放、回应性的治理规则体系? 这些问题在相当程度上集中体现了以学术自治为核心的高校治理、司法权和受教育者权利三者的张力关系。文献检索表明,现有规范研究范式下的探讨主要是对学位授予的学术标准与品行标准、设定条件①的探讨,而基于结论预设、价值推演而来的应然判断与实然状态并不契合。尽管也有研究通过随机、零星的判例对实然状态做了探索,②但由于缺乏样本整体分析,只见树木不见森林,或是忽略、隐匿真实问题,或是放大局部问题。本书试图通过对相关样本数据的梳理,解构司法权介入学位授予关联行为的路径,揭示高校治理、司法权和受教育者权利间张力的嬗变趋势,为消弭高校现有治理规则体系的静止、封闭,达至自身功能和定位的实现,提供些许建议。

三、研究方法及样本数据聚类分析

(一)数据还是方法? ——司法大数据在教育法学实证研究中运用再认识

实证研究是法学研究的新范式,司法大数据则是法实证研究的免费金矿,极大拓展了刚刚起步的教育法学实证研究路径。③ 但司法大数据是一种资

---

① 刘建银、车霞:《高校学生学位申请资格认定问题研究——以不具备学士学位申请资格的认定为例》,《现代教育管理》2018 年第 11 期;于志刚:《学位授予的学术标准与品行标准——以因违纪处分剥夺学位资格的诉讼纷争为切入点》,《政法论坛》2016 年第 5 期。

② 伏创宇:《大学生考试作弊与学位授予挂钩的合法性反思》,《法律适用(司法案例)》2017 年第 12 期。

③ 王工厂:《基于司法大数据的高校纪律处分实证研究——兼论教育法学研究范式的拓展》,《复旦教育论坛》2018 年第 6 期。

源,自提供信息而不解释信息,其价值更多取决于是否被合理认识和使用。文献搜索可以发现,司法大数据研究在法实证研究中目前处于话语热、实践冷的起始阶段,不少学者进行了初步探索,①但对教育法实证研究而言,诸多研究对司法大数据仍停留在实践案例的认知层面,其内在价值并未引起教育法学者应有的重视。司法大数据的重点在于分析方法而非数据本身。大数据在研究范式过于单一的教育法研究中的应用相当于在方法论的范畴里增加一个新工具,既是方法论的方法,也是分析的现象。"如果没有合理的分析方法,大数据不仅不能让事情变得更容易,甚至会让问题变得更加棘手。"②尽管上网的裁判文书并非在任何情况下都是完全、完整的数据,也并不代表数据类型的丰富,但这并不表明我们不能去寻找某种程度上接近于全样本或者创造某种类型的全样本来进行研究。现实的研究路径是,在正确清洗数据把握数据缺失程度的前提下,尽可能地在司法大数据中寻找全样本做研究。具体来看,可以"适当缩小研究范围,并限定研究对象,尽可能地收集、获取某领域或某类别相对完整、具有一定代表性的真实数据"③,研究某些特殊类型案件的数据文书是否可能构成全样本。本书即将全样本数据采集限定在高校学位授予行为司法审查这一类型,由此展开基于理论上全样本的实证分析。同时,案例数据的异质性意味着数据资源的可分性,可以从不同视角观察各种类型的案件,而这种异质性又是相对的,大量相异的案例数据又可以被归结为某一类型的同质性案例。这一特质意味着我们可以通过大量数据归纳出某些统计意义上的法律现象规律和结论,进而形成基于相关性的趋势研判和有针对性的问题解决方案。

---

① 申素平、郝盼盼:《我国高教法治现状分析——基于高教诉讼案件的视角(2010—2015)》,《复旦教育论坛》2017 年第 2 期。

② 米加宁:《大数据与社会科学量化研究》,上海交通大学出版社 2017 年版,第 20 页。

③ 唐应茂:《司法公开及其决定因素:基于中国裁判文书网的数据分析》,《清华法学》2018 年第 4 期。

(二)样本数据聚类分析

高校治理中,学校对学生的纪律处分和学位授予是不同的行政行为,当学校因学生违纪而不授予学位时,纪律处分和学位授予就形成了先后的关联关系。以审查路径、裁判结果、数据分布结构为标准,聚类解构案例数据,可以较为全面地展现学位授予与学生违纪行为关联的司法审查的现状(如图5-3所示)。涉及违纪行为的学位授予纠纷,除去时效及其他程序问题外,案例数据整体可分为两类:一是违纪事实的存在符合高校学位授予的否定性要件,但学校并未对这一违纪事实给予纪律处分,此类情形主要为毕业论文涉及的学术不端行为,由于违纪事实行为的认定不具备关联行为单独的法律效果,因而司法审查过程中,法院均将其和讼争的学位授予决定视为同一行政行为,并直接认可了适用校规的合法性,因而也不产生关联行为应否审查的问题。毕业论文是否构成学术不端涉及专业判断,法院通常为低强度司法审查,也即高校行为只要符合其校规确定的正当程序,均能得到法院尊重获得支持,4起学校行为被撤销的案例主要系程序不当所致。二是违纪行为受到纪律处分,该处分行为触发了高校校规规定的学位授予禁止性要件,构成了学位授予的关联行为。同时,设定关联要件的校规内容应否一并接受合法性审查也是司法审查路径的重要问题。以图5-3所示,学位授予关联行为的司法审查路径较为复杂,大体包括四种情形:一是审查关联纪律处分,二是校规内容和关联纪律处分同时审查,三是仅审查校规内容,四是关联行为不做审查。由此也形成了不同的裁判结果,例如在只审查关联纪律处分前提下,学校的行为没有一起获得法院的支持;又如规定关联要件的校规内容被审查的为33起,在46起涉及关联行为的案件中占比达72%。因此考察关联行为的司法审查路径,对把握司法趋势,完善治理规则,进而实现高校治理的自我变构甚具现实意义。

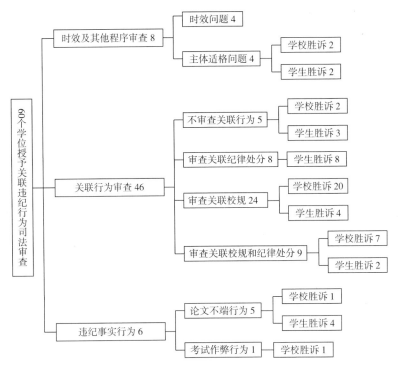

图 5-3　60 个学位授予关联违纪行为司法审查结构图

第二节　学位授予与违纪行为关联的
司法审查路径解构

　　除去时效和程序问题的数据案例,本书通过梳理司法审查高校关联行为的实践路径,凝练法院突破受案范围限制介入高校治理的规范要件和依据,进而为高校治理规则的回应性完善提供对照性的实证参考。

一、关联行为的司法审查路径

(一)审查作为依据的高校校规

　　作为后续行政行为的关联行政行为,高校制定的校规主要从程序、范围、过程等角度对后续行为作出安排,成为学校行使公权力的依据,后续行为则是以此依据而产生的结果。法院在对后续行政行为进行合法性审查时,都均依据学生诉请对高校先行制定的校规合法性进行了审查。如果校规被认定违法不予适用,后续行政行为则因无依据被法院以法律适用错误而撤销。校规被认为违反上位法的情形主要有两种:一是部分否认关联的正当性,即与学术和品德无关的处分不应关联学位授予。在杨某某与济南大学学位证颁发行政案①中,学校认定学生因打架受留校察看处分,不符合授予学士学位条件。法院认为,原告所受处分系因参与打架,属于因学术水平问题及相关思想品德之外的其他不当行为而受到的处分,与上位法规定的授予学士学位的条件无关,学校法律适用错误。该案中,尽管法院认可了学位授予的学术标准和道德标准,但对无涉专业判断处分的高强度审查,使得高校行政裁量还是遭受了司法自由裁量的重重压力。② 二是全部否认纪律处分关联学位授予的正当性。在张某某与中原工学院信息商务学院学位授予纠纷案③中,法院认为相关教育法律规范均未将学生是否接受过纪律处分作为影响学士学位授予的条件。学校制定的《学位授予工作细则》规定"在校期间受记过及以上处分者(含曾受记过以上处分但已撤销者)"不授予学士学位,明显超越法律法规既有规定,增设学位授予条件,其行为缺乏法律授权依据。而马某某与天津财经大学行政纠纷案④中,法院认为,由于原告曾因打架被被告给予记过处分,存在不应授予学士学位的法定情形,所以被告作出不授予原告学士学位的决议,事实清楚。三起案件对校规审查的后果截然不同,在相当程度上反映了法源性依据缺失造成的同案异判现象,但审查路径并无差别,即均通过关联校规的审查实现对后续行为的合法性认定。尽管依据最高人民法院《关于审理行政许可案

---

① 济南市中级人民法院(2011)济行终字第 29 号行政判决书。
② 王工厂:《基于司法大数据的高校行政裁量实证研究》,《郑州师范教育》2019 年第 4 期。
③ 郑州市中级人民法院(2017)豫 01 行终 836 号行政判决书。
④ 天津市河西区人民法院(2016)津 0103 行初 128 号行政判决书。

件若干问题的规定》第七条规定,在法源形式上确立了对关联校规内容可以采取连带审查的司法制度,但校规制定主体与后续行为主体的同一性也使得关联校规的审查较之其他普通多阶段多主体关联行政行为减少了诸多理论和制度障碍,这种"间接附带审查"方式使法院的审查触角延伸至被受案范围明确排除的高校校规制定行为。

(二)审查作为证据的关联行政行为

由于关联行为与后续行为存在逻辑上、内容上的关联性,关联行为也因此经常成为支撑后续行为合法性的证据。在实践中,有法院从证据的角度,对关联行为与后续行为之关联作出分析。在徐某某诉华中农业大学履行颁发学位证法定职责案①中,华中农业大学根据法律、校规对上诉人徐先达作出警告处分,尽管法院认定系对其成员的内部管理行为,应当属于高校自主办学所享有的自治权范畴,不属于行政诉讼的受案范围,但涉案警告处分决定系案件关键证据,法院认为可以审查证据的标准予以适度审查。该案中警告处分因受案范围限制不具有可争讼性,但是作为作出后续行政行为的主要证据应当具备合法性,警告处分因事实不清、程序违法被撤销导致后续行为事实根据不足而被撤销。

(三)审查作为事实要件的关联行政行为

关联行为既是一种独立的行政行为,同时也是后续行为的事实要件,关联行为的非法性必然导致后续行为缺乏法律要件。在这个意义上,关联行为的非法性将被随后的行为所继承。在张某诉新疆医科大学学位纠纷案②中,原告因作弊被给予留校察看处分,而被取消学士学位授予资格,法院认为两个行政处理是基于同一违法行为作出,系一个行政行为,决定对留校察看处分

---

① 武汉市中级人民法院(2017)鄂 01 行终 27 号行政判决书。
② 乌鲁木齐市中级人民法院(2018)新 01 行终 208 号行政判决书。

行为进行合法性审查,认为该纪律处分决定主要证据不足,适用法律不正确,进而认为取消学士学位授予资格的行政决定,事实不清,证据不足。本案系由处分行为致权利重大影响行为发生的情形,法院首先确定依现行司法审查体制,留校察看的纪律处分并非合法性审查范围,学生单就留校处分提起行政诉讼,不为法院受理,而后将留校察看处分作为后续不授予学位决定行政行为的事实构成要件进行实质审查,前置关联行为的违法性为后续行为继承。

二、关联行为审查路径中的违法性截断

实践中,不认可关联行政行为的违法性继承,拒绝对前置关联行为审查也即违法性截断的情形主要包括如下两方面:一是主要基于行政行为公定力和法安定性需要,不承认关联行为的违法性继承。在胡某某与华中农业大学学位授予纠纷案[①]中,法院认为,华中农业大学因胡某某考试作弊向胡某某送达记过处分决定书后,胡某某未按照规定在申诉期内提出书面申诉,故该处分决定已经生效。华中农业大学不授予胡某某学士学位,该行政行为合法。本案作为关联行为的记过处分已经生效,基于行政行为的公定力形成违法性截断,法院不对其合法性进行审查。二是法院以不属于审查范围为由拒绝审查关联行为的违法性。这种情形中,法院只对后续行政行为的合法性予以审查,如果其他行政行为与被诉后续行政行为存在关联,原告应当另行起诉或通过其他途径解决。在王某与某某大学行政其他一案[②]中,原告承认作弊的事实,但是对被告作出记过关联纪律处分的程序提出异议,法院认为该异议具有不可诉性,不予审查,维持学校后续不授予学位的决定。

---

① 武汉市中级人民法院(2010)武行终字第 184 号行政判决书。
② 上海市长宁区人民法院(2009)长行初字第 24 号行政判决书。

三、审查路径差异化探究

梳理实践,可以发现高校关联行政行为的司法审查实现路径大致可抽象为"违法性继承"和"违法性截断"两个模式。行政行为间,在先行关联行为基于受案范围等法定阻断事由的存在而无法争讼后,后续行为的撤销诉讼中应否审查关联行为的合法性,[①]这就是行政行为的违法性继承或截断问题,其诉讼价值在于原告可否借助诉请审查关联行为以撤销后续行为。实践中,法院选择何种路径审查学位授予关联的违纪行为,实际上更多体现的是行政诉讼的发展趋势。

（一）受教育者权利救济扩张语境下,关联行政行为公定力（违法性截断）与违法性继承理论之适用

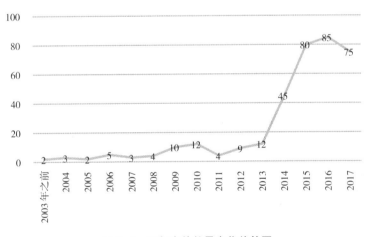

图 5-4　历年案件数量变化趋势图

就图 5-4 时间分布态势观察,可以看出高校学生受教育权行政诉讼救济之变迁。田永案 1999 年就在最高人民法院公报登载,但直到 2013 年之前,尽管案件数量有所起伏,但整体上仍处于低位徘徊;2014 年起,案件数量飙升,2014 年至 2016 年的三年间持续增加,尽管 2017 年有所回落（不排除文

---

① 王贵松:《论行政行为的违法性继承》,《中国法学》2015 年第 3 期。

书数据上传的时间差),但基本上是高位震荡,案件数量并未出现明显变化。究其原因,程序面上,立案登记制进一步助力司法权和受教育者个体权利张力边界扩展;实体面上,低密度教育实体法律规定的密集在确认高校治理自治空间的同时,也为司法权之介入打开了通道。"《行政诉讼法》在受案范围上采取的是逐步扩大的方针,即先确定一定范围,然后根据时代的发展、权利保护的需要、司法经验的积累,再通过单行法律法规的规定,逐步放开。"①尽管行政行为公定力理论有利于保证行政效率,维护法律关系的稳定性,但随着受教育者权利意识的觉醒,其愈加追求权利救济的有效性及公平价值的实现。有鉴于此,以限制权力、保护权利为要义的司法审查在保障高校学术自治和个体受教育基本权所做路径选择更是充满了浓厚的利益平衡色彩。而行政行为的公定力则强调,作出的行政行为,即便有效力瑕疵,但只要未经合法认定及宣告,均应被认为是合法行政行为②。显然,公定力理论难以契合这种时代需求。同时,我国《行政诉讼法》采用的列举式受案范围并不包括具有处分性的诸如校规之类的行政规定,法官突破受案范围限制现实路径就是承认关联行为的违法性继承,以此拓展司法审查的范围。

(二)关联行政行为违法性继承审查基准的现实价值

在现行高校治理行为司法审查体制受案范围狭窄的背景下,确定关联行政行为违法性继承审查基准,有以下现实价值:一是有利于明确高校的行为主体权责。违法性继承视域下,关联行政行为司法审查能够对高校治理过程中相关联的各个阶段活动进行实质检视。这种严格的司法审查客观上规范了高校各阶段的行为方式,有利于弥补高校治理中学生等相关主体参与的缺失,加大了对后阶段治理行为的监督,以实现行政判决的实质正义。二是符合诉讼经济原则。选择在后续行政行为的讼争中一并解决关联行为的争议,法院就

---

① 江必新、李广宇:《政府信息公开行政诉讼若干问题探讨》,《政治与法律》2009年第3期。
② 叶必丰:《行政行为的效力研究》,中国人民大学出版社2009年版,第68页。

能以最低的成本实现对同一法律效果的权利救济。既然具有处分性的关联行政行为和后续行政行为形成的是一个法律效果,在"后续行政行为的司法审查中一并审查整体行为,无疑就是一种最为经济的诉讼模式"①。三是扩大了受教育者的权利救济。受教育者权利救济语境下,关联行为违法性继承理论的价值就在于学生不能直接针对关联行为争讼时,其权利仍可得到法律的无漏洞救济。在我国,因受教育者个体权利救济渠道狭窄,尤其是在特别权力关系并未完全解构的情形下,形成高校治理行政诉讼受案范围的实践差异,而关联行为的审查实际上扩展了学生受教育权救济范围。

四、高校治理中关联行为司法审查路径规则之完善

教育法律刚性不足、柔性有余的特点,使得司法审查模式过于单一,审查强度标准含混模糊,同案异判在相当范围内存在。这都极大弱化了司法审查的规范导引功能,也对高校治理法治化带来诸多困惑,让高校开始自动退让,甚至自行放弃学位授予中的违纪行为关联标准,这是一个真正令人遗憾的现象。② 例如有高校通过修订学位授予相关校规,完全放弃道德品行以及纪律处分和学位授予的关联,仅规定学业成绩标准。③ 本书认为司法权的张力应通过合理的审查规则保持和高校治理的适度动态平衡,学位授予关联违纪行为的司法审查至少应体现如下规则。

---

① 郑春燕:《论城乡规划的司法审查路径——以涉及城乡规划案件的司法裁判文书为例》,《中外法学》2013年第4期。

② 郑春燕:《论城乡规划的司法审查路径——以涉及城乡规划案件的司法裁判文书为例》,《中外法学》2013年第4期。

③ 2012年制定的《武汉科技大学普通本科学生学士学位授予实施细则》规定:"凡具有下列情况之一,不能授予学士学位:(一)违反国家法律、法规,受到刑事处罚者;(二)在校期间因考试舞弊受到留校察看处分者;(三)在学校规定的学习年限内(含休学)修完培养方案规定的内容,所获学分未达到毕业要求者;通过返校考核以结业证换毕业证者;(四)外语等级考试成绩未达到学校规定标准者。"2017年修订后的内容则为:"凡具有下列情况之一者,不能授予学士学位:(一)在学校规定的学习年限内(含休学)修完培养方案规定的内容,所获学分未达到毕业要求者;通过返校考核以结业证书换毕业证书者;(二)专业培养方案要求的所有课程学分的平均学分绩点未达到2.0者。"2005年制定、2017年修订的《陕西中医药大学学士学位授予工作细则》情形几乎完全相同。

(一)高校关联行为审查标准:行政行为公定力限制之排除

梳理高校与学生讼争的司法审查案例数据,可以发现学位授予所关联的纪律处分、违纪事实和适用校规,具备单独法律效果的行政行为只有开除学籍处分一类,也即开除学籍处分能够具有处分学生的权利义务、设定或者改变学生法律地位的效力;但其属于行政诉讼受案范围,因而也不存在违法性继承和截断的问题。而其他与学位授予关联的行为必须与被争议的后续学位授予行为相结合才能产生外化法律效果;此时,"先行关联行为与争讼的后续行为是一个行政过程的两个阶段,两者的结合实现了同一个法律效果"①。关联行为无单独的法律效果,当然排除行政行为公定力之限制,也就是说学位授予的关联违纪行为应统一纳入司法审查的范围。就学说发展而言,对行政行为法律效果外化也呈扩大化的认定趋势。② 学位授予关联违纪行为的司法审查排除行政行为公定力限制并无实质性障碍。

(二)适用校规之审查规则

校规是高校治理的主要载体之一,适用校规的审查应体现如下要求:首先,适用校规审查应仅限于关联内容,不能审查关联校规的其他内容。依最高人民法院的相关司法解释③,高校校规在满足"合法有效"的条件下具备了"法源"效力。只是对作为"依据"的校规的合法性质疑只能在具体个案中提出并由法院间接附带审查,是基于个案的有限审查,其关注点应是与个案相关的内容是否符合上位法。除非学生质疑的是校规制定主体的权限与程序问题,从而得出对校规整体的否

---

① 〔日〕小早川光郎、宇贺克也、交告尚史:《行政判例百选 I》(第 5 版),日本有斐阁 2006 年版,第 168 页。
② 赵宏:《法治国下的目的性创设——德国行政行为理论与制度实践研究》,法律出版社 2012 年版,第 408 页。
③ 《最高人民法院关于适用〈中华人民共和国行政诉讼法〉的解释》第一百条第二款规定:"人民法院审理行政案件,可以在裁判文书中引用合法有效的规章及其他规范性文件"。

定性评价,否则法院的裁判效力只能基于校规与个案相关的部分规定。其次,依校规的内容确定审查强度。以是否涉及判断余地为基准,可分为规范事项校规和事件事项校规,前者包含价值评判,涉及主观评价,应不予承认违法性继承,以维护学校专业判断的安定性,展现对大学自治的尊让。例如思想品德的认定。法院在组织、权限及功能上,因事实上无法长时间观察受评学生,进而对其在学期间表现产生评价性印象,自难以替代学校或教师决定,亦难以重建判断情境,因而针对道德的处分,原则上仅能尊重学校或教师的判断,进行低密度之适法性审查。但对不存在判断余地的行政行为可以增加审查密度,以对公权力滥用可能予以监督,保障受教育基本权,如非学术性纪律处分之认定。

(三)关联纪律处分之审查基准:区分不当关联和正当关联

正当关联符合目的与效果同一性要求,但大学自主管理过程中存在诸多不符合"同一性"标准的不当联接行为。非学术性纪律处分和学位授予分属不同行政行为:前者主要是事实行为,不适用专业判断,后者为学术自治范畴。(狭义上)两种行为没有目的同一性,先行纪律处分行为的违法性继承不应承认,即不应对关联的记过、警告及留校察看等处分进行合法性审查,只能对后续的学位授予行政行为合法性加以审查,如此,后续行政行为的合法性审查结果是受到法院更大程度上的尊重。但高校不加区分地将任一纪律处分和对学生有重大影响的学业证颁发或学位授予相连接,实质上违反了不得放弃行政裁量的行政要求。学位授予是对学生受教育权有"重大影响"的行为,承认不当关联行为的违法性继承,这实际上也是基于效率考量对法安定性保障和实质正义观的折中调和。

第三节　高校学位授予行为关联规则现状及类型化解构

相关案例数据的整合梳理表明了高校治理行为处在"受案范围的排除并不意味着司法审查的止步"的实然状态。高校应充分认识关联行为司法审查对治理的影响,也应通过治理规则的制定和实施实现自身的针对性变构,以充分保证大学功能的实现。

一、关联行政行为违法性继承对高校治理之影响

较之其他多阶段行政行为中存在多个行政主体而言,高校治理中的关联行为主体较为单一,关联行为以及所适用的校规依据与后续行为在绝大多数情形下主体是同一的,课以更严格的违法性继承审查基准具备更多的合理性。基于行政行为违法性继承理论的价值判断和路径分析,关联行为的违法性继承为多阶段行政行为之间的效力传递提供了一个可供司法检视的法律平台。司法审查关注的是高校动态、集合的治理行为,这不可避免地给高校治理增加了更为严格的审查义务,为避免后续行为负面评价,高校也不得不在行政效益和受教育者权利维护间作出平衡选择。

二、高校学位授予行为关联规则之类型化分析

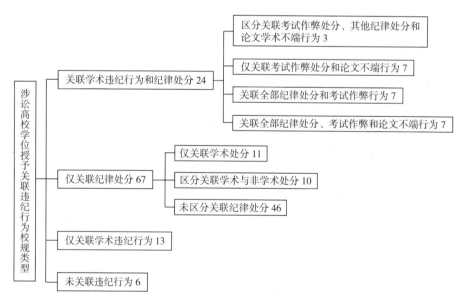

图5-5　涉讼高校学位授予关联违纪行为校规类型结构图

分析梳理涉讼高校的相关校规规定,可以发现学位授予关联违纪行为在高校治理过程中的运行状态。如图 5-5 所示,对比 110 所高校所设置的学位授予条件,大体可做如下聚类分析:(1)学位授予既关联纪律处分,同时对考试作弊、毕业论文等学术不端行为也做关联。这里主要包含四种情形:一是区分关联考试作弊处分、其他纪律处分和论文学术不端行为①。二是仅关联考试作弊处分、论文不端行为②,此类规定,并未关联学术处分以外的纪律处分。三是关联全部纪律处分和考试作弊行为③;此类规定最大的特点就是在关联纪律处分的同时,特别突出了考试作弊行为的存在,而不论该行为是否受到纪律处分。四是关联全部纪律处分和考试作弊、论文不端行为。(2)仅关联纪律处分。此类情形包括如下三个方面:一是仅关联学术违纪处分④。二是区分关联学术和非学术纪律处分⑤,对两种处分采用差异化的关联条件,例如华中农业大学学位授予工作实施细则规定:"违反学校纪律,受到记过以下纪律处分而无明显改进",同时还规定"第三学年(含第三学年)后,因考试作弊受到警告(含警告)以上处分,不得授予学士学位"。三是未关联纪律处分的学术性与非学术性,区分此类情形最为宽泛,占涉讼高校总量的近 42%⑥。(3)仅关联学术违纪行为。例如中国药科大学全日制本科学士学位授予工作实施细则

---

　　①　例如河南财经政法大学不授予学位的关联规定有:"(三)因违纪受记过(含)以上或两次(含)以上严重警告(含)以下处分未解除的;(四)因考试作弊受处分未解除的;(五)毕业论文(设计)经认定为作弊、剽窃、抄袭等违背学术诚信行为的……"

　　②　例如西北政法大学博士、硕士学位授予工作细则所做规定:"(一)因考试作弊或其他违反学术规范的行为受到学校记过以上(不含记过)处分的学位申请人,对坚持错误不改,或对错误虽有认识,但表现不好的,不授予学位。(二)学位论文作假的,不授予学位"。

　　③　例如扬州大学学士学位授予办法就规定不授予学位的条件有:"(二)曾受记过处分,经师生评议无明显悔改表现者;(三)考试作弊或受到留校察看及以上处分者"。

　　④　例如《上海交通大学学生管理实施细则》规定的不授予学位关联纪律处分为:"(一)在校期间因违反学业诚信行为受到记过(含)以上处分者;(二)在校期间因违反学业诚信行为受到两次(含)以上警告或严重警告处分者。"

　　⑤　田鹏慧:《学生处分影响学位授予现象之法律解读》,《学位与研究生教育》2007 年第 6 期。

　　⑥　例如《复旦大学学士学位授予工作细则》第五条之规定:"对于具有下列任一情形的学生,不授予学士学位:(一)在学期间受到记过、留校察看、开除学籍的纪律处分的;(二)在学期间受到纪律处分次数多于或等于两次的;(三)在学期间被行政拘留或构成刑事犯罪的"。

（2017年修订）规定："（二）经认定为作弊、毕业论文存在抄袭等学术不诚信或学术不端行为的；在校期间被学校认定有考试作弊行为"的不授予学士学位。（4）未关联违纪行为。也有部分高校未将违纪行为和学位授予做直接关联，仅对学业成绩作出关联性规定。

三、现状反思

综合前述类型化结构内容，可以发现高校学位授予关联违纪行为整体呈现如下特点。

（一）关联类型多样化，充分体现学位授予条件的学术自治内涵

涉讼的110所高校，在学位授予条件的设置上呈现九种不同情形，如果考量诸如《扬州大学学士学位授予办法》规定的"经师生评议无明显悔改表现者"，《江西中医药大学学位授予工作实施细则》规定的"毕业前有记过或记过以上处分，且无明显改正者"，或者《湘南学院学士学位授予实施办法》规定的"在校期间因考试舞弊受处分且认错改错态度不好、屡教不改者"等不确定、不规范概念的使用，情形则更为复杂多样。在学位条例及相关教育法律概括性授权的前提下，各高校充分行使了学位授予条件应有的学术自治权。高校行使学位授予权实际运行状态应当得到法院的适度尊重，但高校权力行使也应当符合相应的法治要求。

（二）关联规则规范化缺失，不符合高校治理法治化基本要求

涉讼高校关联校规规定整体存在如下问题：一是内容规定不周延，存在明显制度漏洞。例如有部分高校并未涉及对毕业论文不端的规定。二是混淆违纪行为与违纪处分，规范意识缺乏。相当一部分高校将考试作弊、论文不端等学术违纪行为直接与学位授予关联，缺少纪律处分作为中间连接。此种情形下，学术违纪行为实际上是不授予学位事实的构成部分，但由于缺乏如纪律处分所要求

的正当程序、事实认定、校规适用等规范要件,其随意性难以避免,一旦争讼,就会形成事实认定的证据不足。李某与华南理工大学教育行政管理(教育)案①中,法院认为高校没有让上诉人参与任何程序,完全将上诉人排除在外,属于适用法律错误;现有证据仅能够证明上诉人有学术不端行为,至于这种学术不端行为对其博士学位论文关联程度多大、是否应当撤销已授予的博士学位,属事实不清,随即撤销高校的决定。本案由于学校未将学术违纪行为经由纪律处分认定,事实认定和正当程序均为法院质疑,关联的正当性为法院否认。三是关联纪律处分违背不得放弃行政裁量原则。尤其是数量众多的高校未区分纪律处分的属性将不体现学术不端性质的纪律处分,不做甄别直接与学位授予关联;关联的正当性在司法审查过程中存在诸多争议,进而对高校治理造成重大影响。

(三)不确定概念的不当适用不利于关联规定的合理运行

学位授予条件作为校规内容,本身应具备较强刚性,但不合理不确定概念的适用实际上是不当履行法律概括性授权。司法审查实践也表明,一方面,如果不辅以完善的治理制度体系,用一个不确定概念来解释另一个不确定概念也容易形成高校职权的滥用;另一方面,由于所关联的处分并不涉及专业判断问题,法院在为高强度司法审查时,高校的行为极易不为法院支持。秦某与青岛大学学位纠纷案②中,学校规定不授予学位的关联行为是:"因违纪受学校'记过'以上(含'记过')处分后无悔改表现者"。但法院审查后认为,原告在校期间确因考试作弊受学校"留校察看"的处分,但并无证据证明其后无悔改表现,故不属于上述规定不予授予学士学位的情形。

---

① 广州铁路运输中级法院(2017)粤 71 行终 2130 号行政判决书。
② 青岛市中级人民法院(2016)鲁 02 行终 273 号行政判决书。

第四节　高校学位授予正当关联规则
体系之建构

一、高校学位授予关联违纪行为的正当性

（一）作为行政行为的高校治理具有复杂性和系统性，客观上，关联行为普遍存在

随着行政活动的渐趋复杂，分工日益专业化、精细化，在现实中，一项行政活动的完成，已非只需要一个行政行为即可完成的简单事务，往往需要通过数个行政行为前后相连，有时甚至由多个行为分阶段结成复杂的关系组合起来才能完成某一项行政任务。关联行政行为已经是当前行政领域的常态。授予学位是高校最核心的权力类型，也对学生受教育权实现有重大影响；而高校人才培养及科学研究的社会功能存在长期的过程性，学生管理活动存在多种手段综合运用的系统性和社会功能高度分化的复杂性。这些均决定了高校治理过程中关联行为的客观普遍存在。

（二）学位授予关联违纪行为是高校立德树人功能实现的要求

学位授予的学术与品行并行的双标准制为世界各国普遍坚持，符合学位制度的设置初衷。当然，双标准制的具体内涵，应当坚持学位授予的中国特色，契合我国高等教育人才培养的定位和风格。

（三）符合上位法的规定

高校学位授予关联违纪行为讼争的上位法除了概括性授权的《教育法》《高等教育法》外，直接依据应为《学位条例》，这同时也是法院审查高校学位授予校规合法性中的最重要上位法，《学位条例》第二条明确规定了获得学位

的"思想政治条件"和"学术条件"。同时作为学生违纪行为处理最具刚性的《普通高等学校学生管理规定》第六条第四项规定:"在思想品德、学业成绩等方面获得科学、公正评价,完成学校规定学业后获得相应的学历证书、学位证书",从学生管理角度也确认了学位授予的双标准制。由此,高校将体现学生思想品德的违纪行为与学位授予关联有确定的上位法依据。

(四)学位授予关联违纪行为是高校学术自治的充分体现

目前,关于授予学士学位的条件多为概括性授权,各学位授予单位可以制定授予学位的工作细则。高校根据《学位条例》《学位条例暂行实施办法》以及《普通高等学校学生管理规定》的规定,确定本校学位授予的条件和程序,对学生获得学位的条件作出具体规定,包括关联规则,是高校学术自治的充分体现。

二、理念之变：治理主体到治理规则

高校治理本源意义上就是高校管理的法治化;而司法审查张力边界呈事实上的扩张态势,高校治理的变构内容在关注相关利益者等治理主体的同时,也应转向以校规的制定和实施为核心载体的治理规则制定与践行。高校学位授予的合法性审查本质上来说是对高校治理法治化进程中学生受教育权救济的正面回应,是高校校规之治正当性、合理性的权威外部矫正和检验,这也是实现高校内在学术自治张力与外部张力动态平衡的必由之路。

三、高校应恪守学位授予规则中的正当关联原则

这些原则包括:一是禁止不当联结原则。学位授予关联行为规则的制定应注意目的与手段之间是否具有正当的联结性,相关措施能否促进法律目的之实现。① 尤其是区分学术违纪行为和非学术违纪行为与学位授予的关联,

---

① 欧爱民、谢雄军:《不当联结之禁止原则及其适用方案》,《湖南师范大学社会科学学报》2008 年第 5 期。

本书认为不加区分地将非学术违纪行为与学位授予关联不符合正当关联原则。二是比例原则和不得放弃行政裁量原则。从制度安排的角度说,学位授予关联违纪行为的规则应由学校根据罚当其过原则,结合学生违纪的实际状况并依据行为的性质、过错的严重程度、悔改态度和平常表现等给予相对明确处理,其中尤以量化机制更符合教育法概括授权规定密集的特点,分档、合理关联以体现比例原则。笼统地将所有违纪行为和学位授予关联,违背了行政行为不得放弃行政裁量原则,属裁量滥用、裁量逾越和裁量怠惰情形。①

四、提高关联规则制定的科学性

高校学位授予规范应提高制定的技术性要求,注意关联规则的严谨、细密,这也是治理水平的重要表现。一是违纪行为作为事实不宜直接关联学位授予。将论文不端行为、考试作弊行为直接与学位授予关联,学生申诉权被剥夺,违背了正当程序原则,也不符合比例原则和不得放弃行政裁量原则。本书认为所有与学位授予关联的违纪行为均应效果外化也即形成违纪处分,以规范高校治理行为。二是不规范的不确定概念应在关联规则制订时谨慎合理使用。诸如"表现不好""无明显悔改""屡教不改"等不规范概念的使用,往往使得学校在具体讼争中,无法提供证据支撑而陷于尴尬处境。三是关联规则的制定应关注和上位法的正当、合理衔接。尤其是《普通高等学校学生管理规定》中对违纪行为的分类处理要求,学位授予关联规则应当充分考量。

高校与学生学位授予纠纷尽管具有普遍性,但并未如纪律处分纠纷等引发教育法学研究者的关注,其中很重要的原因就是学位授予决定本身争议并不大,尤其是何小强案作为指导案例发布后,学业成绩认定和学位授予关联正当性几无异议。而真正对高校治理构成影响的是学位授予关联违纪行为司法审查的运行状态,但这一复杂繁琐的实然状态很难为单一规范研究范式所揭

① 王工厂:《基于司法大数据的高校行政裁量实证研究》,《郑州师范教育》2019 年第 4 期。

示。2019年7月9日国务院学位委员会颁布了《学士学位授权与授予管理办法》,第二十条之规定对高校学位管理的相关规章制度完善和保障机制的建立提出了明确的任务目标和时间节点。① 高校学位制度制定的规范化、合法化是高校治理的当务之急。本书基于司法大数据的样本案例,梳理了学位授予关联违纪行为的司法审查现状,结合涉讼高校相关规范的聚类考察,分析了该问题对高校治理的现实影响,进而认为完善高校学位管理,提高治理能力应以制度的回应性建构为现实路径,以期引发学界对相关隐匿或忽略问题的关注,同时也期望丰富教育法治的研究内容和研究方法。

---

① 国务院学位委员会《关于印发〈学士学位授权与授予管理办法〉的通知》规定:各学士学位授予单位要对照各自情况,完善规章制度,细化程序标准,做好政策衔接,确保学士学位授予质量。为平稳过渡,设置三年过渡期,过渡期期间,各单位按原有政策执行,有条件的可按《办法》执行,过渡期结束后,2022年所有单位按《办法》执行。

第六章　高校招生行为的司法审查

第一节　高校招生行为的法律属性

招生录取工作是高等学校选拔合格新生的重要环节,是高等学校办学自主权的组成部分,是高等学校根据国家教育法律、法规、规章、政策,按照一定标准、原则与程序选拔合格新生的权力。高校这一权力的实施,直接关系到考生能否通过公平竞争取得升学的权利,关系到学生受教育权的实现。

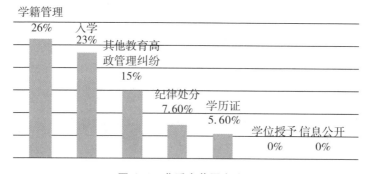

图6-1　非受案范围占比图

一、高校招生行为涉讼数据分析

图6-1表明入学纠纷在高校管理诉讼中争议较大,其法律属性在司法实

践存在较多认知差异。招生是公民受教育权实现的首要环节,如果做不到起点公平,就谈不上教育过程与教育结果的公平。因为招生制度及其实践是否公平,影响着每一位考生的前途和命运,关系到招生单位的办学声誉和培养质量,反映出教育治理现代化的水平。整体观之,现有高校招考制度经过几十年发展日趋完善且总体上符合我国基本国情,在人才选拔与人才培养等方面成效显著。但是,从考生公平权益的角度来看,某些局部、细节方面尚存短板,有待进一步优化与完善。一个毋庸置疑的事实是,在教育主管部门、招生单位、考生等招生考试的主体之间,考生处于相对弱势地位,他们没有规则制定权,没有商议权,招生信息不对称与不充分,鲜有人为其发声。因此,在制定各项招生政策时,要以维护基本的公平为首要原则①,尽可能以考生的权益为中心,充分保护考生的权利。在此基础上,本书通过一系列微妙的、局部的、无形的、社会和习惯的微观案例,探索如何改进和优化高校招生体系的一些微观环节,旨在创造每一个考生特别是弱势考生的公平竞争环境,通过其自己的努力平等获得录取,体现高等教育机会的分配正义。

二、高校招生行为法律属性的理论探讨

由于公立高等学校兼具行政主体和民事主体双重法律地位,其办学活动在现实生活中常常横跨"公法"与"私法"两重领域。公立高等学校在行使《教育法》和《高等教育法》授予的教育管理职权时,是行政主体,具备行政诉讼被告的资格。当公立高等学校在非行使行政职能的场合,则不享有行政权,不具有行政主体的地位,是单纯的民事主体。围绕着公立高等学校法律地位的非单一性,不仅理论界对于公立高等学校招录学生行为的性质认定有截然对立的观点,而且司法实践中也存在着不一致。这也导致了学者们对公立高等学校的招生行为属于民事行为还是行政行为,仁者见仁,智者见智。

---

① 陈立章、蒋清华:《公平与质量:推荐免试研究生制度的矛盾与平衡》,《研究生教育研究》2015年第4期。

（一）民事行为论

比较有代表性的观点有："招生实际是特殊的要约和承诺的过程,学校发放录取构成要约,考生报到构成承诺".① "学校根据国家法律的规定,制定招生条件、招收学生,对学生进行管理,应视为一种合同关系。学校录取符合条件、同时愿意接受校纪校规约束的学生入学。而学生一旦被学校录取,便构成了学校依据校纪校规对其进行管理的关系,这是一种平等的双向选择关系,是一种平等的主体之间的法律关系".② "办学属民事活动范畴,招生与报考均为学校和学生的民事法律行为……从高校、学生关系形成的过程来看,从招生、报考到录取、注册,这是一个形成合意的过程,亦即订立合同的过程。这一过程充分体现了高校与学生的意思自治性".③ "在招生录取过程中,学校和学生是两个独立的民事主体,其法律地位应是平等的。招生录取活动,完全可以看作是学校和学生订立以教育和教学为内容的合同的活动".④ 该论点认为,学生的报考行为是发出的要约邀请,而高等学校决定录取某学生并向其发放录取通知书则是针对该邀请正式作出的要约,学生一旦接受此要约并按要求缴纳学费入学,即为作出了承诺,学校与学生之间是平等的,报名和录取过程的双向选择性喻示着他们有一种隐含的合同关系。

（二）行政行为论

该观点则将招生定性为一种公共行政活动,"入学关系属于行政关系".⑤

---

① 吴高程:《受教育权的民事救济》,载郑贤君主编:《公民受教育权的法律保护》,人民法院出版社 2004 年版,第 275 页。
② 饶亚东:《从审判角度谈受教育权的保护与法官责任》,载《行政法论丛》第 3 卷,法律出版社 2000 年版,第 484—500 页。
③ 白呈明:《高校与学生合同关系探讨》,《复旦教育论坛》2003 年第 6 期。
④ 张弛:《学校法律治理研究》,上海交通大学出版社 2005 年版,第 67 页。
⑤ 申素平:《高等学校与学生法律关系的基本理论》,《中国高教研究》2007 年第 2 期。

代表性观点有:"在录取过程中,高等学校是以一个行政主体的身份出现的,行使的是公共权力,高校与学生之间的关系具有不对等性,不是横向平等的教育民事关系,而是具有纵向隶属型特征的教育行政关系"。① "从教育行政部门与公立高等学校在招生中的作用这一角度观之,当前的招生模式可以归纳为三大类:分工合作的模式、高度自主的模式和市场化运作模式。公立高等学校在当前分工合作模式和高度自主模式下的招生都有教育行政部门的强力介入,政府也历来将考试、招生作为一项行政工作,其性质较为显然,无论如何不能诠释为'受适度限制的契约自由'。毕竟,契约自由受限制的理念绝不能包含政府权力直接参与契约签订过程之意。"②

（三）折中论

有学者在分析了我国现行的招生模式后认为,在分工合作与高校自主招生模式下,二者形成的是行政关系;在市场化运作模式下,二者既可以是行政关系,也可以是民事关系,但在当前制度情境下,主要还是以行政关系为主。还有学者在基本同意这种观点的同时,又保持谨慎的态度,认为:"招生既是公共行政权又是针对学生行使的,然而高等学校行使招生权的过程中所针对的'学生'还不是在籍学生,因而双方之间发生的关系虽具有行政法律关系的性质,却与高等学校和已经取得学籍的学生之间的法律关系差异较大,尽管两者之间存在紧密的关联性,但不应混同。"③

三、高等学校实施招生过程中的法律规范依据

由于公立高等学校兼具行政主体和民事主体双重法律地位,其在现实生

---

① 郭志成:《普通高等学校招生录取权的司法制约问题》,载劳凯声主编:《中国教育法制评论》,教育科学出版社 2002 年版,第 130 页。
② 沈岿:《公立高等学校如何走出法治真空——学校与学生的关系维度》,载《行政法论丛》(第 5 卷),法律出版社 2002 年版,第 235 页。
③ 石斋旭、李胜利:《高等教育法律关系透析》,吉林大学出版社 2007 年版,第 232 页。

活中办学活动常常横跨"公法"与"私法"两重领域。① 我国不存在法国的公务法人制度,因此公立高等学校的自主权不属于从国家和地方的一般公务中分离出来的独立性事务,而是在国家教育主权的基础上,由政府下放给高校并由高校在法律法规范围内独立行使的行政权。从高校自主权的内容看,各级各类高校从招生到学生毕业都纳入国家计划,是典型的行政行为。② 具体而言,招生行为的权力来源于《教育法》和《高等教育法》的授予。《教育法》第十五条第一款规定:"国务院教育行政部门主管全国教育工作,统筹规划、协调管理全国的教育事业。"第二十一条规定:"国家实行国家教育考试制度。国家教育考试由国务院教育行政部门确定种类,并由国家批准的实施教育考试的机构承办。"第二十八条第三项规定,学校及其他教育机构行使招收学生或者其他受教育者的权力。

同时,《高等教育法》第十九条规定:"高级中等教育毕业或者具有同等学力的,经考试合格,由实施相应学历教育的高等学校录取,取得专科生或者本科生入学资格。本科毕业或者具有同等学力的,经考试合格,由实施相应学历教育的高等学校或者经批准承担研究生教育任务的科学研究机构录取,取得硕士研究生入学资格。硕士研究生或者具有同等学力的,经考试合格,由实施相应学历教育的高等学校或者经批准承担研究生教育任务的科学研究机构录取,取得博士研究生入学资格。允许特定学科和专业的本科毕业生直接取得博士研究生入学资格,具体办法由国务院教育行政部门规定。"第三十二条规定:"高等学校根据社会需求、办学条件和国家核定的办学规模,制定招生方案,自主调节系科招生比例。"根据上述法律规定,招生录取权是一种法律授予高等学校的行政权。另外,公立高等学校的招生是由国家拨经费、定计划和指标的行为,应当严格遵从教育法和高等教育法的规定,受法律、法规和规章

---

① 龚怡祖、张进香:《高校自主权的法学探源与公私职能界分》,《现代大学教育》2007年第3期。

② 蒋后强:《高等学校自主权及其限度》,《高等教育研究》2006年第2期。

等规范性文件的约束。公立高校招生行为的权力来源表明其具有明显的行政权力特征。

四、高校招生权的法律属性

高校招生权属于法律法规授权高校行使的教育行政权力。具体来说,高校招生工作的开展是国家各级教育行政部门的重要职责。但是,各类高校的招生工作在专业性、学术性方面的标准显然差异过大。因此,国家在经过审查后通常会用法律法规授权高校具体实施招生行为,从而提升行政效率,促使高校的招生工作更为符合其办学需求。《教育法》第二十九条第三款以及《高等教育法》第三十二条对此进行了确认。因之,高校招生权是国家通过法律法规授予高校行使的权力。这一权力的性质可以从以下三个方面获得更为清晰的阐释。

1. 在招生计划方面,根据 2004 年《国务院办公厅关于保留部分非行政许可审批项目的通知》的规定,全国普通高校研究生招生总量、本科生招生总量及分地区分部门招生计划的审批属于国家发改委和教育部的职责,所以,高校的招生计划需要根据有关行政部门的决定来编制。此外,从教育部历年发布的《普通高等学校招生工作规定》来看,高校招生进程中涉及的招生计划及后续关于考试、志愿填报、思想政治品德考核、录取等行为的规定,都由教育部进行事先的宏观规划。因之,高校的招生权从本质上来说属于行政权力,其并不是单纯属于高校的职责。

2. 在组织考试方面,根据教育部《2010 年普通高等学校招生工作规定》的规定,教育部授权教育部考试中心、省级招委会或高校承担高校招生考试有关工作。全国统考(含分省命题)、省级统考试题的命制和答案及评分参考的制订,分别由教育部考试中心、有关省级招委会负责。教育部授权有关高校自行命题的,按教育部有关规定办理。所以,高校所承担的部分招生考试工作本质上属于行政机关的委托,其职责属于行政职责。

3.从招生简章、志愿申请和录取三个方面来看,招生权益属于行政权力。有学者认为招生简章和志愿申请决定了高校录取是一种合同行为,[1]这显然是一种误读。其一,高校招生简章中的招生人数、录取规则等内容都需要由教育主管部门审核备案后方可公布,招生简章实际上是具有法律效力的章程性文件,[2]而非高校的自主性规定。其二,志愿申请有效的前提是考生分数达到了教育行政部门规定(而非高校规定)的分数线。其三,最为重要的是,在民事合同中一方可以拒绝完全符合要求的另一方当事人,但高校却无权拒绝符合招录条件的考生。因此,二者之间绝不是平等的民事法律关系。具言之,高校的录取工作是在教育部统一领导、省教育考试院(或称招生考试院、招生办公室)统一组织及管理下运行的,各批次录取分数线由省教育考试院予以确定,高校无权干涉。考生看似是被高校录取,但高校实际上只能在省教育考试院投档给高校的学生中进行选择,高校确定的名单还需省教育考试院核准备案后方可正式确定,名单还需加盖省教育考试院录取专用章。综合上述分析,我国高校的招生权涉及教育公共资源的分配问题,其本质上属于《教育法》《高等教育法》授予的行政职权。[3]

五、高校招生行为是外部行政行为

高校的招生行为究竟属于内部行政行为还是外部行政行为,前者是行政主体对其内部机构或公务员所作的具体行政行为,内部行政行为不可诉,也不得被提起行政复议;后者是行政主体针对行政组织系统以外的公民、法人或其他组织等行政相对人所作的具体行政行为,相对人可以对其提起行政诉讼或申请复议。唯有确认招生行为属于外部行政行为,高校的招生权

---

[1]　周光礼:《教育与法律:中国教育关系的变革》,社会科学文献出版社2005年版,第138—140页。

[2]　覃红霞:《招生领域高校与学生的法律关系研究》,《北京大学教育评论》2010年第2期。

[3]　胡芬:《论高等学校对学生的管理权之性质》,《法学评论》2006年第5期。

方能接受司法审查。《普通高等学校学生管理规定》第 9 条规定:"学校应当在报到时对新生入学资格进行初步审查,审查合格的办理入学手续,予以注册学籍;审查发现新生的录取通知、考生信息等证明材料,与本人实际情况不符,或者有其他违反国家招生考试规定情形的,取消入学资格。"因此,在招生录取阶段,高校与考生之间无论如何也不会形成内部法律关系,考生属于高校的行政相对人。实际上,即便是入学后,学生与高校之间的关系依然不属于内部行政法律关系,因为"学生并非高校的工作人员,学生具备的在学关系与公务员工作性质的隶属关系显然有着本质不同:前者以令学生接受教育为实践指向,其主要受益主体是学生;而后者则以实现行政机关的功能为实践指向,其主要受益主体为行政机关。"①包括指导案例 38 号在内的诸多行政案件判决书都指出,学生对高校而言只能是行政相对人,高等学校与受教育者之间属于教育行政管理关系,受教育者对高等学校涉及受教育者基本权利的管理行为不服的,有权提起行政诉讼,高等学校是行政诉讼的适格被告。

通过上述论证可知,高校招生权不仅属于法律法规授予高校行使的行政职权,高校依据招生权作出的招生行为亦属于外部行政行为。考生对高校作出的招生决定不服,当然可以提起行政诉讼。

第二节　高校招生权的司法审查路径

一、高校招生权可诉性的法治价值

司法救济是众多救济机制中最为可靠的路径。司法权具备程序性、公开性、中立性、职业性以及终局性的特质,这决定了在现代法治国家,唯有司法权

---

①　刘旭东:《"高校教育惩戒"范畴论辩及司法规制:基于司法案例的研究》,《教育发展研究》2020 年第 1 期。

才能令纠纷获得最为公正且终局性的处理,这即是司法最终裁判原则。在明确高校招生行为属于可诉的外部行政行为的基础上,司法审查可以为高校招生纠纷提供兜底性的解决机制,规范高校日后的招生程序。

在明确了高校招生权法律性质的基础上,需进一步对高校与考生所构成法律关系的属性进行探究。一般来讲,依据行政法律关系是否具有外部性,可将其分为内部行政法律关系与外部行政法律关系。内部行政法律关系是指上下级行政机关之间、行政机关内部组织机构之间、行政机构与其工作人员之间发生的受行政法调整的行政关系;外部行政法律关系是指行政机关或法律授权组织与公民、法人或其他组织之间发生的受行政法调整的行政关系。外部行政法律关系的主体之间没有上下级的隶属关系,当外部行政法律关系发生错误时,相对人可以通过行政复议、行政诉讼的途径维护权利,而内部行政法律关系不具备这一特点。所以判断高等学校与录取考生之间关系性质的关键,是该考生是否取得或拥有该高等学校的学籍,是否是该高等学校的成员。根据《普通高等学校学生管理规定》第 9 条规定:"学校应当在报到时对新生入学资格进行初步审查,审查合格的办理入学手续,予以注册学籍;审查发现新生的录取通知、考生信息等证明材料,与本人实际情况不符,或者有其他违反国家招生考试规定情形的,取消入学资格。"由此断定,在招生录取阶段,高校与考生之间的关系不是内部行政法律关系,而是高校作为授权主体在行使招生权过程中与考生形成的外部行政法律关系。当考生认为高校在招生过程中存在偏私或瑕疵,致使其受教育权受到侵犯时,可以通过行政诉讼的途径获得救济。

高校在行使招生权的过程中,与考生构成的是外部行政法律关系。根据现代法治理念,有权利必有救济,高校招生权是法律法规授予高校的行政权力,这就要求高校在行使招生权的过程中应严格按照"法律授权即拥有"的原则来行使,法无授权的,高校不能自主做出。

二、高校招生权的司法审查原则

司法机关对高校招生权展开审查应主要遵循如下三个原则。

(一)有限审查原则

司法机关应尽可能地优先对那些侵犯考生权益较为严重的招生行为展开司法审查,如高校公开或明显违反国家的招生制度、政策安排或招生简章,通过暗箱操作、违背意愿等方式招录学生。其目的在于令较为严重的案件率先得到司法审查,其他案件则尽可能地交由其他矛盾纠纷解决渠道。可诉性的命题"只是表明该纠纷可以通过司法解决,并不表明它只能通过司法解决"。[①]司法固然是现代法治国家化解纠纷的最为权威的路径,但其并非是成熟法治状态下的唯一纠纷化解途径。

实际上,法治追求矛盾解决方式的多样化,并要求矛盾能够首先在社会的层面或行政的层面得到解决。对于那些社会与行政机关无法处理的问题,则由司法机关进行兜底处理。但实践中,法院已经被推到社会矛盾的最前沿阵地,[②]这显然窄化了法治的意涵,加重了司法机关的负担,损害了司法的权威性与终局性。所以,明确纠纷的可诉性并展开司法救济并不是解决纠纷的一劳永逸的方法,司法之外多元化的纠纷解决渠道同样值得培育。高考招生纠纷中的轻微受害者可以首先选择向教育行政部门提出监督的请求,或者提出行政复议,通过非诉的方式解决争议;如果行政渠道无法解决,受害者可以以此为由提起行政诉讼。当然,这种类似于行政复议前置的方式还需要立法的明确规定,否则其可操作性将大打折扣。

---

① 彭君:《论法律的可诉性与宪法发展》,《广西大学学报(哲学社会科学版)》2010 年第
1 期。

② 卢雁:《院长干预不应比判决更有效》,《东方早报》2011 年 12 月 9 日。

(二)程序性审查与实质性审查并重原则

高校招生行为基本不涉及学术性问题,而是以程序性问题为主,所以在这一非学术性领域法院与高校具有同等的审查能力。[①] 所谓程序性审查,是指司法机关审查高校的招生录取行为是否符合法律法规的程序性规定。因为严格依据法律法规规定的程序从事是行政行为正确实施的前提条件,程序不合法必然带来实体上行政行为侵犯相对人利益的局面。[②] 程序性审查的重点在于明确高校的招生简章是否按照规定经过了主管部门的审核与备案,并及时向社会予以发布;高校是否严格根据招生简章的规定进行招生,在对考生作出明显不利的决定时,高校是否采取了充分的说明、告知措施;高校是否存在违背信赖利益保护原则的状况;高校招生人员是否存在滥用职权、超越职权或其他违反法定程序的行为。所谓实质性审查,是指司法机关审查高校的招生录取行为在内容上是否合法、合理,尤其是审查高校招生简章的内容是否合法、合理,如招生简章在非特殊情况下是否存在性别、年龄、外貌、体重歧视等违背平等原则的条款;以及被诉招生行为所依据的事实是否真实存在,证据是否充足。

(三)高校招生行为展开司法审查的审慎原则

如若司法机关认为高校招生权的行使存在合法性问题,基于行政审判的传统,司法机关不宜直接代替高校作出决定,而应通过判决的方式撤销高校原先针对特定考生的招生行为,并责令高校重新作出决定。考生对高校招生行为进行起诉有时会涉及对高校的招生简章附带提起诉讼,根据行政诉讼附带审查制的要求,司法机关对招生简章的审查应遵循"非普遍性适用原则"。申

---

① 林华:《人民法院在学位撤销案件中如何进行审查:基于司法审查强度的裁判》,《政治与法律》2020 年第 5 期。
② 许维利、黄俊浩:《司法审查高校招生行为的法理分析》,《高教探索》2005 年第 4 期。

言之,法官可以在个案中拒绝适用相关招生简章,但这一决定并不产生普遍否定效果,即法官无权直接裁定招生简章无效或撤销招生简章。同时,被拒绝适用的招生简章仅在个案中无法生效,日后高校仍可以根据这一招生简章再次作出招生行为,考生不服时需要再次申请附带审查。所以,为避免司法资源的浪费,高校应主动对法官拒绝适用的招生简章展开修改,维护招生简章的合法性与合理性。

三、高校招生行为的司法审查范围

从目的来说,公立高等学校办学自主权是国家教育权的具体实施,其目的是保障学生受教育权的实现。这既是公立高等学校对公民基本权利的落实,也是公立高等学校办学自主权的最高法律依据。为维持正常的办学秩序,对公立高等学校在法定幅度内的"办学自主权"予以宽容和尊重是必要的,但公立高等学校的"办学自主权"并不是无限度的。这种自主权的行使涉及教育者、受教育者或者他人的重大权益时,应当有有效的监督和救济途径。

公立高等学校的招生自主权作为推动我国高等教育多元化的一种手段,在其不断扩大的过程中出现的各种权力异化和权力腐败给公民的受教育权和其他权利造成的侵害也在增多。司法审查向来被认为是为公民权利提供救济的最后一道防线,法院通过撤销违法的行政行为、变更显失公正的行政处罚行为、责令行政机关履行保护行政相对人合法权益的法定职责以及责令行政机关对其违法的行政行为给行政相对人造成的损害进行行政赔偿,既可以有效地控制行政权的滥用,又可以给行政相对人提供充分的救济。尽管《行政诉讼法》在权利保护范围上使用的是"人身权"和"财产权"的概念,但从立法本意上讲,《行政诉讼法》并没有排除"人身权"和"财产权"以外的其他经济和社会权利。受教育权作为我国宪法规定的公民的一项基本权利,《行政诉讼法》当然应予保护。而且依据《行政复议法》第六条第九项,公民申请行政机关履行保护其受教育权的法定职责,行政机关没有依法履行的,可以申请行政复议,从而突破了《行政诉讼法》和原《行政复议条例》规定的"人身权"和"财产权"的范围。因此,为做到对公立高等学校的招生自主权的有力监督,充分保护学生的受教育权,必须将公立高等学校的招生行为纳入司法审查的范围。毕竟,"我们不能把治理效率本身视为一个终极的目的,而应当把实现保护人权的适当措施视为开明进步的行政司法的一个基本条件"。① 尽管法院在对行政行为进行司法审查时必须注意不同的情况,适用不同的审查标准,然而,司法审查中最基本的问题是确定事实和解释及适用法律,因为任何行政行为都建筑在行政机关对该行为的法律结论和事实裁定的基础之上。对于公立高等学校的招生行为而言,法院也应主要针对事实问题和法律问题进行审查。然而,问题的难点是,法院对公立高等学校的招生行为应采取怎样的审查标准以及在强弱程度上如何,才能既保证法院对公立高等学校的"办学自主权"给予必要的宽容和尊重,又能有效地监督这种自主权的行使,从而保障公民享有平等的受教育权。

笔者认为,公立高等学校的具体招生录取工作尽管因对象是本科生和研究生而有所不同,但是基本上都包括以下几个方面:(1)公布招生简章;(2)组织报名,包括考生报名、对考生进行资格审查、发放准考证等;(3)组织考试,包括命题、批阅试卷、公布成绩等;(4)录取,包括成绩复查、调剂、公布拟录取学生的名单、接受有异议的考生的复议以及向拟录取考生发放录取通知书等;(5)报到以及注册学籍。其中法律问题和事实问题相互勾连,无明显的界分,并不形成非此即彼的关系。但是有些事项,诸如命题、批阅试卷等明显属于事实范围的事项,因学校既富有经验又具有专业性,所以,在对招录行为进行司法审查的过程中,法院对上述事实问题应基本持尊重态度。就法律问题而言,根据《最高人民法院关于印发〈关于审理行政案件适用法律规范问题的座谈会纪要〉的通知》,人民法院经审查认为被诉具体行政行为依据的具体应用

---

① 〔美〕博登海默:《法理学:法律哲学与法律方法》,邓正来译,中国政法大学出版社 2004 年版,第 370 页。

解释和其他规范性文件合法、有效并合理、适当的,在认定被诉具体行政行为合法性时应承认其效力。公立高等学校招生录取工作的主要依据是自己制定的内部规则,而招生简章在这些内部规则中又居于主要地位,因此,对公立高等学校招生简章的审查将是对招录行为的司法审查中法律审查的核心问题。

四、对招生简章的合法性审查

在我国,高校招生规章的制定、招生规模的确定、考试的组织、招生录取等,是国家实施高等教育管理的重要组成部分,是国家教育行政部门的重要职责。对公立高等学校招生简章的审查是对招录行为的司法审查中法律审查的核心问题。

(一)审查要求

1. 招生简章本身的合法性问题,即招生简章的内容要公正、透明,不存在任何歧视性的事项。招生简章本身应当合法,在法律、法规和有关的政策、文件有规定的情况下,公立高等学校所制定的招生简章不得有冲突性的规定;法律、法规和有关的政策、文件没有规定的情况下,公立高等学校所制定的招生简章非经教育部批准,不得涉及属于法律保留范围内的事项。

2. 学校的招生简章与学校各院系本身制定的具体招生细则、惯例之间的关系应如何处理。对于高校而言,各院、系制定的招生细则应当与学校制定的招生简章和其他有关的招生规则相一致,如有冲突,可遵从下位法与上位法的关系进行处理,采取学校制定的招生简章和其他有关的招生规则效力优先的处理原则。

3. 招生简章公布以后,如果学校擅自更改招生简章中已经公布的录取规则,对于考生的利益又应当如何予以保护。招生简章公布以后,学校不得擅自更改招生简章中已经公布的录取规则,擅自更改的,应对考生采取有利的解释。一方面,对于依照原录取规则应当录取的考生,学校应当予以录取,不得以录取规则的改变对抗考生的受教育权;另一方面,对于依照改变后的录取规则已经录取的考生,应当运用信赖保护原则保护其受教育权的实现。

(二)公立高等学校的招生简章之审查

招生简章主要涉及高等学校的招生指标、录取标准,是公立高等学校的招生录取意志的载体,直接地影响着考生志愿的填报。可见,公立高等学校的招生简章对公民的受教育权影响重大。《高等教育法》第三十二条规定:"高等学校根据社会需求、办学条件和国家核定的办学规模,制定招生方案,自主调节系科招生比例。"因此,公立高等学校招生简章的制定应遵循的一项基本原则,就是招生方案的制定和系科之间招生比例的调整必须与社会需求和办学条件的实际情况以及国家核定的办学规模相适应。不仅如此,公立高等学校每年的招生数还必须经过国家有关部门的批准,不能随意增减。除了《教育法》和《高等教育法》,国家教育行政部门还会根据每年的具体情况制定当年招生的具体规则,公立高等学校的招生简章也不得与教育行政部门的有关政策、文件相抵触,滥用招生自主权。例如,《2005年普通高等学校招生录取工作规定》第五十条规定:"对肢体残疾、生活能够自理、能够完成所报专业学习,且高考成绩达到要求的考生,高等学校不得仅因其残疾而不予录取。"据此,公立高等学校不得以其招生简章限制残疾学生的入学资格。

在法律、法规和有关的政策、文件有规定的情况下,公立高等学校所制定的招生简章不得有冲突性的规定。在法律、法规和有关的政策、文件没有规定的情况下,公立高等学校所制定的招生简章非经教育部批准,不得涉及属于法律保留范围内的事项。在德国,教育领域里需要由法律调整的重要问题包括教育内容、学习目标、专业目录、学校的基本组织结构(学校类型、教育层次、专业设置、父母与学生的参与等)、学生的法律地位(入学、毕业、考试、升级)

以及纪律措施等。① 就我国公立高等学校的招生行为而言,专属于法律保留的事项应包括:基于特定教育目标而采取的男女生录取的比例规定;对报考相应外语专业的考生限制其参加高考时的外语语种;因所报专业的特殊性而对考生有如视力、身高、容貌、健康状况等某些方面的特殊要求;高考成绩达到录取要求但因肢体残疾生活能够自理而影响所报专业学习的考生而不予录取;严禁高校利用调整计划或预留计划巧立名目向考生收费;各省级招办对所有高校的本科招生一律不得在常规录取工作结束之后再进行补录。总之,非依法律授权,公立高校在招生时不得对考生的身高、视力、健康状况等作限制性规定,否则就可以认定高校歧视考生和滥用职权侵犯考生的平等受教育权。

(三)对高校院、系具体招生细则的审查

对于高校而言,学校内部各院、系也会为本部的具体招生工作制定相关的规则、细则,这些规则、细则以及一些招生惯例是各院、系招生工作的依据。那么,这些规则、细则以及惯例与学校制定的招生简章是什么关系? 以院、系制定的规则、细则为例,它们要不要与学校制定的招生简章相一致? 二者若有冲突,应如何处理? 本书认为,为了防止纠纷发生,保护公立高等学校和考生双方的合法权益,各院、系制定的招生细则应当与学校制定的招生简章和其他有关的招生规则相一致。如有冲突,可遵从下位法与上位法的或者特别规定与普遍性规定或一般性规定的关系进行处理,采取学校制定的招生简章和其他有关的招生规则效力优先的处理原则或特别规定优先适用的原则。问题是有的时候究竟是按照下位法与上位法的关系来处理还是按照特别规定与普遍性规定的关系处理,就是一个非常值得研讨的问题。因为究竟如何能够真正贯彻招生工作中的自主权,同时也保障报考学生的权益,是特别值得注意的问题。

----

① ［德］哈特穆特·毛雷尔:《行政法学总论》,高家伟译,法律出版社 2000 年版,第 115 页。

第三节 正当法律程序与高校招生行为的 规范与典型案例剖析

一、高校招生行为作为公共行政活动之规范

《普通高等学校招生暂行条例》对国务院教育行政部门、地方各级政府及其招生委员会和高等学校的职责,进行了具体的规定,以保证高校招生工作的有序进行。但由于各级各类高等学校、不同专业对生源素质的要求不尽相同,国家在实施这一专业性、学术性较强的行政管理中,一般经过对高等学校的办学资格、办学能力等一系列条件的审查后,通过法律、法规的授权,使高等学校作为行政主体实施这一行政权力。而授权本身既可以提高行政机关的行政效率,又可以使各高校根据自身特点选拔合格人才。《教育法》第二十九条规定,学校有"招收学生或者其他受教育者"的权利;《高等教育法》第三十二条规定:"高等学校根据社会需求、办学条件和国家核定的办学规模,制定招生方案,自主调节系科招生比例。"因此,高等学校的招生录取权是法律、法规授予的行政权力,不是法人权利,它在行使这一行政职权的过程中与考生的关系不是平等主体之间的民事法律关系,而是行政法律关系。在我国,高等学校的招生可以分为本(专)科生招生、成人教育招生、硕士研究生招生以及博士生招生。本(专)科生招生、成人教育招生、硕士研究生招生因为要经过全国统一考试,所以基本上由教育行政部门和具体的高校分工合作。具体而言,教育行政部门制定招生来源计划、组织报名、身体检查、考试及录取规则,学校只在决定录取与否以及所录取的专业的方面有一定的自主权。但是学校的录取行为不仅要遵循教育行政部门制定的规则,还必须将拟录取的考生名单报经生源所在省(自治区、直辖市)招生办核准。因此,对于本(专)科生招生、成人教育招生和硕士研究生招生而言,公立高等学校的招生行为基本上由教育行政

部门进行控制,公立高等学校处于依附地位,其招生行为有着较强的公共行政色彩。

二、考生与高等学校的不对等地位

"高校招生自主权呈扩大趋势,高校被赋予相当的录取学生的权力,高校在法律规定的范围和颁布的招生章程内拥有招生自主权,可见高校在招生考试过程中与考生之间的法律地位并不是平等的。"[1]

(一)招生权具有显著的单方意志性

这主要体现在考生要服从招生机关组织高考的有关纪律,并严格遵从其所制定的报考、应试、填报志愿以及报到程序和规定。在具体的录取阶段,高校和招生部门也是单方决定是否予以录取,考生只能得到是否被录取的答复而并无与其平等协商和选择的余地,也没有参与录取或变更决定的机会。尽管现在开始改革,实践中也有极为个别的学生因为被内地和香港等地的大学同时录取,最后由学生来主动选择的情况。但绝大多数情况并非如此。而且自从发生有学生出现此种情况后,教育部又有针对性地出台了某些限制性的政策。在这方面,中国大陆地区和域外国家与地区的做法有很大区别。

(二)招生权具有显著的强制性

如果考生不服从招生机关组织高考的有关纪律,将受到相应的通报批评、停考、试卷作废、成绩取消等惩处,承受不予录取的结果。这在过去实行计划经济时代更为明显。

(三)招生行为的效力先定性

对于考试成绩的确定和不予录取的行为,考生不但不能否定其效力,甚至

---

① 杨威、覃红霞:《高校"招博"行为的可诉性研究》,《教育与考试》2008 年第 1 期。

几乎不能提出异议,如对于考试成绩查分的请求,一般都受到限制,即便被允许查询,也只能查卷面总分,不能查单题分,并且在有关机关查证属实之前,不会更改,录取决定亦是如此。这些均表明,招生权属于行政权,招生行为是高等学校依据《教育法》和《高等教育法》的授权行使公权力的行为,是典型的行政行为。公立高等学校招生行为是《教育法》和《高等教育法》授予高校的自主权,高校招生过程充满了较强的公共行政色彩,考生与高等学校在法律关系中的不对等性决定了招生考试领域并非私法调整的领域,而属于公法调整的领域。[①]

三、遵守行政法上的正当法律程序

公立高等学校招生录取行为既然是行政行为,招生录取的程序就应当符合公开、公平、公正的要求,遵守行政法上的正当法律程序。

(一)招生行为的公开原则

公立高等学校必须在本校的网站上以及其他方式或途径向社会公布本校的招生简章,并且招生简章一经公布,学校不得在招生录取期间更改招生简章中向社会公布的录取原则。

(二)信赖保护原则

学校在招生录取期间擅自更改在招生简章中向社会公布的录取原则的,应采取对考生有利的解释。一方面,对于依照原录取规则应当录取的考生,学校应当予以录取,不得以录取规则的改变对抗考生的受教育权;另一方面,对于依照改变后的录取规则已经录取的考生,应当运用信赖保护原则保护其受教育权的实现。具体而言,对于符合条件的考生,公立高等学校向其发出录取

[①] 湛中乐:《对公立大学招生争议的司法审查》,载劳凯声主编:《中国教育法制评论》,教育科学出版社 2010 年版,第 23 页。

通知书后,即使事后发现录取行为有违法情形,只要这种情形不是因考生的过错(如替考、行贿或者提供虚假的资料、信息等)造成的,公立高等学校也不得撤销对考生的录取,除非不这样做会严重阻碍高校教育目标的实现。在上述情形下,公立高等学校为了实现自己的办学目标,而必须撤销已经发出的录取通知书时,就要对考生因此受到的损失予以赔偿,并采取相应的补救措施。但是信赖保护原则的具体适用要求行政相对人的信赖是值得保护的信赖,不正当的信赖如当事人通过恶意欺诈、胁迫、贿赂或其他不正当方法导致行政主体行为的,当事人对于重要事项提供不正确的资料或不完全的陈述导致行政主体行为的,当事人明知行政主体的行为违法或处于重大过失而忽视行政主体行为违法性的,法律不予以保护。因此,如果录取通知书是因考生通过替考、行贿或者提供虚假的资料、信息等不正当手段取得的,或者考生明知录取行为违法或是高校出于重大过失作出的仍"正常"入学的,一经发现,学校有权撤销录取或勒令退学。

四、典型案例评析

(一)案件事实

公立高等学校依照法律、法规授权,依法履行法律职责,享有组织实施教育教学活动的权利,招收学生或其他教育者,是可诉的行政主体。无论从公开招生权的来源,或招生过程的特点,或考生与高校之间关系来看,均表明公开招生行为具有公共权力属性,行使应严格遵守有关教育和高等教育的法律、法规和其他规范性文件的规定,有关公民、法人或其他组织当然可以依法提起行政诉讼。公立高等学校扩大招生自主对公民的教育权和其他权利造成的侵害也在增加,因此,为了实现对公立学校招生自主权的有力监督,充分保护学生的教育权,公立高等学校的招生行为必须被纳入司法审查的范围。在公立高等院校的具体招生工作中,法律问题和事实问题相互联系,没有明显的区分,不形成非此即彼的关系。然而,一些问题,如命题、审查试卷等明显属于事实范围的问题,由于学校既有经验又专业,所以在对招生行为的司法审查过程中,法院基本上应该尊重上述事实问题。

2010年9月,武汉大学拟招收2011年博士研究生,并发布《武汉大学2011年招收攻读博士学位研究生简章》。该简章第九部分告知考生,报考普通培养类别的研究生为非在职全日制研究生,录取时需将档案及工资关系转入武汉大学,请考生报考时慎重选择。项某报名参加了武汉大学2011年招收攻读马克思主义哲学专业博士研究生考试,报考类别为普通培养。项某参加考试后,武汉大学拟录取其为武汉大学哲学学院马克思主义哲学专业普通博士研究生,并于2011年6月30日制作了《研究生录取通知书》和《研究生入学纪念卡》拟发给项某,因项某未将其档案转入,武汉大学未向项某发放《研究生录取通知书》和《研究生入学纪念卡》。因项某承诺会将其档案转入,武汉大学允许项某先入学,后转入档案。项某入学时,未在武汉大学哲学学院《武汉大学2011级研究生报到注册表》上签到。项某入学后,武汉大学向其发放了《武汉大学研究生证》,该证载明项某系2011级哲学学院马克思主义哲学专业博士研究生,2011年9月入学,学号2011101130006。武汉大学还为项某办理了电子学籍注册并将该信息导入研究生管理系统网和教育部学生信息网。2011年10月,武汉大学对2011年研究生新生入学资格进行了复查,未认定项某属于不合格者。项某取得了2011学年学分6分。2014年3月28日,项某所在单位向湖北省人才交流中心出具《关于同意项某同志档案调离省人才中心的函》,但项某仍未将其档案调入武汉大学。2014年4月15日,武汉大学在其研究生管理系统网站上,将项某的学籍状态标注为"取消入学资格"。同日,武汉大学在中国高等教育学生信息网上将项某的学籍信息清除。项某对武汉大学"取消入学资格"的行政行为不服诉至法院,请求撤销该行政行为并判决武汉大学恢复其学籍,允许其继续博士学业。

（二）案例剖析

1.关于依法招生与"大学自治"问题

武汉大学制定的《2011年招收攻读博士学位研究生简章》对录取类别进行了明确规定:博士生录取分别为普通培养、委托培养、定向培养三种类别,其中普通培养为非在职全日制研究生,录取时须将档案及工资关系转入学校,并可参加基本、普通、优秀等奖学金及其他奖励性项目的评定,毕业时按照市场引导、政府调控、学校推荐、学生和用人单位双向选择的原则落实就业单位。而委托培养和定向培养系在职学习,在奖学金、培养费和毕业后回到委托或定向单位等方面均有别于普通培养。该招生简章中有关自主招生的规定,既不违反高等教育相关法律法规规章的强制性规定,又结合了学校博士研究生培养的实际情况,且与当前"大学自治"的办学理念和精神相契合,应当严格遵守与执行。本案中,项某报考武汉大学哲学学院马克思主义哲学专业普通培养类博士研究生,在其初试与复试成绩达标体检合格后,武汉大学拟录取其到该校攻读所报考的专业。然而项某及其所在单位在武汉大学向其发放"政审通知"和"调档函"后,迟迟未予提交相关政审材料,也未转入档案,故武汉大学未向其发放《研究生录取通知书》和《研究生入学纪念卡》。根据教育部《普通高等学校学生管理规定》(2005年)第七条和《武汉大学研究生学籍管理实施细则》第三条、第四条规定,考生收到招生学校的《研究生录取通知书》,才能成为学校录取的新生,才初步具备了攻读博士研究生的条件。上述管理规定和实施细则明文规定:新生入学时,持录取通知书和学校规定的有关证件,按规定的日期到校办理入学手续。新生报到后,学校在三个月内根据规定,进行政治业务和健康复查,复查合格,予以注册,取得学籍。所以录取通知书也是新生报到办理入学手续的依据。正因为项某未通过政审,未取得《研究生录取通知书》,故在新生报到时未办理报到和注册等入学手续,各项须填写的表格均没有记载。因此,在武汉大学研究生院中既没有项某的人事档案,也没有项某被录取的纸质个人原始档案,表明其因不具备入学的法定条件,未取得入学资格;也因其不是"已录取的新生",故而也不在《普通高等学校学生管理规定》"三个月"的复查范围内。武汉大学根据该校招生简章和实施细则的规定,认定项某未注册、未取得学籍,并无不当。

2.关于武汉大学对项某电子学籍注册信息予以清除的行为性质

自2007年以来,国家在普通高等学校开始陆续实行新生学籍电子注册制度,对取得学籍的学生实行学籍电子注册,各高校和教育行政部门分别在各自指定的网站上公布已注册新生学籍信息,学生可进入相应的网站查询本人的学籍注册情况。电子注册信息应与客观事实相符,与原始纸质档案信息一致,对不相符或不一致的信息,应当予以更正。电子学籍注册信息只是一种学籍信息化的辅助管理手段,为学生、学校和社会提供方便查询的途径。本案中,武汉大学研究生电子管理系统虽显示有项某个人信息资料,包括照片、学号、注册学籍等基本情况,项某还领取了校园卡、公费医疗证、研究生证等,并缴纳了第一学年的住宿费,取得2011学年三门课的学分。但以上事实是基于项某承诺延迟调档,致使武汉大学负责招生的工作人员未向该校研究生院及时报告这一学籍异常情况,未将项某从上报名单中删除,使得在拟招录准备阶段预录的项某电子学籍相关信息自动生成,最终导致反映项某学籍的网络电子管理信息与实际纸质个人档案登记内容不相符。由于项某在武汉大学研究生管理系统所显示的"注册学籍"与原始纸质档案不一致,与客观事实不相符,故不能认定项某已经取得学籍。武汉大学在清查中发现上述问题后,因受电子管理系统设计的局限,只能选取最相近的"取消入学资格"选项,并清除项某相关电子学籍注册信息,其实质是取消原本就不应该存在的电子学籍注册信息,并非对项某的行政处分。故武汉大学关于"对项某电子学籍信息的清除是一种内部纠错行为"的答辩意见成立,法院予以采纳。根据《普通高等学校学生管理规定》(2005年)第八条规定,新生入学后,学校在三个月内按照国家招生规定对其进行复查。复查合格予以注册,取得学籍。复查不合格者,由学校区别情况,予以处理,直至取消入学资格。该条款规定在第三章第一节"入学与注册"中,主要是针对已录取但还未取得学籍的新生,故而该章节没有关于程序方面的规定。该规定第五章"奖励与处分"中,仅在"开除学籍"等五类需进行纪律处分的事项中,规定有陈述和申辩、校长会议研究决定、出具处分决定书等程序性要求。因此,项某申请再审,认为武汉大学作出"取消入学资格"程序违法,没有法律依据。众所周知,"取消入学资格"必须是以新生已经入学、取得入学资格为前提。但本案的实际情况是,项某并未取得入学资格,因此,虽然武汉大学采取"取消入学资格"的形式不当,但对项某的"入学资格与学籍"并无实质性影响。也由于项某的个人纸质原始档案中并没有其入学记录,如对未正式入学的学生,按照已取得入学资格和学籍的学生的标准,依照《普通高等学校学生管理规定》第五章规定的程序进行,直至作出书面处理决定,则又与武汉大学纸质原始档案所反映的事实不相符,不仅不具备适用该项程序的前提,还会使书面处理决定同样缺乏事实根据和法律依据。因此,武汉大学在进行电子管理系统清查时,对电子管理系统登记的错误,从有限的选项中选取与清除电子学籍注册信息最相近的一项"取消入学资格",以达到清除和纠错的目的,是更为合理和恰当的选择。

3.关于信赖利益保护问题

信赖保护原则是指对行政相对人基于对行政行为的信赖而作出的行为所产生的正当利益应当予以保护,行政机关不得擅自撤销、变更已生效的行政行为,确需撤销或者变更的,对无过错的行政相对人应给予合理的赔偿或补偿。由此可见,正当利益是信赖保护原则的基础和前提。结合本案,项某系华中师范大学第一附属中学教师,其因符合武汉大学2011年招收攻读博士学位研究生报考条件,报考了武汉大学哲学学院马克思主义哲学专业普通博士研究生。如前所述,该校的招生简章对三个不同培养类别的各自性质与要求均予载明,在报考与录取、学费与奖学金、全日制与在职攻读、档案及工资关系及毕业后的工作去向等方面,普通培养与委托、定向培养有明显区别。即普通培养类博士研究生,要脱离原单位,为非在职全日制,其档案、工资等关系均应全部转入在读学校,享受相应的奖学金和生活费,毕业后重新择业。招生简章同时强调"录取类别即为考生报考时的报考类别,请考生在报考时慎重选择"。项某在报考时选择了普通培养类攻读博士研究生,理应知道一旦录取后所要面临的上述变化,影响最大的就是脱离原单位转调档案及工资关系进武汉大学。而本案的事实是从 2011 年 6 月武汉大学向项某及其所在单位寄出调档函和政审表,到同年 9 月新生报到和之后的学校正常学习期间,直至 2014 年 4 月,项某始终未将档案调入武汉大学,亦未完成学校要求的每学期的注册事宜,故没有获得相应的奖学金,也未及时缴纳当年的学费和其他费用。虽然武汉大学于 2014 年 4 月误收了项某补缴的所有学费,但该行为并不表明项某因此就取得了 2011 级攻读马克思哲学专业普通培养类博士研究生的入学资格和学籍。项某既想保留原单位的工作和工资关系,又想攻读普通培养类博士研究生,如同鱼和熊掌的关系,如果想要兼得,应当符合相应的法律法规规章的规定,还要遵守教育部门和学校制定的相应规定,否则就有违诚信原则和教育公平,更会对今后博士研究生的招生带来不良影响。

项某认为基于对武汉大学的电子学籍注册行为的信赖所产生的利益应当予以保护,但是项某在近三年的时间里,始终没有完成普通培养类博士研究生政审程序和转档手续,不具备普通培养类博士研究生的录取条件,导致其电子学籍注册信息被清除,项某本人也无法完成学业,对此,项某应承担全部责任,不具备正当利益的基础和前提。也由于武汉大学相信项某"及时调入人事档案"的反复承诺,从而导致项某电子学籍注册信息的错误,对此,项某亦应当承担主要责任。法谚有云:"任何人不得因其不法行为而获益。"因此,项某主张信赖利益保护,没有事实根据和法律依据。

4.关于武汉大学招生及学籍管理问题

武汉大学是教育部直属的重点综合性大学,每年均承担国家下达的博士研究生招生计划,培养不同类别不同高级学科的专门人才。而本案纠纷却反映出该校在招生过程中工作不严谨、管理失序的问题。本案中,项某的电子学籍注册信息和实际情况不一致的情况存在多年,表明武汉大学未依照规定对拟录取新生的所有报考材料逐一进行复核,未对新生注册情况以及电子学籍注册信息进行逐一比对查验,同时在新生报到各环节的衔接上存在疏漏。特别是本案中对项某的电子学籍注册信息错误问题,武汉大学在2011年博士研究生的学程进行过半而迟迟未予纠正,以致对当事人产生误导。学校招生虽然有一定的自主权,但不能违反相关法律法规章及学校规章制度的明文规定。由于电子管理系统的错误,导致在新生入校及之后的学习等各项环节出现如发放证件、收缴学费、没有学籍的学生取得学分等错误,最终导致了本案纠纷,武汉大学负有管理不善的责任。因此,武汉大学应进一步规范招生工作和学生学籍管理,严格依照规定和期限完成各项程序的审查,同时完善电子管理系统的各种选项,以避免引发不必要的纠纷。

5.关于项某的诉权问题

虽然项某实质上并未取得入学资格,未取得学籍,从法律层面而言,武汉大学在电子管理系统上的纠错行为,对项某的入学资格和学籍并不产生实际影响。然而由于项某自2011年至2014年近三年时间里,在其所在单位工作的同时,还在武汉大学攻读普通培养类博士研究生,并取得学分,武汉大学的研究生电子管理系统显示有项某注册学籍的信息,且其具有一定的公示性,故项某的诉权应予保护。

6.关于案由问题

由于项某事实上并未取得武汉大学入学资格,也未取得学籍,因此武汉大学对其电子学籍注册信息的清除并非取消入学资格。本案的案由应当确定为"教育行政处理",原一、二审判决将案由确定为"取消入学资格"不当。

第七章 高校行政裁量：基于开除学籍处分的考察

司法大数据的建设与完善为教育法学实证研究提供了现实路径。大数据思维下，对高校纪律处分诉讼的 232 个讼争焦点量化分析，可以发现《普通高等学校学生管理规定》对纪律处分正当程序的规范是必要的。但由于对教育司法实践关注与回应的缺乏，证实与证伪是实证研究的重要价值，使得对高校治理有重要影响的行政裁量规范未做任何细致化完善。行政裁量是现代行政法的核心，可以说行政法是在对行政裁量规制过程中不断发展的，而基于教育法司法大数据实证研究发现的宏观司法趋势预测和微观数据案例信息的比较分析，可以有针对性地调校立法，弥合教育法律、规章和法治实践的"落差"；同时，大数据思维下的法实证研究也丰富了教育法学研究范式，有利于拓展教育法学的发展空间。

第一节 数据的分析与发现

一、问题的提出

司法实践语境下，教育法律存在大量低密度授权性规范和诸多不确定概念。尽管《普通高等学校学生管理规定》(以下简称《管理规定》)是部门规章,但其规范内容刚性、细密,在高校与学生因管理形成的讼争中,被法院广泛适用。现有体制下,《管理规定》对高校依法治理具有很强的规范功能。该规定 2005 年颁布生效,2016 年修订,2017 年 9 月 1 日修订,修订后的《管理规定》,其内容更注重对教育法治实践的回应,尤其是纪律处分的规定更趋完善。针对高校处分行为普遍带有"重实体、轻程序"倾向,以致由此引发的高校管理司法审查,不为法院支持的情形大量发生,修订后的《管理规定》对纪律处分的程序进一步细化,例如对处分决定送达存在的障碍,规定了直接送达、留置送达、邮寄送达以及利用学校网站、新闻媒体等以公告方式送达。这是对司法实践经验的有益借鉴。又如对"抄袭"事项的认定,最高人民法院作出的甘露诉暨南大学开除学籍决定再审判决认为,"第(五)项所称的'剽窃、抄袭他人研究成果',系指高等学校学生在毕业论文、学位论文或者公开发表的学术文章、著作,以及所承担科研课题的研究成果中,存在剽窃、抄袭他人研究成果的情形"。[①] 修订后的《管理规定》回应该判决,将"抄袭"范围细化为"学位论文、公开发表的研究成果"。但纪律处分中,集中体现规范高校行政裁量的"处分恰当",在内容上并无任何细致化修订,仅是顺序上做了调整。高校以"处分恰当"为要求的行政裁量权行使是否在司法实践中没有争议或者是对高校治理影响较少,而没有必要修订,抑或是其只涉及实体权利的处理,应保持对高校自治的尊重而不应修订,这是具有高度实践品格的问题。高校纪律处分有警告、严重警告、记过、留校察看、开除学籍等 5 种形式,开除学籍是高校给予学生的最严重纪律处分,也是唯一司法审查可以介入的高校纪律处分行为。本书通过对开除学籍处分案例数据的简单量化统计,分析诉讼中"处分恰当"这一高校行政裁量规范裁决的实然表现,考察《管理规定》对纪律处分中的行政裁量在十余年未做任何修改是否契合教育法律的实然运行状

---

① 最高人民法院(2011)行提字第 12 号行政判决书。

态,探讨教育法学实证研究中的大数据思维、微观案例数据信息对发现隐藏司法趋势,针对性细化教育法律、规章及政策制定以及完善高校依法治理的价值,进而表明法实证研究对揭示单一规范研究隐匿的问题、多样化教育法学研究范式的意义。

二、案件数据的解构

(一)数据解构

基于司法大数据的实证研究,其基本观念是用数据进行测量,也就是数据量化后的实然呈现,体现数据核心而非研究者基于自身经验发现数据的流程。大数据的优势不在于样本绝对量的大小,而在于"全",即全范围覆盖所获得的数据量越大,所能够适用的数据分析方法也就越多元,所呈现的结果也就越能准确呈现事物发展的趋势。笔者在中国裁判文书网和未做技术关联的省级裁判文书公开网上,收集到开除学籍处分裁判文书数据113份,这与大数据的巨量似乎有差距,但根据收集数据的情况,如果"数据数量不是太大,应采用全样本研究。"①如学者所认为,司法大数据尽管目前仍是理论上的全样本,这并不妨碍量化分析时的全样本思维。② 但即便是现在某一领域的海量数据也只是未知世界的极小部分,较之规范研究,实证研究是一种充满"遗憾"和"不完美"感受的研究过程。

在数据案例数量的确定上,凡是由同一处分行为引发的讼争,不论审级,均视为一个案例数据,剔除因和解裁定撤诉的5起案例,作为本书分析样本的案例数据共计81起。案例数据作为浓缩的法治细胞,包含诸多信息,为符合包含元素要少的聚类分析目的,通过分类分解的梳理,本书选择原、被告讼争焦点这一个元素为变量数据,全面评估在司法审查这一外部监督视角下高校

---

① 黄辉:《法学实证研究方法及其在中国的运用》,《法学研究》2013年第6期。
② 白建军:《大数据助力法律监督》,《探索与争鸣》2015年第2期。

纪律处分效果的实然状态。对每一个数据案例所呈现的诉请撤销行政行为的原因(以下简称讼争焦点)分解梳理,整理出讼争焦点232个,尽管以单一情形判断处分被撤销的比重和司法实践中各原因交叉导致处分被撤销的现状不完全一致,但统计单一被撤销的理由及所占比重,更能直观展现各种处分被撤销情形在司法审查中的趋势。本书将81起案件中的232个讼争焦点数据量化,如表7-1所示。

表7-1　讼争焦点数据量化表

讼争焦点	焦点数量	撤销数量	被撤销率	
行政裁量	53	28	52.83%	数据案件总量81
程序正当	68	35	51.47%	
法律适用	55	23	41.81%	
事实认定	56	11	19.64%	
合计(平均)	232	97	41.81%	

(二)分析与发现

以表7-1中呈现内容,可有如下发现。

1.验证了《管理规定》对程序正当进行大幅度的细致化完善,符合司法实践现状

程序正当问题在开除学籍处分纠纷中最具普遍性,学生不认可学校的处分,以正当程序为最突出,81起案件中,有68起提出了程序正当的问题,占比达84%。同时学生提出的程序问题有51.47%为法院所认定,也就是说,学校处分行为中“重实体、轻程序”的现象广泛存在,程序公正作为看得见的公正,并未在高校治理中引发足够的关注。《管理规定》细化程序规定,引导、规范高校相关治理行为是对教育法治实践的针对性回应,调教性立法是合适的。

2.揭示了隐藏的高校行政裁量司法审查浓厚的利益平衡色彩

81 起案件中,原告以行政裁量(或涉及行政裁量问题)诉请撤销高校处分行为的案件共计 53 起。行政裁量系一不确定概念,具体到个案中,则被表述为:"开除学籍处分明显过重"[①],处分明显偏重,违背惩罚与教育相结合、过错与处罚相适应的基本原则[②],"被告的行为违背合理性原则"[③]。以规范的刚性程度观察,毫无意外,正当程序问题刚性最强,柔性最小;行政裁量恰好相反。来自司法实践的观点认为,教育公平是社会公平的基础,司法审查的要义是限制权力,保护权利,是公民在平等基础上接受高等教育的救济途径。一般权利和义务的影响受到尊重办学自主权的制约,还不足以纳入司法审查的范围,只有在对学生受教育权产生实质性影响的情况下,司法审查才能发挥作用,法院应在维护学校管理秩序和学生权利之间寻求平衡。[④] 这一认识在行政裁量的司法审查趋势上得到明显表现。就表 7-1 中所展示的内容看,在 53件涉及行政裁量的司法审查案件中,学校的处分被撤销或部分撤销或被要求重新做出行政行为的有 28 起,换言之,高达 52.83% 的高校开除学籍处分行政裁量失当,没有为法院所支持,超过了程序正当性问题,是所有讼争焦点中被撤销率最高的情形。同时,我们从表中内容又可发现事实认定问题(某种程度上,事实认定也是一个法官裁量的过程)为 56 起,占比 69%;但因此被撤销的处分行为有 11 起,占比为 19.64%,远低于其他撤销原因,充分体现了司法审查对学校管理秩序和学生权利之间平衡的寻求。进一步推断,开除学籍处分是对受教育权有实质影响的最严厉的高校学生纪律处分,而行政裁量的审

---

① 济宁高新技术产业开发区人民法院(2014)济高新区行初字第 19 号行政判决书。
② 郑州市金水区人民法院(2013)金行初字第 171 号行政判决书。
③ 南京市浦口区人民法院(2015)浦行初字第 4 号行政判决书。
④ 王振清:《刍议高校学生管理行为司法审查的范围与限度》,载北京大学教育法研究中心、北京大学宪法与行政法研究中心主编:《教育行政诉讼理论与实务研究》,中国法制出版社 2012 年版,第 7 页。

查也是最能体现法院自由裁量的司法审查,如果不考虑其他因素如各类情形交叉及综合判断,体现高校自治的行政裁量和事实认定与学生的受教育权相冲突时,法院如何平衡法益? 这一问题对基于保障学术自由构建的高校自治"象牙塔",不能说不是一个必须考虑的问题。

行政裁量问题是司法审查中的重要讼争焦点,同时,法院对行政裁量的司法审查标准,较之刚性的正当程序、法律适用,更能体现司法张力与高校自主管理权的边界。这对高校治理转型的引导有特殊意义。但《管理规定》却长时间对此为做任何细致化修订,立法中,隐藏司法趋势的忽略,人为加大了应然法律和实然运行状态的落差空间。由此可见,大数据思维下,案例数据浓缩的诸多法治信息由纸质化、语言化完全被立体化、信息化、数字化,被规范研究和先行设定问题的小数据抽样统计所隐匿的法律现象逐渐显现。可以说,大数据思维下的教育法学实证研究可以更加客观地呈现教育法律运行的预测结果,实时对法律实施评估,及时有针对性地调校立法,弥合教育法律规章政策和教育法治实践的"落差"。

第二节 基于微观分析的行政裁量合理性审查路径考察

一、大数据思维与教育法学实证研究中的预测

(一)社会科学预测的复杂性与特殊性

在社会科学研究中,没有比"科学预测"更能使社会科学尴尬的了。虽然预测是科学的重要功能,但是社会科学的预测功能往往并不令人满意。社会科学的预测存在着所谓"自毁预言"和"自证预言"("预言的自我实现")的悖论。简而言之,自毁预言为"真",但人们因为预言改变了自己的行为,从而使预言应该发生的变化没有出现。自证预言为"假",但人们因为相信预言,并

按照预言的虚假规定去行动。① 同时,对事物或社会现象不同的解释方式产生不同的预测方式。对于重复出现的现象(如天体运动),可以作出比较精确的无条件预测;对于受多种因素影响的某类事物(如气象、通货膨胀),可以作较精确的有条件预测(即假定某些因素为常量);而对更多的参差多态的个别事物,由于需要考虑各种具体的影响因素(包括偶然因素)的作用,因此只能是综合多重解释,作出相对准确的概率性预测。由于社会行为一般都会受到历史传统的影响,历史传统所蕴含的文化相对来说具有自己的独特性,因此要使社会科学理论具有普遍意义的解释力,其难度要远远大于自然科学。社会现象的复杂性还在于它们大多是不稳定的、非重复性的、独特的,并且容易受到各种外在因素的影响,很难作出精确的预测。正是由于社会现象与自然现象相比具有很大的特殊性,所以在对社会的研究中产生出了不同的方法论及其不同的研究方法,它更多的是做概率性预测。

同时,与自然科学相比,社会科学对社会现象的研究基本上还处于经验观察阶段,还缺乏经过反复论证的、高度概括的、普适性程度较高的社会理论。社会现象包含了人的主观因素,很难直接观察和度量;同时,社会现象的异质程度较高,尤其是现代社会,城市化、现代化的高速推进,互联网的日益渗透,使得社会现象千变万化,社会的研究就难以获得普遍适用的结论。

(二)大数据的相关性思维与教育法学实证研究中预测

人们除了想知道现象的状况和变化的原因之外,往往还想知道这种现象将会向什么方向发展,这是社会研究方法的又一个作用,即预测。它是在大量观察和反复观察的基础上,发现和认识事物变化发展的方向或"规律",从而对事物的发展趋势作出准确的判断。社会现象的预测性研究是最难的,准确预测不仅需要大量、反复的观察,建立精密的数学模型,更重要的是取决于研

---

① 仇立平:《社会研究方法》,重庆大学出版社 2015 年版,第 33 页。

究者的洞察力。教育法学实证研究运用大数据思维,通过相关关系,可以比以前更容易、更快捷、更清楚地发现教育司法实践的发展趋势,如前文发现,行政裁量中的"处分恰当"和处分行为的司法审查结果具有强相关性,由此可以预测高校治理在非专业判断余地范畴内将面临更大的司法张力。而我们能收集和处理的数据案例只是教育法治实践的一小部分,无法获得完整的数据,作出的预测本身就有一定的不可靠性,但法治实践的实时变动决定了数据案例永远不能做到绝对意义上的全样本,基于混杂相关巨量大数据的判断就不能被否定。大数据提供的"是什么"的发现只是参考不是终局答案,更好的方法和答案出现则需要更深层次研究因果关系,找出背后的"为什么",毕竟因果关系也是一种特殊的相关关系。教育法学实证研究要对教育立法细致化完善,应当在预测司法趋势的同时,对案例数据进行微观精确的比较分析,寻求针对性的立法调教方案。"定量式的研究本身不是全部建立在数据分析、软件运用、计量公式上,它的结果也并不完全以图表形式呈现,它仍然需要对变量之间为什么存在这个关系加以解释,这实际上需要个案研究、比较分析的细节加以支持。"①我们有必要进一步考察司法审查基于何种逻辑监督高校纪律处分权的行使,或者说在传统特别权力关系理论下,曾经是作为高校内部管理措施的纪律处分,又应该如何自我约束,相关立法又应如何完善,以使高校治理的转型更好应对司法张力边界不断扩张的趋势。

二、合理性审查的内容

行政行为的司法审查涉及事实认定、程序正当、法律适用和行政裁量等内容,这些审查内容均包含合法性审查和合理性审查。其中事实认定的合法性审查要求证据的取得以及使用符合法律要求,其合理性审查则要求证据充分、事实认定清楚;程序正当的合法性审查要求行政行为符合法定的步骤和方式,

---

① 唐应茂:《法律实证研究的受众问题》,《法学》2013 年第 4 期。

合理性审查则是符合正当程序原则的要求;法律适用的合法性审查要求适用的法律符合法定条件,合理性审查则主要包括不确定法律概念的解释应当合理。有研究者认为,不确定法律概念的适用牵涉到司法审查中行政处理方式的裁量,法律适用也应属于行政裁量的范畴。[①] 笔者认为,行政诉讼法明确将法律适用错误和违背正当程序、事实认定不清、超越或滥用职权及明显不当等情形一并列举为人民法院判决撤销或者部分撤销,并可以判决被告重新做出行政行为的原因,而且已经形成了比较完备的法律体系。尽管法律适用条件尤其是不确定法律概念的解释的确蕴含行政裁量的成分,但不能否认其独立性,就像司法审查中经常呈现法律适用和事实认定相交叉的情形,不能否认事实认定作为司法审查重要的标准一样。

就行政裁量而言,其合法性审查包括行政行为符合行政主体职权权限,即主体法定和职权法定。行政裁量的合法性审查主要是对是否超越职权、滥用职权的审查,合理性审查就是对行政行为是否"明显不当"的审查,在 2014 年行政诉讼法修订之前则涵盖了对"显失公正"审查。如前文所述,有法院以滥用职权为由撤销了学校的处分行为,也有法院以行政处理结果不符合法律规定撤销学校处分行为。在赵锟诉被告韶关学院医学院教育行政管理行政处罚纠纷案中,学校以原告严重违纪为由,给予原告"取消学籍"的处分决定,法院认为,教育部《普通高等学校学生管理规定》规定的纪律处分种类没有"取消学籍",遂以适用法律错误为由判决撤销学校的处分行为。[②]

但就样本整体分析观察看,合法性审查即学校滥用职权或超越职权行为基本没有争议,不是讼争焦点。因此,本书分析主要基于行政裁量的合理性审查展开。一般认为,行政裁量的合理性审查标准包含了比例原则、正当目的原则(立法本意)、平等待遇原则和不得拘束(放弃)行政自由裁量权原则等内容,也有学者将比例原则的三阶(狭义的比例原则、适度性(妥当性)原则、必

---

① 何海波:《论行政行为"明显不当"》,《法学研究》2016 年第 3 期。
② 韶关市曲江区人民法院(2016)粤 0205 行初 21 号行政判决书。

要性原则)增加正当目的原则后,提出了四阶比例原则。①

三、行政裁量合理性的审查过程和法律适用、事实认定相互交叉，呈综合审查态势

(一)合理性审查与正当程序的混同

法院对开除学籍处分是否合理,自然应当是对学校在给予学生处分时,是否违背或符合行政裁量的比例原则、平等原则、不得放弃行政裁量原则和正当目的原则等逐一审查,阐明理由。这一原则体系司法审查理应遵守,但实践中的审查过程,却出现了和正当程序交叉审查认定开除学籍处分的合理性的情形,在秦某某与河南工业大学开除学籍处分决定案②中,法院就认为学校在作出开除学籍处分决定前已听取了原告的陈述和申辩,程序合法,对原告作出的开除学籍处分并不违法,原告认为处分偏重的理由不能成立。很显然,程序合法不能得出处分就合理的审查结论,除非法院明确表示对合理性不予审查。

(二)行政裁量合理性与法律适用的合并交叉审查

如前文所述,法律适用错误是和行政裁量不合理并列的两种撤销行政行为的情形,学者的争议停留在不确定法律概念的解释上。但司法实践中,部分法院却将二者混同。许某某与中国海洋大学行政处罚案③中,法院将比例原则的适用等同于法律规范的适用,将标准和内容混合,开除学籍处分是否合理的审查适当转化为了法律适用是否适当的审查。在吉林建筑大学与于某、郑某某、孟某某教育行政决定案④中,法院对学校作出的开除学籍处分合理性的审查是从对校规的审查着手,认为被告制定的《学生管理规定(试行)》对使用

---

① 刘权:《目的正当性与比例原则的重构》,《中国法学》2014 年第 4 期。
② 郑州市中原区人民法院(2012)中行初字第 99 号行政判决书。
③ 青岛市中级人民法院(2016)鲁 02 行终 20 号行政判决书。
④ 长春市中级人民法院(2015)长行终字第 49 号行政判决书。

通讯设备作弊的行为未区分学生是否初犯、违纪行为性质、过错的严重程度及平时在校表现等其他情况,直接规定属于严重作弊行为,给予开除学籍处分,进而认为该规定有悖于《普通高等学校学生管理规定》中规定的"可以开除学籍"的立法本意,不符合上位行政规章的规定,不能单独作为被告对原告进行开除学籍处分的法律依据,以法律适用错误撤销原告的处分行为。在新疆大学与李某及喜某某教育行政处理案①中,也有同样情形发生。

考察司法审查的路径,这里固然和"可以"这一不确定法律概念的解释关联,但学校将学生作弊的处分以校规的形式规定为直接开除学籍,不仅有"可以"和"应当"两个概念解释的差别,更牵涉到该规定是否违背了上位法《普通高等学校学生管理规定》对处分合理性的要求,也就是给予学生处分应当与学生违法、违纪行为的性质和过错的严重程度相适应。学校处分行为的不当之处在于其违背了不得拘束(放弃)行政自由裁量权原则,这一原则要求学校在法定范围内和两种以上的处理方式中选择最适当的方式。如果作为法律法规授权行政主体的高校制定了没有弹性的校规,则抵消了行政裁量的职权内容,这种拘束或放弃行政裁量的行为实质上是在各类学生违纪行为发生前,学校已经将所有不同违纪情形均按相同方式给予了行政处理;学生的申辩权被剥夺,因为学校校规没有任何余地了。就高校而言,这里的确存在特别权力关系理论影响下思维的单一和封闭,但就司法审查而言,以简单的"法律适用错误"来撤销学校的行政行为,放弃(抑或没有认识到)对行政裁量合理性的审查,同样有司法专权的嫌疑。一句话,法律适用错误不能代替行政裁量司法审查的原则,不应混淆。

(三)合理性审查基础事实认定的综合评判

一般来讲,行政裁量应当结合具体个案事实,确定行政处理的方式和幅

① 乌鲁木齐市中级人民法院(2014)乌中行终字第63号行政判决书。

度,高校给予学生开除学籍处分合理性审查的基础事实是仅涉及个案事实还是应当延伸至学生在校的整体行为,不同的选择有可能形成大相径庭的司法审查结果。在王某与衡水学院开除学籍处分纠纷案①中,法院指出,被告在处理方式上并未考虑原告在校期间属刻苦优秀学生,通过自己的勤奋好学多次获得荣誉和奖励,所犯错误尚属首次,同时具有主动承认错误、认识深刻、有悔改表现和主动劝阻他人和检举他人的从轻情节,应给予改过的机会。被告应依照比例原则作出符合适当性要求、必要性要求的决定,被告可以通过其他损害较小的纪律处分,督促学生认识和改正错误并观其后效,也可以达到相同的目的。而仅凭一次考试作弊就开除学籍,使学生无任何完善品质的余地,导致措施和目的之间的极不相称。本案法官详细叙明了其对学校开除学籍处分合理性的审查过程,这里考量的基础事实不仅包含对学生个案违纪行为的实质审查如行为手段(方式)、行为发生后的心理态度,也包括学生平时的在校表现。

四、表达形式上,审查标准高度概括,并呈现高度同质化的理由叙明

梳理全部样本案例,可以发现法院对高校开除学籍处分行政裁量合理性的司法审查整体表达形式有如下情形:一是行政裁量审查理由叙明高度同质化,没有体现出审查原则涵摄的个案事实,尤其是对于其所涉校规适用条件的审查,相关法院表述如出一辙,高度雷同。二是用高度概括的言辞表述,一笔带过地以"合法正当""显失公平""处分决定并无不当""处分不存在显失公正的情形"等认同高校处分行为,或以"处分程度有失公允""存在显失公平"等否认学校开除学籍处分行政裁量的合理性。如果行政裁量司法审查本身即是对不确定法律概念的解释和使用,其间,法院又以"正当""公允""公正"

①　河北省衡水市中级人民法院(2015)衡行终字第16号行政判决书。

"不当"等不确定概念解释不确定概念,不能不让人对司法审查的合理性与正当性产生质疑。司法审查的过程必然包含法官根据个案事实形成的裁量,但司法审查存在的合法与合理根本要义在于其对行政行为的监督以及依法行政的促进。法官以不确定概念的使用代替其审查决定的理由叙明,高校难明就里,司法判决厘清学校自主管理权行使和学生受教育权保障界限的功能没有实现,这在实践中可能造成两种极端现象:一是学校出于行政行为被撤销影响管理效率的顾虑,息事宁人,弱化刚性管理。二是学校管理出现行政专权,进而强化不适当的泛行政化管理;无论何种情形,均会损害学生受教育权的实现。很显然,以高度同质化的不确定概念进行理由叙明,本质上是司法裁量客观标准的缺失,难以摆脱司法权力滥用的指责。

五、司法审查结果呈现突出的同案异判现象

高校开除学生学籍是对学生违纪行为的第一次行政裁量,司法审查则是法院对该行为进行第二次司法裁量,司法审查结果是开除学籍处分合理性评判的最终结论。作为原被告的学生和高校在司法审查中均有获得平等对待的待遇,这里的平等对待对作为行政相对人的学生和作为行政主体的高校具有不同的内容。

对学生而言,首先,包括了同等情形下同等对待。要求学校面对不同的学生,给予的纪律处分既应当一视同仁,也应当前后一致,遵循前例,不应反反复复。在高某与华北水利水电大学开除学籍处分纠纷案①中,法院认为原告与案外人同属于同类违纪事项,按学校的《学生纪律处分暂行规定》应同样给予开除学籍处分,但案外人被给予了留校察看处分,学校对同类情形的处理方式并不一致。其次,是不同情形下的不同对待。学校在作出纪律处分时,应当区别对待不同学生的具体情况,选择相应的处分种类,做到罚过相当,罚当其过。

---

① 郑州市中级人民法院(2013)郑行终字第200号行政判决书。

除了等者等之、不等者不等之的一般平等审查原则外,还应关注比例对待的要求。这里要求学校给予学生开除学籍处分时,考量应当考虑的情况所占比重来设定处分方式,也就是不得放弃(拘束)行政裁量原则。

对学校而言,平等对待主要是不应没有正当理由地被区别对待。就样本案例观察,这种区别对待表现为司法体制范畴内的同案异判。这种同案异判,一是表现在司法审查的整体结果上,如前所述,涉及开除学籍处分合理性审查案件,处分行为被撤销的比例高达五成多,即便考虑开除学籍处分较之其他学校行政行为有其自身特殊性,这种行政裁量和司法裁量认识的巨大差异也超越了任何其他教育行政行为,对高校治理正反两面均形成巨大冲击。二是表现为同一类型案件在不同法院审查结果的不同。王某某、向某与四川大学锦江学院教育行政管理(教育)行政处罚案①中,被告制定的《学生考试违纪作弊处理办法》第十九条对请他人代替考试的作弊行为未区分学生是否系初犯、违纪行为性质及过错的严重程度及平时在校表现等其他情况,直接规定属于严重作弊行为,给予开除学籍处分。该规定被法院认为有悖于《普通高等学校学生管理规定》的规定,不能单独作为被告对原告进行开除学籍处分的法律依据。吊诡的是,在刘某诉华东理工大学教育处分纠纷案②中,被告作出被诉开除学籍处分决定适用的《研究生违纪处分条例》第十三条规定的"给予开除学籍处分"的内容,则被法院认为与上位法并不矛盾和冲突,可作为作出被诉开除学籍处分决定所适用的依据。同样的规定,在不同法院得出完全相反的审查结论。三是表现为不同层级法院对同一案件认识的大相径庭,其中尤以龙某与井冈山大学开除学籍处罚案③为典型。该案历经四次庭审,其间,一审法院审委会讨论决定撤销高校的处分行为,最终还是以二审法院维持高校的处分行为而结案,分歧不可谓不大。四是表现在正当目的的审查上。开

---

① 眉山市东坡区人民法院(2016)川 1402 行初 90、91 号行政判决书。
② 上海市第一中级人民法院(2014)沪一中行终字第 2 号行政判决书。
③ 吉安市中级人民法院(2013)吉中行终字第 35 号行政判决书。

除学籍处分是否符合行政裁量的正当目的要求,不同法官认识迥异,在蔡某某与广东工业大学教育行政管理纠纷案①中,法官大段阐述教育的功能后,认为学校认定学生作弊行为虽无明显不当,"但综合全部事实,被上诉人仅因此次考试舞弊即被剥夺学籍,有失公允",姑且不论法院将"明显不当"的行政裁量范畴混淆为事实认定范畴,但仅凭一句笼统的"综合全部事实"即认为学校开除学籍处分"有失公允",难以让人信服其价值判断的正当性和合理性。"行政裁量实质上就是法律赋予行政主体在权衡各种利益关系的基础上作出选择判断的权力",②行政裁量合理性寻求的是不同利益产生矛盾和冲突时最佳的处理方式。

司法审查的裁量一方面要求法院对各种利益因素综合衡量,另一方面也要求法院不得不在相冲突的利益间加以选择。综合观察开除学籍处分合理性司法审查的路径,可以看到,法院在平衡体现公共利益的高校自主管理权和学生个体的受教育基本权时,无论是在审查理由还是审查标准上仍然存在诸多问题,如同案异判、不确定概念的使用以及以法院的价值判断取代高校判断的正当性和合理性等。因此,高校给予学生开除学籍处分时,应保证合理性,司法审查亦应最大限度内保护公共利益和个体利益,不简单评判某种利益重要而牺牲其他相关者利益,同时又在必须对冲突利益选择时,让牺牲最小化。

第三节 开除学籍处分行政裁量合理性
控制路径的完善

有研究者将司法制度的基本功能分为"纠纷解决"和"政策实施"。③ 司

---

① 广州铁路运输中级法院(2017)粤71行终330号行政判决书。
② 周佑勇:《行政裁量的均衡原则》,《法学研究》2004年第4期。
③ [美]米尔伊安·R.达玛什卡:《司法和国家权力的多种面孔——比较视野中的法律程序》,郑戈译,中国政法大学出版社2004年版,第24页。

法实践不会以单纯的实现解决纠纷或实施政策为目标,尽管各国的司法实践风格迥异,本质就在于两种基本功能在不同时期分别呈现不同的重要性。因此,高校开除学籍处分行政裁量合理性的司法审查问题实质是司法制度的两种基本功能对高校自主管理权、学生受教育权评判过程中何者居于主导地位。实证研究的一个核心作用就是对各种社会问题进行诊断,提供咨询和对策,尤其是在应用性研究中,人们通常要对出现的各种社会问题进行调查研究,了解这些问题是怎样产生的,它的影响如何,会产生哪些影响,进而形成问题解决对策。在高校治理语境下,因国家由形式法治向实质法治性的变迁,高校与国家的关系,从国家调控观念转为治理概念,国家责任与高校自治重新取得衡平。高校从管理到治理是一个权力分配与运行的过程,利益相关者权利扩展是治理的内在要求,由此,司法的纠纷解决功能应当在更大范围内贯彻于司法审查过程中。高校开除学籍处分行政裁量合理性控制的现实途径应当体现立法、司法及学校内部治理的面向。

一、立法上，应及时总结司法经验，加快立法节奏，适应高校治理的转型需要

在教育基本法和高等教育法修法严重滞后的现状下,最高审判机关应出台司法解释对司法实践予以规范指导,统一认识,而不仅仅是以指导案例的形式,毕竟指导案例的影响在大陆法传统下要远逊于司法解释。同时,在教育法和高等教育法低密度规定密集的背景下,教育部以《管理规定》为主的行政规章被法院高密度适用,该规定的适时修订,回应司法趋势,对引导高校规范纪律处分行为意义重大。2016 年修订的缺憾之处在于修订的节奏及部分内容回应不适应高校治理的需要,时间跨度达十余年,显然远远滞后于高校治理转型发展。

二、司法审查应当把握司法张力的限度，体现对高校自主管理的适度尊让

司法审查过程中,法官价值论证的焦点在于经由归纳与比较而找出规范与审查对象间的连接枢纽,将抽象法律规范结合案件事实,进而提高法院裁判的可预测性与可检验度,充分发挥规范和指引功能。就实证观察而言,本书认为这一过程的完善至少应涵盖以下几点。

（一）开除学籍合理性的司法审查标准应统一为实体处理的"明显不当"

2014 年修订的《行政诉讼法》已明确了"明显不当"和其他几种撤销行政行为共同构成完整的审查标准体系。"明显不当"应当是行政裁量实体处理得不当,司法审查中事实认定、法律适用、正当程序分别有其司法审查标准,彼此不应混同使用。就样本案例观察,审查标准的混同实质上破坏了业已统一的审查标准体系,助推了同案异判情形的发生。对开除学籍处分的合理性进行司法审查时,在合法性审查基础上,主要应从处分是否违背先例,平等待遇是否得到遵守,是否放弃(拘束)行政自由裁量权,处分方式是否妥当、必要和损害最小入手,判断其合理性;至于正当目的(或立法本意)能否作为审查高校处分行为合理性的标准,本书持怀疑态度。研究样本案例,有法院认为开除学籍处分"违背了将管理与加强教育相结合的立法本意"[1],尽管和学位授予等专业性强的行政行为相比,开除学籍处分不适用判断余地,这并不就意味法院对"立法本意"理解的裁量要比作为专门教育机构的高校更具合理性和正当性。笔者认为,在目前的司法审查中,以"正当目的"来审查学校的处分行为只会加剧司法专权,无助于厘清司法张力的界限。

---

[1] 广东省惠州市中级人民法院(2015)惠中法行终字第 61、62 号行政判决书。

(二)在事实认定清楚、法律适用没有错误、程序正当的情形下,法院应保持对高校行政裁量的克制

法律上规定"明显不当"的审查标准,在司法审查路径上即要求"不当"应达到"明显"的程度,这实际上就包含了司法介入的强度规定。如果行政裁量的"不当"未达到"明显"的程度,司法应保持谦抑和克制。具体到高校处分权行使的语境中,对这一不确定法律概念应结合《普通高等学校学生管理规定》内容理解。该规章第五十四条规定,学校给予学生处分时,在坚持惩戒和教育相结合,罚当其过的同时,"对学生的处分,应当做到证据充分、依据明确、定性准确、程序正当、处分适当"。法院审查高校处分合理性时,可就该部分内容相结合判断,争议较大时,法院亦不应完全放弃判断余地,径直代替高校判断,可从理性人标准入手,以体现对高校自治的适度尊让。在吴某某、李某与厦门海洋职业技术学院行政处罚案①中,法院认为学校对考试中发现替考行为进行严处,系其合理裁量范围之内,未有明显不当或不符合规章规定的情形,维持了学校的处分行为,同时表明了自己认识,但并未以自己的价值判断代替高校的价值判断,体现了对高校裁量合理性的适度尊让,值得赞同。

(三)司法审查结论应当充分说明理由

有学者认为,用法官的裁量取代行政人员的裁量并不具有当然的合理性,司法机关过分严格地控制行政自由裁量权也不具有毋庸置疑的正当性。而理由叙明充分即是司法审查结论合理性与正当性重要表现,更能引导高校依法行使法律法规授予的行政管理权。在侯某某与郑州升达经贸管理学院行政处分一案中,提审法院较好表达了其对高校处分合理性的审查结论:郑州升达学院根据《学生奖惩办法》第十一条第 10 款和第 11 款的规定,决定给予侯某某

---

① 厦门市思明区人民法院(2016)闽 0203 行初 123、124 号行政判决书。

种类为勒令退学的处分,该处分决定是郑州升达学院对于违反纪律者依法享有的管理权力,是在规定的范围内自由行使所赋予的职权,是在规定的幅度内享有的选择权,并未超出法律规定的范围。①

三、高校行政裁量的内部控制

从制度安排的角度说,高校纪律处分行政自由裁量权的内部控制应当包括量化机制、内部分权机制和以层级监督为核心内容的监督机制,②其中尤以量化机制更符合教育法的低密度规定密集的特点。量化机制使裁量标准格次化,由学校根据罚当其过原则并结合本校学生违法、违纪发生的实际状况,划分出若干裁量格次,每一格次对应相应的纪律处分种类,并依据学生违法、违纪行为的性质,过错的严重程度,悔改态度和平常表现等给予相对固定的纪律处分。

四、余论

回顾三十多年的发展,我国教育法学自发端就带有深刻的法律规范解释烙印,长期过于单一的立场既定、预设判断的研究范式,一方面,使教育法自身特质问题被隐匿,劳凯声认为"仅从学科体系所提供的一套概念范畴、公式原理、理论观点出发,在自己设定的领地里自说自话,使问题演变成研究者头脑中的思辨之物,最终隐匿了问题"。③ 长期借用其他部门法概念,教育法基础理论不能获得认同,在法学整体的发展中日趋边缘化。另一方面,对教育法治实践的漠视抑或法实证研究范式关注的缺乏,导致教育法学研究对教育法律、规章、政策制定的贡献与社会期待之间的差距日益扩大。"仅仅为实在教育法的解释和宣传服务,不是完全意义上的教育法学,在教育法与教育法学的关

---

① 河南省高级人民法院(2014)豫法行提字第 00015 号行政判决书。
② 崔卓兰、刘福元:《论行政自由裁量权的内部控制》,《中国法学》2009 年第 4 期。
③ 劳凯声:《教育研究的问题意识》,《教育研究》2014 年第 8 期。

系上,教育法学应通过立法过程和法律实践对教育法的发展、进步形成影响和引导作用。"①与教育法学的规范研究相比,实证研究显得稚嫩,也确实存在诸多不足,但它能够用有说服力的数据揭示实践中普遍运行的法律规律。由此,实证研究凸显了其不同于规范研究的独特价值:它更有可能发现和解释为规范研究所隐匿的问题与现象,提出二者不能有力证明的命题和能够证伪的结论,进而设计出更具针对性和操作意义的措施。② 本书无意对教育法学研究范式这一问题展开阐述,而是试图通过开除学籍处分纠纷中讼争焦点的简单量化统计,表明在缺乏考量司法趋势的真空中,《管理规定》未对行政裁量的内容做任何细致完善,正是对教育司法实践回应不足、规范逻辑证成与法治生长趋势不契合的结果。司法大数据的建设与完善为教育法学实证研究提供了现实路径;大数据思维下的教育法实证研究可以发现隐藏于教育法治实践背后的司法趋势,结合微观案例数据观察,可以有针对性地细致化教育法律、规章、政策的制定,引导、规范高校治理;同时也可以丰富教育法学的研究范式,拓展教育法学的发展空间。

---

① 秦惠民:《中国教育法学的产生发展背景与研究状态》,载劳凯声主编:《中国教育法制评论》,教育科学出版社 2008 年版,第 189 页。

② 左卫民:《法学实证研究的价值与未来发展》,《法学研究》2013 年第 6 期。

第八章 高校学生管理若干争议问题之解构

第一节 高等学校退学权的行政法学思考

在我国的高等教育体系中,退学权一直是高校所掌握的较为关键的权力。而在如今高等教育改革,国家对高等院校的学生提出更高要求的背景下,退学权的使用不可避免地变得广泛。但在这一权力行使的过程中,一些复杂的现实矛盾也体现了出来:在学生凭借宪法中所规定的受教育权来与院校作出的退学处分做抵抗的同时,院校仍坚持将退学权的行使作为自身管理体系的重要一环。究其缘由,在于相关单位行使退学权的立法依据不完备或缺失,而宪法、高等教育法等上位法与各个高等院校的规定、制度之间有着清晰的矛盾和冲突。

一、退学权定义阐述及问题分析

(一)退学权阐述

在目前国内的现行行政法规中,"退学权"并未作为一个明确的权力被提出。可以找到的有关于"退学"的条文出现在《普通高等学校学生管理规定》

中。在该规定的第三十条规定了学校可予退学处理的这种情形,这是属于学校的正常学籍管理,并不能作为处分来看待。第六十二条中规定学生由于道德或者行为方面有较大缺陷或过失,而被学校以退学处理并开除学籍,才是一种处分措施。这样的差异在实践中有着一定的意义,有利于院校根据现实情况的差异进行管理。然而,在对退学权这一权力进行界定时,笔者认为,应当脱离对其外在的体现形式的研究,深入研究其内涵和根本。事实上,不管是上述两条法律条文中的哪一条,在处理过程中,都具有一定的强制性,即强制开除学生学籍。这一行为使得校方与学生之间的法律关系发生了转变,影响和损害了学生的受教育权。所以说,"退学权"在实践中的定义应该是:学校以法律规定的原因和操作流程剥夺被退学对象的受教育权的权力。而其性质也应当是院校针对被退学者的受教育权利的惩罚措施。①

(二)相关问题分析

在高等院校行使退学权的过程中有一些亟待改善的不足和缺陷,具体如下。

1.权力主体设置过于广泛

在高等教育学籍管理实践中,退学权行使主体的泛滥是我们需要正视的一个问题。主题范围广泛,从层次较高的中央的教育部门,到省级的教育机关,再到各个高等教育院校,都能够依据相关的《高等学校学生学籍管理规定》行使"退学权"。

2.权力主体界限不明,规定之间存在冲突

在目前的学籍管理中,常常会存在着相对下层的权力主体在行使权力的过程中逾越了相对上层的主体的权力的现象。此外,有时下位主体所出台与行使的规范性文件与上位主体的规范之间会有着不统一乃至矛盾。在国家教

---

① 程雁雷:《高校退学权若干问题的法理探讨——对我国首例大学生因受学校退学处理导致文凭纠纷案的法理评析》,《法学》2000 年第 4 期。

育主管部门出台并执行的规范文件《普通高校学生管理规定》中给出了学校能够合法地依据具体事实使用"退学权"的六大情况。但在具体的管理过程中,许多学校在其自身的规范性文件中加入了使用"退学权"的事由。例如"考试中的不诚信行为""品质低劣、三观扭曲""传播不健康内容"。这无疑使在寻找行使"退学权"合法事由的过程中出现许多混乱和不统一。

3.文件内容缺乏规范,执行程序不够正当

这一问题在实践中主要体现在规范性文件中对受教育者的权责关系界定不科学。同时被教育者的许多权利如知情权、申诉权等在实践中都缺乏必要的保障,校方的权力行使也缺乏有力的依据。

4.文件形式缺乏统一性

在众多教育部门与高校颁布的权力行使的依据性文件中,形式并没有得到高度统一,而是存在着许多以"决定""意见"等性质的文件而非"规范",这也会在实践中造成一定的困扰。

综上,这些缺陷和不足之所以会长期存在,一个很重要的原因是我国立法体系中缺乏对"退学权"这一权力的规范。仅从权力的来源这个方面来说,高校是有着法律授权的教育机构,有着行政主体的属性,其行使退学权的行为也应当归类为行政行为,理应处于行政法的规范范围内。高校对退学权的行使,其性质归根结底是在管理学生,是一种针对被处分者受教育权的处分,理应被纳入行政诉讼的范围中来。

二、退学权行使中应体现的行政法原则

(一)法律保留原则

法律保留原则的体现,主要是为了对退学权行使的主体及其层级进行规范。这一原则的具体定义为,对于宪法中所规定的公民的基本权利进行影响、限制等行为,都应当归属为立法事项,其进行一定要有立法机关通过法律的制

定来进行规范,而各级行政机关不能够逾越职权进行规定。同时,行政机关在行使任何一种权力时背后也一定要有法律的根据。

虽然在我国现行的法律体系里关于"法律保留"的条文,例如《立法法》的第八条中,并未直接将"教育"作为一个保留事项写明,然而我们需要看到的是,在宪法所确定的公民所应当享有的正当权利中,受教育权位列基本权利中。而高等院校是具备一定公权力性质的机构,其对于退学权的行使能够直接地影响到宪法所规定的受教育权这一公民的基本权利。因此,在关系这一基础性权利的前提下,退学权的行使依据一定要有更加上位的法律来进行规范。如今在国内,最为科学的"退学权"行使机制,是由最高立法机关来出台针对性等的法规,对于"退学权"行使的各个方面如事由、主体、尺度等进行合理的规定。诚然,各级地方行政机关所颁布的地方性法规和各大高校为了更加科学的学生管理所推出的规章制度,都应当具有根据上位法律的精神来进行更加细化、更加具体的规定的自由。这种自由需要在可控范围内体现,不能脱离上位法律的精神,更不可以和上位法的精神相抵触和冲突。各大高校在颁布自己的管理规章制度时,一定要对其进行严格的检验,确保其符合上位法律的精神和原则。

(二)比例原则

这一原则定义是:一个行政主体在行使一定的行政权力时,在追求达成行政目标的同时,也要兼顾对权力受体利益的关切。如果所作出的行政处罚,会对受处罚者的权力造成限制或损害,该主体应当采取一定的行动,将这种限制和损害维持在法律所规定的、合理的范畴内,而不能使其失控,造成过大的伤害。在行政行为的"目标"和"方法"之间,应当有着必要的平衡,即比例必须适当。在行使退学权的过程中,渗透这一原则有着很大的必要性。在高等院校中,退学几乎是针对受教育者的最为严厉的处分,能够对学生更加长远的发展和成长产生很强的负面作用。举例来说,曾经陕西某市高考中夺得理科第一名的学生郭某,在某高校学习期间因为违纪而被处以退学处分。他在被退学之后选择回到高中继续复读,准备下一届的高考。然而根据陕西省的高考招生办公室的相关文件规定,学生在被高等院校退学后,一年之内不具有参加高考的资格。郭某因此被剥夺了当年高考的权利,也因此无法被任一大学录取。我们先抛开对郭某的违纪行为以及对该高校处置正确性的探讨,仅从这一处分所造成的实际结果出发,这一处分在事实上为一名学子更加长远的发展和成长埋下了阴影,造成了难以挽回的负面影响。高等院校之所以要设立并行使退学权这一权力,其根本目的是为了对学校和学生进行更好的管理,而这种管理的最终目的则是要为祖国的建设培育出更多更加优秀的、具有扎实的理论知识和强大的实践能力的人才。所以,在行使退学权这一权力时,一定要慎之又慎,要把握住"培育人才"这一目标与管理方式之间所存在的比例的科学和适度,避免出现对微小的过错进行过重的处分、对严重的过错处罚过轻,更不能出现责罚与过错之间失去平衡的现象,一定要着重地保障好学生的法定权利。①

(三)程序正当原则

这一原则的定义为,行政主体在对受体的权益进行限制或影响时,一定要严格遵照法律规定的程序。这其中包含了以下几个方面:在作出行为之前要先对行为受体进行通知,要对行为受体解释该行为执行的事由和法律依据,要接受行为受体对自身行为的辩护,并在行为进行之后对行为受体给予对应的救济。我国现行法律体系当中的《行政处罚法》对于这一原则有着十分充分的规定。在影响到行为受体的基本权利的前提下,退学权在行使的过程中自然也要遵照程序正当原则。

---

① 翁志芹:《浅析民办高职院校学生退学原因及预防对策——以漳州科技职业学院为例》,《教育现代化》2017年第9期。

三、针对退学权的行政诉讼分析

（一）诉讼缺失的原因探究

高等院校的退学权立法依据的缺位，在针对"退学权"所进行的行政诉讼的缺失上也有着很明显的体现。有关这一方面的法律条文，仅在《教育法》中有所体现，即"对学校给予的处分不服向有关部门提出申诉，对学校、教师侵犯其人身权、财产权等合法权益，提出申诉或者依法提起诉讼"。这一规定在实践中缺乏具体的指导意义，难以落实，这也正是对于高等院校的退学权行使进行的司法监督难以落实的一个重要原因。在很长的历史时期内，人们都已经习惯于高校对学生进行的退学处分，认为学校对于学生的这一惩罚措施是合理的，如果因此引起纠纷，人们也往往倾向于使用申诉、信访等手段进行解决，而不会诉诸于诉讼。但是这些途径在解决问题的过程中都有着自身所固有的局限性，难以从根本上解决问题。诉讼并非解决矛盾和问题的唯一办法，但却是公民保护自己权益的最后一张底牌。人们习惯于认为学生对学校作出的退学处分有异议时不能诉诸于诉讼，其根本原因在于其思想观念受到了过去的特殊权力思想的影响。

这一思想理论发源于1850年以后的德国，当时其法学家认为法律中的权力关系存在着一般权力和特殊权力的差异。特殊权力是指，一些行政主体，因为一些特殊的法规的规定，在特定的领域中，对于一定的权力受体有着强制性的命令权，而这些受体则只有服从的义务。这在高等院校对学生的关系中有着突出的体现。但随着时代的进步和法学理论的不断发展，这一理论早已被摒弃。改革开放以来，我国在法学领域的研究有了很大的进展，同时法律的施行也有着很大的改革。在这样的背景之下，我们自然应当摒弃特殊权力理论这样陈旧过时落后的理论，为法学的发展和进步松绑。[①]

---

① 李永菊、王建军：《关于大学生退学现象的研究与探讨——以乐山师范学院为例》，《时代教育》2017年第5期。

(二)必要性分析

正如之前所论述的,高校对"退学权"的行使无疑会直接影响到宪法所规定的公民的基本权利——受教育权。在如今,知识与自我价值的转化速度极大提升,转化效能也更加强大,对一个公民的受教育权的限制甚至比对财产权的影响更为严厉。举例来说,在被判定违反交通规则时,仅仅20元的罚款额度都可以让一个公民合法地提起诉讼。然而如果公民因为高校的管理尺度问题在责过不平衡前提下被退学,受教育权受到极大的侵害,却没有办法进行诉讼,这在法理上是缺乏足够依据的。因此,针对受教育权这样关键的公民权,应当在法律条文中写明被退学者拥有提请行政诉讼的权利,对公民的合法权利进行切实的保障,而非流于形式。[①]

总之,针对如今大量发生的由于高校行使退学权而导致的学校与学生之间的矛盾,应当采取的措施是在立法体系中特别是行政法体系中对"退学权"的行使进行更为严密的规定,并且将由于退学权行使所导致矛盾纳入行政诉讼的解决范畴之内,为学子维护自己的权利提供最后一道屏障。

第二节　高校惩戒权与大学生受教育权的
冲突与解决路径

随着教育的不断改革和进步,在高校的教育和管理过程中,其惩戒权发挥着重要作用。而受教育权作为大学生的法定权利和法定义务,任何人不得以非法定原因对其进行侵害。大学生在接受教育的过程中,其法律意识也在不断地提高,大学生的受教育权与高校的惩戒权难免存在冲突的现象,为了使高校的惩戒权与大学生的受教育权得以平衡共处,就需要对该种现象进行改善。

---

① 刘春荣、郭海燕、刘玮:《高校研究生退学现象的原因探析及对策研究——以 A 大学为例》,《化工高等教育》2017 年第 5 期。

本节首先对其高校的惩戒权和大学生的受教育权进行简单概述,再就其冲突的具体表现和原因进行分析,并针对其原因提出具体的解决措施。

为了顺应现代化的发展潮流,针对高校的教育模式和教育理念进行了全新的变革。高校不仅注重学生自身的成长,对其价值观念以及思想情感的形成也予以一定的重视,尊重学生的个性发展。但是在网络信息化时代下,学生们很容易受到外界不良环境的影响,不利于学生树立正确的价值观念,甚至不利于高校对学生进行管理。为了加强对学生的高效管理,惩戒权必须发挥重要作用。但如何正确合理地使用惩戒权,对于高校来说是一个重要问题。由于目前针对高校惩戒权的具体法律法规尚未健全,为了使惩戒权的使用不侵害学生的受教育权,需要重视其科学合理的使用。[①]

一、高校惩戒权与大学生受教育权的概述

(一)高校惩戒权的概述

关于高校的惩戒权,简而言之,就是在高校的教育管理过程中,针对学生自身制定严格的纪律和制度,对于违反该纪律和规定的学生,应采取相关合理的惩戒措施,对其进行教育,旨在实现对学生的高效管理,帮助学生树立正确的价值观念。惩戒权作为高校的一种权利,其具有一定的法律意义。高校教育阶段惩戒权的使用具有一定的合理性,有利于大学生养成良好的行为习惯,对于高校的纪律和制度,以正确的态度去遵守,确保高校的教学管理秩序正常运行,推动高校教学任务的实现。

关于高校在对大学生的教育和管理中行使的惩戒权,其内涵比较广泛。首先,对学籍具有一定的惩戒权。大学生在高校的受教育阶段,具有一定的学籍身份,所以高校对学生的学籍需要采取相应的管理措施。学籍不仅代表着

---

① 　李晓新:《高校惩戒权与大学生受教育权的冲突与解决》,《重庆科技学院学报(社会科学版)》2015 年第 4 期。

大学生在该高校的身份和资格,同时也对学生在高校期间的相关表现进行一定的记录。针对学生在校期间不遵守相关学籍规定,其惩戒权主要表现在其入学资格方面、考试成绩不合格以及不遵守高校规定和纪律方面。其次,针对学生的教学方面行使一定的惩戒权。在高校的教育管理中,教学工作作为重要的组成部分,对其进行严格的管理具有一定的重要意义。针对教学管理规定,需要对大学生进行定期的考核和测评,惩戒权主要表现在针对考试不合格或者不遵守考试规定等方面。再次,关于学校的秩序需采取相关的惩戒权。高校的教育管理,其主要任务之一就是维护好高校的教学秩序,为了实现该任务,学校会针对教学课堂的纪律以及学生在校园内的生活行为给予一定的规定,从而实现对学生的高效管理,其惩戒权主要体现在针对不遵守相关秩序的进行一定的处分。最后,关于学位的惩戒权。高校针对大学生的学位具有一定的授予权力,关于学位的授予,相关部门和学校都制定了相关规定。其惩戒权主要体现在针对学生不符合相关条件的采取不授予的行为。

(二)大学生受教育权概述

大学生的受教育权是其在高校的受教育阶段,有权利使用高校的教育资源,并获取相关的学习条件,是大学生的法定权利,确保大学生在高校阶段,获得相关教育。在我国的宪法中,针对学生的受教育权有专门的规定,大学生在接受教育的过程中,应平等对待。在高校的教育阶段,大学生的受教育权内容涉及广泛,主要体现在以下五方面。第一,关于大学生的学籍权。在大学生符合高校的入学资格、办理相关的入学手续之后,其具备了大学生的身份和资格。大学生的学籍权,不仅体现了大学生与高校之间的关系,同时也是保障学生正常进行学习和生活的前提。第二,有权参加高校的相关教育教学活动。大学生在高校接受教育阶段,其主要的任务就是积极参加相关教育教学活动,从而有效地促进自身各方面的提升,所以高校应确保学生参加相关课堂、使用相关教学设备并提出相关建议的权利。第三,有权获得相关教育资助。在大学生受教育阶段,高校的教育资助主要有奖学金、助学金以及勤工助学等方面。奖学金主要用于鼓励学习优秀的学生使其继续接受努力,助学金和勤工助学等主要针对经济困难的学生继续教育。第四,在大学生受教育阶段,学生有权针对自己的学习成绩获得相应的客观公正的评价,并有权针对自身满足相关学分和学历资格获得相关的证书。第五,在学校进行教育管理中,学生有权针对学校的管理行为进行一定的监督,并对侵犯自身合法权益的行为采取一定的诉讼手段。

二、高校惩戒权与大学生受教育权的冲突原因

(一)相关法律规定存在缺陷和不足

一方面,关于高校教育的法律规定过于抽象,在具体的实施和执行中往往具有一定的难度;其相关学位等法律规定不注重更新和改革,具有一定的滞后性,不符合当下的现代化教育,存在明显的漏洞;关于高等教育的相关法律规定不够全面,导致学生的相关法定权利无法获得有效的保障。另一方面,关于学生的受教育权,在具体的法律程序规定方面存在一定的缺陷和不足。在大学生的受教育权遭受一定的侵犯,学生采取一定的解决方法时,由于执法主体比较多,相关法律对执法的权限没有进行明确的规定,导致出现问题时,无法对学生的受教育权采取高效的救济措施。执法主体的执法程序,在学生的受教育权接受法律救济中发挥着重要作用,但目前我国关于执法程序并没有具体的规定,导致执法主体无法可依,不利于保障学生的受教育权。

(二)高校惩戒权没有统一的法律规定

在高校的教育和管理中,关于其惩戒权的行使,在相关的法律规定中并没有对其进行明确的规定,导致高校在行使该权利的过程中,往往缺乏统一化的管理和规定。目前在很多高校的管理中,对于学生不遵守相关纪律和规定,所

采取的惩戒措施都是学校自己制定的,导致其惩罚措施缺乏一定的公平公正性,不利于高校惩戒权的有效实施,从而与大学生的受教育权产生一定的冲突。①

(三)关于高校与大学生之间的法律关系没有明确的规定

目前在高校的教育管理中,关于大学生与高校之间的法律关系,主要存在两个方面:第一,二者是一种行政法律关系。即高校作为管理者,对于学生进行教育管理,针对学生的表现采取一定的奖惩措施。第二,高校与大学生之间是一种服务关系,即大学生通过缴纳学费的方式,接受高校的教育服务。在学生受教育阶段,其具有获取学位和学历的权利,但相关法律并未针对学校进行相关的规定,导致高校的惩戒权与大学生的受教育权存在一定的冲突。

(四)当大学生的受教育权受到侵犯时,其法律救济途径不规范

在高校的教育管理中,由于没有明确的法律予以规定,所以会出现惩戒权的行使不合理的现象。当高校的惩戒权不合理、侵犯到学生相关的受教育权时,学生会采取相应的救济措施。但由于目前我国关于学生受教育权的救济途径法律规范不完善,而且二者处于不平等的地位,导致学生无法获得有效的救济,从而进一步加剧了二者之间的冲突。

三、高校惩戒权与大学生受教育权冲突解决措施

(一)加强教育法律法规的健全和完善

首先,立法工作者应对目前高校的大学生受教育权具体状况进行相关调查,确保其针对大学生受教育权的法律规定具有一定的可操作性。其次,针对

---

① 高武平:《论大学惩戒权与学生受教育权的冲突与平衡》,《甘肃政法学院学报》2004 年第 4 期。

高校的教学活动,进行相关法律法规的完善,对于高校学生的入学条件进行明确规定,并对高校的教学设施以及教学资源进行相关法律规定的完善,确保高校的教学质量符合标准。同时,为了使得高校的管理工作有效开展,应对其相关的教学考核评估体系进行法律方面的健全。除此之外,针对大学生受教育权侵犯寻求法律救济途径不规范的问题,应予以重视,并健全法律救济途径进行。

(二)高校教育坚持依法管理

针对我国高校教育管理中没有依照相关法律规定进行管理的问题,应予以一定的关注。首先,在教学管理中,高校与大学生之间不仅具有行政法律关系,同时还具备一定的服务关系。由于大学生在接受教育和管理中,相对于高校具有一定的弱势,所以为了充分保障学生的受教育权,就需要对二者之间的关系进行合理的把控。其次,应完善高校管理中的相关法律法规,确保高校能坚持严格依照法律规定对学生进行合法管理,实现公平公正,并且注重对高校管理人员法律素质的提升,使其在具体的管理过程中能够对自身的职能进行明确的了解,加强相互之间的约束和监督。最后,在高校的管理中,大学生针对学校的管理以及相关决策方面存在一定的建议和意见时,可以通过采取听证的方式,对其进行了解和监督,高校在实行听证的过程中,要确保相关人员和程序符合法律的规定。

(三)高校惩戒权的行使应坚持合法化

第一,在高校的惩戒权行使的过程中,为发挥其惩戒权的价值和意义,需要将其刚性管理和柔性管理进行有效的结合,坚持高校的严格管理制度,结合大学生的发展特点,采取人性化的管理措施,从而充分实现高校惩戒权的价值。第二,在高校的教育管理中,健全其相关大学生管理规章制度,必须立足于大学生的合法权利,确保在大学生受教育权得到充分实现的基础上进行管理,合理地使用惩戒权。第三,为了使高校的惩戒权行使更加科学化和合法化,在行使的过程中,必须严格依照相关程序,确保其采取的惩戒措施符合公平公正的标准,尊重学生的合法权益。第四,为避免高校惩戒权的行使过于自由化,应对其适用范围进行一定的规范,加强对其惩戒权的监督,避免滥用现象的出现,充分保护大学生的受教育权。①

(四)规范大学生受教育权的法律救济途径

一方面,应对大学生受教育权受到侵犯后的申诉制度进行健全和完善,科学安排申诉处理委员会人员组成,并对其申诉范围进行明确规定,要求其申诉部门在规定的时间内及时反馈。另一方面,完善相关行政诉讼制度,对大学生受教育权行政诉讼的范围进行明确的规定,确保高校的教学活动能够顺利开展,有效保障学生的受教育权。②

在现代化的教育改革中,高校的惩戒权与大学生受教育权之间的冲突越来越引起相关部门的关注,为高效解决该问题,不仅需要对相关法律法规进行完善,还需要高校坚持依法管理,使惩戒权的行使更加科学规范化,使学生受教育的法律救济途径更加完善,从而确保大学生的受教育权得到有效的保护,推动高校教学活动的顺利进行。

第三节　高校学生申诉处理委员会的合理定性与制度重构

大学生的受教育权中包括学生的学籍权,即高校有权依据相关规定,对学

---

① 周甲文、马英:《高校惩戒权与学生受教育权问题探究》,《沈阳工程学院学报(社会科学版)》2011 年第 7 期。

② 苏平:《大学生受教育权与大学惩戒权的冲突与对策》,《华中师范大学研究生学报》2006 年第 3 期。

生的入学、退学以及处分等进行管理和作出决定。高校学生申诉处理委员会设立的初衷,就是作为学生受教育权遭受侵犯的一种法律救济途径,该种救济途径不同于其他诉讼以及仲裁等救济途径,该学生申诉处理委员会的设立,就是为了解决大学生针对高校的管理行为所提出的意见,要求其始终坚持独立性,科学合理地解决纠纷。该部分旨在对高校的学生申诉处理委员会进行合理定性,并对其相关制度进行健全和完善。

高校学生申诉处理委员会的受理范围主要针对学校对学生的入学以及退学处理,以及针对学生不遵守相关规定和纪律所采取的措施。大学生针对高校管理中的处理意见以及惩戒措施不服,可以向学生申诉处理委员会申诉,学生申诉处理委员会严格依照相关程序办事,并在规定的时间内给予学生反馈,为学生提供有效的法律救济途径,不仅有利于推动高校教育管理活动的有效开展,而且有利于进一步保障学生的合法权益。但是,随着现代化的教育的不断发展与改革,学生申诉处理委员会也需要进一步改进和完善,从而更好地符合时代的发展需求。

一、高校学生申诉处理委员会的发展现状

学生对于高校作出的相关处理决定不服时,可以向学生申诉处理委员会提出申诉意见,高校学生申诉处理委员会作为学生权利的法律救济机构,在高校中的性质具有一定的特殊性。在高校教育管理中,大学生拥有法定的受教育权利,这是宪法予以规定的。关于大学生在高校的受教育权利的具体行使,首先要参加国家规定的高考,并获得相应的考试成绩,符合录取资格的学生收到高校发放的录取通知书,在规定的时间内进行入学报道,并进行相关学籍注册。所以,学生不仅需要经过国家的许可,还需要通过高校的许可,才能拥有相关高校的学籍,并在该高校参加相关的教育教学活动。学生获取高校许可的前提,是必须先经过国家的许可,即行政许可,只有满足国家考试中关于学生分数线的要求,才能进行下一步的程序,如果连基本的国家要求都无法满

足,则不能获得相关高校的录取通知书,便不会拥有该校的录取资格,更不会在该校进行相关的教育教学活动。在行政许可活动中,行政主体主要是我国的教育行政机关。学生的入学资格的取得须经过国家许可和高校许可这两种形式,而一旦学生不符合其入学要求,违反相关规定和纪律需要对其进行处分和退学等,该种撤销学生入学许可的行为同样需要经过国家许可和高校许可这两种方式。学生针对学校的该种撤销行为,需要进行相关救济时,在我国,法律救济的 3 种主要方式就是复议、诉讼以及仲裁。首先就复议来说,学生申诉处理委员会的性质不符合国家规定的相关复议机关的性质,不具有复议的性质。其次关于诉讼,诉讼主要是在人民法院进行,不符合学生申诉处理委员会的特点。最后,就其仲裁救济途径,根据我国《仲裁法》中关于仲裁的具体规定,需要有仲裁协议,而且具有一裁终局、人民法院不再受理的特点。但就学生申诉处理委员会,和其《仲裁法》中规定的仲裁特点并不相符。[①]

二、高校学生申诉处理委员会的合理定性

学生申诉处理委员会在高校的学生管理中具有重要的意义。就其优势方面,委员会的人员组成安排科学合理,具有中立的特点,并且处理程序方面具有一定的规范性,拥有一定的专业性,而且其在高校内部,在处理方面比较便捷高效。学生申诉处理委员会在高校的存在具有一定的特殊性,其不同于其他类型的救济途径,主要针对的是学生关于学校实施的撤销入学许可的行为。根据对其他国家相关制度和规定的研究,关于高校学生申诉处理委员会的合理定性,可以按照行政仲裁机构予以定性,充分发挥学生申诉处理委员会在高校的管理中的价值。[②]

---

① 金劲彪:《浅析高校学生申诉处理委员会的性质与原则》,《中国高教研究》2006 年第 12 期。

② 贺日开:《高校学生申诉处理委员会的合理定性与制度重构》,《法学》2006 年第 9 期。

（一）独立性

在高校的教育管理中,学生申诉处理委员会具有一定的独立性,而行政仲裁机构也具有独立性,其与行政机关之间不存在所谓的隶属关系。在不同的高校中,学生申诉处理委员会的设置存在明显的不同,有的将其设在校学生会中,有的将其设在校办公室,但是其始终具有独立性的特点。学生申诉处理委员会在高校中不作为内部咨询机构而存在,也不作为一个职能机构而存在,具有独立性,与行政仲裁机构具有一致性。

（二）合理性

学生申诉处理委员会的人员组成具有一定的合理性,在处理学生和学校之间的争议时,能够保持中立的立场,以专业的角度进行分析。在我国的行政仲裁机构中,其仲裁机构的组成人员相当合理,行政机关人员的参与提高仲裁的专业性,非行政机关人员的参与确保了仲裁的中立性。在目前我国各个高校的学生申诉处理委员会中,虽然各类型的组成人员比例不一样,但普遍显示的是教师代表和学生代表在组成人员中占据较大的比例,学校负责人以及职能部门人员相对占据的比例较低。将专业性和中立性有效地结合起来,符合行政仲裁机构的特点,确保了申诉处理委员会的决定更加公平公正。

三、高校学生申诉处理委员会的制度重构

在高校的教育管理中,将学生申诉处理委员会合理定性为行政仲裁机构,为了使其在实施和执行的过程中不违背其他法律法规,需要对相关制度进行健全和完善。

一方面,在我国《教育法》规定中,高校有权对学生的学籍进行有效的管理,即对于违反学校相关规定和纪律的学生可以进行退学处理或者采取相关的处分措施,以及对于不符合入学资格的学生取消其入学资格,该类型的撤销

学生入学许可的行为,是法律赋予高校的一定的权利,所以高校在行使该权利的过程中,所表现的是一种具体的行政行为。在我国的高校管理规定中,针对学生申诉处理委员会的处理程序,规定学生若对其委员会作出的复查决定不服时,可以按照规定程序进行申诉。在《行政复议法》中也有相关规定,即对于其具体行政行为不服时,可以依照法定程序,进行行政复议的申请。由于《行政复议法》中申请行政复议并未将其定义为必经的前置程序,所以学生申诉处理委员会在处理申诉的过程中,也不能将其申诉作为必经的前置程序,而应根据《行政复议法》的相关原理,将其作为一种选择程序。但是在实际的运用中,学生申诉处理委员会工作的展开仍与《行政复议法》之间存在相互抵触的问题。

另一方面,行政仲裁机构作出的仲裁裁决,双方当事人若对裁决仍不服时,可以依照相关法律规定,根据不具有终局性的特点,向人民法院提起诉讼。但学生申诉处理委员会作出的决定,学生对其不服时,依据相关规定是申请其学校所在地的省级教育行政部门进行审查。这与行政仲裁相关的法律存在冲突,不符合目前我国法律规定的权力体系。为了使高校学生申诉处理委员会在实施和运行中,合理调整与现行的法律法规之间的关系,实现法治建设和高校管理共同进步,需要对高校学生申诉处理委员会的相关制度予以改进和完善。

关于学生申诉处理委员会制度的重构,首先,提高学生申诉处理委员会制度的立法层次,改进相关教育法律法规中关于学生申诉处理委员会的规定。其次,在法律规定中明确学生申诉处理委员会行政仲裁机构的性质,并强调在具体应用的程序上具有一定的选择性。由于其程序的选择性,所以学生对于高校撤销学生入学许可的行为存在争议时,不仅可以通过学生申诉处理委员会这种行政仲裁的救济途径进行解决,也可以通过行政复议的方式。再次,针对学校作出的决定,学生申诉处理委员会有权修改。有关撤销学生入学许可的,学生对其复议决定或者复查的决定不服时,由于其不具有终局性的效力,可以向人民法院提起诉讼,但除此之外,其他类型的行为一律按照终局性的效力予以对待。最后,在学生对其被撤销入学许可的行为申请学生申诉处理委员会仲裁或者行政复议的过程中,应继续保障学生在校的学习教育的权利和义务,相关教学活动以及考核评估等平等对待。相关评议决定确定后,针对不同的决定采取不同的措施。①

综上所述,目前学生申诉处理委员会在高校的教育管理中发挥着举足轻重的作用,但由于相关的教育法律规定对其定性没有明确的规定,所以在实施中具有一定的难度,经常导致无法有效地发挥其实质性的价值。根据相关的研究,由于其具有专业性、中立性、独立性以及不具有终局性的特点,所以应将其定性为行政仲裁机构。为了进一步加快法治建设的进程,推动高校管理的顺利开展,需要对其学生申诉处理委员会的制度进行重构,提高其立法层次,避免法律冲突,并在法律中对其行政仲裁机构的性质进行明确的规定,坚持选择性程序要求,有效地确保学生的合法权益,公平公正地处理学生和学校之间的争议,实现高校的有效管理。

第四节　高校学生管理行为的正当程序

我国高校拥有法律赋予的自主管理学生的权力,以维护正常教学和学术研究秩序为目的,依法行使相关权力。但是近年来由于相关管理人员对于正当程序缺乏必要的认知,加之学生维护自身权益的意识不断增强,既有的法律法规在程序方面的缺陷日益突出,学生与高校之间频繁曝出法律纠纷。本节基于对正当程序内涵及其作用的阐释,分析了当前高校在行使学生管理权力的过程中存在的程序瑕疵,探究了在目前的法律法规框架下如何完善正当程序,以期更好地保护学生的受教育权,让高校的行政管理权力和行为得到规

---

① 金劲彪:《高校学生申诉处理委员会的主要特点及运行原则》,《中国成人教育》2006 年第 4 期。

范、监督和有效制约。正当程序又被称为程序正义,是一个在现代司法、行政以及社会生活领域被广泛认可的理念,基于这一理念构建的制度与程序,被视为制约与监督公权力、更好地保护当事人权益的手段。而正当程序是否完善也是衡量特定领域是否符合法治理念、实现依法治理的重要标准。近年来高校因行使行政管理权与学生发生的法律纠纷,几乎都存在程序缺陷,因此如何在高校学生管理中引入正当程序得到了极大的关注。

一、高校学生管理行为及其带来的问题与矛盾

高校在诞生之初便在社会上享有崇高的地位,不论在何种政治体制和社会背景下,都一直被赋予高度的自治权。但是高校管理学生的行为方式和相关法律法规不是一成不变的,近现代随着人们自身权益保护意识的觉醒,程序正义也被从司法行政领域引入高校管理工作当中,成为很多国家高校行使学生管理权时必须遵循的原则。而我国高校在这一方面的相关规制尚不完善,因此虽然现行学生管理相关法律法规中也有关于正当程序的规定,但是在实践当中依然因程序问题引发诸多矛盾和冲突。

(一)高校学生管理行为的法律依据

我国《高等教育法》以及《教育法》都明确赋予高校享有学生管理权,在不违反其他法律法规的前提下,基于维护高校正常教学秩序和保障学术研究活动的有序开展,制定相关管理制度并行使管理权。因此高校的管理部门具有行政管理主体的法律地位,而学生在校期间的学习和生活,一旦出现违反相关规定行为,高校的有关部门就有权对其作出处理决定,并且按照相关法律法规与规章制度施加特定的处罚。

(二)学生管理行为的类型及其对学生的影响

我国高校享有的学生管理权力涵盖了学生招录、学籍管理、基于维护日常

教学和校园生活秩序的处分与奖励以及学位评定与证书授予颁发等方面。这些方方面面的管理行为,决定了学生能否顺利地完成学业,与学生的受教育权和切身利益密切相关。① 在学生招录与学籍管理方面,高校按照国家相关规定拥有一定的自主招生权,并且对所有学生从入学到毕业离校的学习成绩、奖罚记录进行管理。而奖励和处分决定是对学生影响最大的方面,高校管理部门有权对学生的学习成绩和日常行为进行监督和评定,并且根据学生管理规定等给予处理。其中处分部分更是包含了开除学籍这一改变学生身份、剥夺其继续学业的权利的处罚。最后在学位评定和毕业证、学位证书的颁发方面,高校享有高度的自治权,学校的学位管理委员会以及论文答辩委员会的成员有权判定学生是否符合相关要求。

(三)高校行使管理权力时与学生之间的矛盾和冲突

由于我国高校在学生能否获得接受高等教育的资格并顺利拿到学位与毕业证书方面拥有决定权,这些管理权力的行使就必然触动学生的权益,公平公正与否决定了学生能否接受相关决定。近年来随着高等教育体制改革的推进,加之学生对于自身权益的保护意识的觉醒,传统的高校管理行为模式的缺陷日益显现,导致学生屡屡感受到权益被忽视和被侵犯,而高校的管理权有被滥用的风险。首先在学生招录方面,由于程序的不公开和不透明,导致部分学生认为受到了不公平对待,高校没有按照正当的录取标准和程序进行招录,因而诉诸法律来要求得到公正。其次,学位评定和证书颁发方面也出现了一些典型的纠纷,学生质疑高校因个人恩怨没有在这一环节做到公平公正。而在处分权的行使方面的冲突和矛盾更是层出不穷,一些高校延续了传统的学生管理理念,忽视作出处分决定过程中学生的知情、申辩与申诉等正当权益。某些高校甚至在处罚决定作出之后,没有按照相关规定正式通知学生本人,这些

---

① 黄厚明:《高校学生管理行为合法性判决研究:基于两种法治模式的考察》,《高教探索》2018 年第 6 期。

管理行为自然得不到学生的认可。而学生维护自身合法权益的诉求在学校内部得不到满足,最终只能将学校诉至司法机关。

二、正当程序的要素构成及其实践意义

正当程序理念起源于西方国家,对近现代的司法实践产生了深远影响,目前越来越多的国家将程序正义作为实施法治的基本原则和基础。而随着人权保护观念的强化,为了制约和规范各个领域中的权力,保护个人的基本权益不受到权力滥用的侵害,在行政管理以及社会生活领域都相继引入了正当程序,对实现公平公正公开的法治起到了促进作用。

(一)正当程序的要素构成分析

正当程序作为规范管理行为和约束权力使用的工具,其核心理念是确保当事人在受到不利于自身权益的处分之前,拥有知情、申辩和听取专业意见的权力,这些权力贯穿于整个管理行为实施的过程。即管理主体应在启动处罚程序之初告知当事人,并且经过必要的听证程序允许其为自己的行为辩解和申诉。而经过正当程序作出的最终处分决定,才真正具有了公开公平和公正的保障。正当程序的要素首先应包含处分程序的公正性,即管理主体的行为应遵循公正的程序,按照相关规定保障当事人得到公正的处分。其次,正当程序应基于立场中立,即权力主体应秉持中立原则和立场,对当事人不存任何偏见,与其不存在利益冲突。最后,应体现出一定的参与性,即让当事人在针对其自身的管理行为发生时全程参与其中,行使知情、申辩和申诉的权力。此外还应保证程序的公开性,让管理权所辖范围内的所有人了解相关程序,从而在发生与自身相关的事件时寻求程序正义,保障自身权益不会受到侵害。

(二)正当程序理念在司法与行政领域的实践意义

正当程序之所以在现代司法和行政管理领域得到认可和应用,是由于其

符合现代法治观念,能够体现法治社会的平等、公平和正义。首先,正当程序的引入有助于实现权利平等,让每一个人无论出身背景、经济条件以及社会地位等存在多大差异,都能够在权利面前站在同一高度,依据程序正义原则得到公平公正和公开的处置。其次,正当程序是制约权力的有力手段,通过设计和构建完善的法律、行政程序,让公权力的行使得到规范和约束,避免了掌握相关权力的个人或机构权力的滥用,从而确保每一个公民的权益不被侵犯。最后,在司法行政的法律视角下,正当程序保障了实体权利的实现,使得司法和行政管理真正起到调解纷争、维护正义的作用。

(三)在高校学生管理中引入正当程序的重要性与可行性

在 21 世纪初,一些高校学生将学校诉至法院维权案件的发生,引起了社会公众和法律研究与实务界的关注,并且针对这些案件和事件当中高校学生管理行为正当程序缺失的普遍现象,提出了在高校行政管理领域引入正当程序理念,完善既有的相关法律法规与管理制度。① 在一些典型案例的司法审判当中,也正式认定了高校管理行为缺乏程序正义,从而认可了在高校学生管理中应当体现正当程序原则,为完善相关法律法规并构建正当程序奠定了基础。此外,由于正当程序具有解决纠纷并保障实体权利落实的作用,在高校学生管理中将其引入,有利于缓解学生与校方的矛盾冲突,促进高校行政管理效率的提高。而且正当程序能够让学生接受更加透明和公正的管理,规范与制约高校的学生管理权力,避免侵害学生权益事件的发生。

三、完善高校学生管理中正当程序的策略

在现行的高校学生管理相关法律法规中,对于正当程序有了一些原则性规定,例如要求高校在处分学生之前告知当事人以及建立专门部门受理学生

① 倪宪辉:《基于学生主体发展的我国高校学生管理改革路径研究》,《现代经济信息》2017 年第 7 期。

的申诉等。但是由于缺乏具体的正当程序规范,也没有针对管理行为违规的相关处罚规定,因此学生的权益被侵害、申诉得不到公正的解决以及高校行政管理程序不透明等问题依然存在。[①] 通过正当程序约束高校学生管理行为和保证学生权益,依然需要完善现有的相关制度和法规。司法审查之前置程序从申诉的层级来看,目前我国教育申诉主要包括校内申诉与校外申诉,校内申诉由学生申诉处理委员会主持,校外申诉则由省级教育行政部门受理。启动退学处理司法审查程序应否以教育申诉为其前置程序,学界有两种观点:一是不需要经过教育申诉程序,当事人既可以先向教育行政主管部门提起申诉,对申诉不服再向法院提起诉讼,也可以直接提起行政诉讼,因为当事人有选择权;二是主张教育申诉是启动司法审查的前置程序。鉴于对学生学业能力的评价具有高度的专业性,笔者认为,应当以教育申诉为启动司法审查之前置程序,其价值在于充分发挥教育行政系统内部层级监督的优势,充分利用学术团体自身学术评判能力上的优势,这也是对学术自由的尊重;同时,还可以减少司法资源的耗费,消解当事人的诉累,避免法院想裁判学术纠纷而自己又无能力裁判的尴尬局面。

(一)基于现有法律法规完善申诉制度

申诉是学生在权益受到侵害后寻求正义、纠正高校管理行为不当的重要渠道。而现有的高校申诉受理机构与管理部门职能界限不明,相关人员的立场无法保持中立和公正以及权限过小等,无法确保学生的申诉得到公正的处理。因此应基于现有的法律法规完善高校的申诉制度,首先应确保校级申诉受理部门的立场中立,在处理学生的申诉时相关人员的配置应坚持回避原则,由校方、上级主管部门以及学生代表对学生的处分决定进行复议,听取学生的申辩并允许其提供证据印证申诉内容。其次,高校的申诉受理部门应被赋予

---

① 许盈、李万佳、于洋:《高校学生管理法治化问题调查与对策分析》,《山东青年政治学院学报》2017 年第 1 期。

更大的权力,在按照正当程序进行复议并经全体人员表决之后,可以直接否决对学生的不当处分,并在必要时报请上级主管部门对存在权力滥用、侵害学生权益的行为进行调查和处理。

(二)增加高校学生管理程序的透明性

目前高校与学生产生的各种争端的焦点在于学校的管理不够透明,尤其是在学生招录方面,形成了较多的法律纠纷。因此,首先要完善现行法律法规中关于正当程序的部分,将原则性规定转化成具体的、可操作性强的规范,才能够真正规范高校的管理行为,避免因程序不明确和不公开导致权力滥用。其次,高校自身也应强化管理制度体系中的正当程序设计,尤其是针对学生处分的相关制度,构建具有可操作性的规范化管理程序,让学生在受到严重处分时享有知情、参与和申辩的权利,以便实现程序正义和高效处理纠纷。

(三)建立申诉与行政复议和行政诉讼之间的有效衔接

当学生对受到的处分不认可而申诉结果不理想时,应有向上一级主管部门申诉的便利渠道,寻求高校上级主管部门的帮助并保护自身权益,而主管部门也要遵循正当程序给予受理。① 此外需要建立起申诉与行政复议和诉讼之间的衔接机制,确保当双方依然无法达成一致时,学生可以得到事后的司法救济,根据学生的要求启动对学校学生管理行为的司法调查程序。通过完善正当程序约束高校的学生管理,构建申诉机制和引入司法监督,对于在高校这一特殊行政单位中实现法治具有极大的现实意义,有利于在目前的社会背景下维护高校正常秩序并为学生提供民主和公平的学习生活环境。

---

① 湛中乐:《保障学生正当权利　规范高校管理行为》,《中国高等教育》2017 年第 9 期。

  高校的学生管理经过十几年的探索和实践,在构建正当程序和实现法治方面虽然有所进步,但是依然存在相关程序设计不完善、执行过程不透明和申诉受理与司法监督机制不完善的情况,因此在学生自主与权益保护意识愈发强烈的背景下,必须尽早完善正当程序。

第九章　大学自治与司法审查张力平衡及变构

　　学生管理是大学自治的主要向度之一,依法治国理念下,其面临学生受教育权救济和司法审查张力边界扩张的态势,而合法性审查广度和深度的调整是学生受教育权、司法权和大学自治间的张力形成动态平衡的关键因素。司法大数据为研究这一高度实践品格问题的实然状态提供了现实路径,通过数据的合理梳理与分析,可以发现,司法权主要是通过高校管理行为违法性继承的肯认与否实现合法性审查的动态调整,但扩大权利救济的同时也形成了司法权与大学自治间张力状态的非结构化失衡。司法张力应通过合理的审查规则保持和大学自治的适度动态平衡,但大学自治也应适应外部张力的变化,针对司法审查的变构路径完成自身以治理规则的制定和实施为载体的针对性变构,实现三类张力的动态平衡。

第一节　大学自治与司法审查之张力解构

　　法律现象的异质性决定了案例数据分析过程中多重面向的呈现,高校学生管理的合法性审查涉及大学自治权、司法权和学生受教育权,这些权利(力)系统既相互独立又相互作用(冲突),形成了复杂多样的法律关系模式。

一、张力类型

以法律关系的形成而言,高校学生管理的合法性审查一般包括三类张力或权利(力)冲突。一是大学自治与司法权之张力。其内涵一方面包括以权利救济为内容的司法权与以学术自由为内容的大学自治间的价值张力,表现为法院与大学基于价值观差异或价值无序所形成的紧张状态,其核心是围绕大学及其功能而产生的两种不同的保障公民受教育基本权实现的价值观。另一方面,也包括以自主管理为内容的大学行政权与监督行政为内容的司法权之间的权力张力,反映了行政权与司法权在大学自治层面的博弈状态,其实质是基于权力分立价值观而形成的管控与监督相矛盾。司法权的主导思维是"监督""引导",而大学自治的主导思维是"自主管理"。除此以外还存在两种较弱的张力关系,即大学自治与受教育者权利之张力,其内容包括维护整体受教育者权利实现所必需的高校自主管理权和个体受教育者权利实现之间的对立和统一;还有受教育者个体权利救济和司法权维护整体社会利益之间的张力。

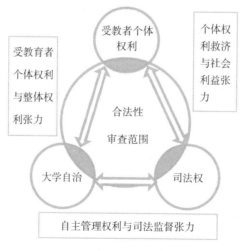

图9-1 张力变构图

二、变构内涵

变构本意是生物化学上的一类变化,生物化学研究表明,作为生物体中一种蛋白质的变构酶(或称别构酶),在完成其生物功能时,其特定变构调节(或称别构调节)机理对控制生命代谢平衡至关重要;其活性位点或称为调节位点的相互影响,可以改变自身构象形成协同效应,进而改变其活性以适应生理功能的需要。这种蛋白质分子与效应物的结合引起整个生物体蛋白质分子构象发生改变的现象就称为蛋白质的变构作用(或别构作用),而适合于实现齐变式或序变式功能调节需要的这类变化为变构。[1] 变构模型主要运用于教育心理学,该模型认为,学习者原有知识和经验构成的概念体可能成为学习的障碍,必须对原有概念体进行“解构”,超越对抗,与原有知识断裂,才能实现科学概念的建构,而学习过程的复杂性决定了学习者难以单独重新发现知识的全部要素。教师尽管不能直接传递知识的意义给学生,可以设计恰当的变构教学环境促进变构学习的产生。[2] 基于生物化学变构酶调节机理的隐喻和对变构学习模型张力的认知与借鉴,可以发现,变构的核心是在效应物的影响下,个体由于自身张力在与外部张力冲突的过程中发生功能改变,进而建构起适应自身张力和外部张力动态平衡的功能。在理解上述变构概念的基础上,本书所指的变构,是指司法权通过对高校学生管理合法性审查范围的调整实现对受教育者的权利救济和对大学治理的规范与监督,进而引起司法权、大学自治和受教育权在冲突边界、价值取向、内部治理、权利救济途径等向度发生协同性功能改变以适应张力动态平衡需求的变化过程。

---

① 王镜岩、朱圣庚、徐长法:《生物化学》,高等教育出版社 2002 年版,第 413—421 页。
② 裴新宁:《变构学习模型与教学设计》,《全球教育展望》2006 年第 12 期;[英]焦尔当·安德烈、裴新宁:《变构模型:学习研究的新路径》,杭零译,教育科学出版社 2010 年版,第11—41 页。

三、大学自治、受教育者权利与司法权之张力变构关系

在高校学生管理合法审查的向度,存在于司法权、受教育权与大学自治权之间的三种张力不仅要进行各自的变构,还要实现三种张力的共同变构。从图9-1中可以发现,三种张力的存在是以三种权利(力)主体社会认同为前提的,特别权力关系理论下,学生与大学之间被定性为内部管理关系,主体的混同消解了张力,大学自治不受司法权的监督成为法外空间;特别权力关系解构后,形成的三类张力是法治理念发展的必然结果,大学自治原有的价值取向被解构,不得不面对司法权的介入变构自身。这三类张力互相制约又互相作用,一方面,一类张力的激发与冲突会导致其他张力的变化,例如学生受教育权救济范围越大,司法权介入大学治理的范围越广,极端情况下就会形成以司法判断取代专业判断的情形,张力过大,会导致二者冲突加剧,给双方带来伤害,尤其是给大学带来直接危害,以保障学术自由为核心的大学自治被破坏,同时也必将消耗巨大的司法资源,最终损害社会整体利益。在我国台湾地区684号司法解释出台后,尽管在法律渊源上,学生受教育权有"重大影响"说扩张为"实质影响说",但实务中仍保持相当谨慎态度。另一方面,三类张力并非发挥同等的作用。在不同时期,总会有不同的张力比较突出、而其他张力则比较隐晦,这里要特别注意因为某类张力的丧失而打破三类张力整体平衡的情形。毕竟活力蕴含在矛盾中,而矛盾也是活力的根源,没有矛盾和因矛盾解决而释放的推动力。事物的发展将失去生机和动力,例如案件和解撤诉在学业证类争讼中的较高发生率以及许多高校多年未发生学生管理争讼,实际上是大学治理因张力不足而活力缺乏的表现,缺乏矛盾双方相互作用的激荡,大学自治的有效变构将归于沉寂和停滞。但矛盾双方的张力亦应保持适度的内在尺度,如果不对达到适度张力临界值的矛盾进行调节,则会导致失序和混乱,最终危及社会稳定和大学的发展。司法审查的范围在相当程度上决定了三类张力的平衡维系,直接影响张力变构的趋势和内容。全面依法治国理念下,三类

张力关系会一直存在,司法审查范围的调整应当使三类张力保持在适中限度,进而达到不同张力的动态平衡,同时大学自治也应实现自身的良性功能变构。

第二节　学生管理合法性审查张力变构之考察

一、张力广度变构: 高校学生管理程序面向的合法性审查

（一）程序审查态势整体存在结构化差异

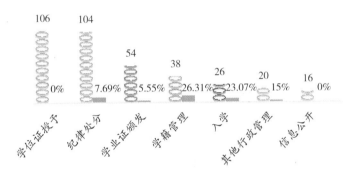

图 9-2　司法审查非受案范围争讼占比分布图

从图 9-2 可以发现,总体而言,程序面上,高校学生管理合法性审查范围呈现结构化差异,学业证纠纷包括学位证授予和学历证颁发,由于争讼较为单一,加之相关案例影响较大,纳入司法审查,争议较少。学籍管理纠纷涉及大学繁琐的管理事务,不同法院认识差别较大,同案异判现象严重。例如入学纠纷出现较大争议,一方面在于招生权的性质是大学自主管理权还是国家公权力之行使,法院存在不同认识;另一方面也存在受教育者权利是否受到实质性侵害的判断不同,但这一点已很难说程序面之审查了,更多属于实体权利处理。2015 年徐某某诉清华大学博士招生不予录取案①,北京市第一中级人民

① 北京市第一中级人民法院(2015)一中行终字第 00547 号行政裁定书。

法院认为,高等学校招生权属于高等学校办学自主权的范畴,所诉事项不属于人民法院行政案件受案范围。2016 年在肖某与中国科学院大学不予录取决定案①中,北京市第一中级人民法院则对原告诉请进行了实体审理。

(二)高校与学生特别权力关系之解构及其对程序审查之影响

特别权力关系是 19 世纪德国提出的国家法和行政法理论,学生与学校的在学关系,在此特别权力关系基础下,被认为属于一种免于法支配行政的特别关系,不适用依法行政与法律保留原则,在此领域内,无法规亦无行政行为的存在,行政机关可以在没有法律授权的情况下,实施侵害行为,进而形成所谓"无法的空间"。② 在我国台湾地区,依台"司法院"释字第 684 号解释,特别权力关系已经消解,学校措施如具有行政处分性质,则可提救济,其余措施仍属不可争讼之标的,如有争议应寻求内部申诉途径。判断学生能否提起行政诉讼,首先看学生权利是否受到侵害,即学生有无诉讼权能、有无权利保护之必要;其次是学校行为是否为行政处分;再者,受理救济机关对于学校应否加以审查,这实质上是受理机关对学校行为的审查密度问题。③

在大陆,对高校学生管理合法性审查范围并未如台湾地区形成规范意义上的法源性文件,主要是由各法院具体把握,认识上的差异也形成了较为复杂的审查范围调整态势。一般认为,田永案之前高校与学生的讼争基本被视为内部管理关系,不属于法院受案范围。1998 年的田永案正式开启了大学自治的合法性审查,1999 年该案作为最高人民法院公报案例刊登后,各法院也逐步受理高校学生管理讼争案件,高校与学生间的内部管理关系论开始解构,但各地法院对受理该类案件基本保持审慎态度,真正进入实体审查的争讼案件

---

① 北京市第一中级人民法院(2016)京 01 行终 261 号行政判决书。

② [德]哈特穆特·毛雷尔:《行政法学总论》,高家伟译,法律出版社 2000 年版,第 114—169 页。

③ 陈淑芳:《大学生对学校处置不服之救济在司法院释字第六八四号解释之后》,《世新法学》2011 年第 1 期。

甚为稀少。在 2013 年之前,高校学生管理讼争案件数量一直处于低位徘徊,2014 年行政立案登记制度实施,同年田永案和何小强诉华中科技大学履行法定职责纠纷案被最高人民法院确定为指导性案例发布,客观上为法院受理此类案件提供了案件受理基准,立案数量开始大幅上升。

(三)司法介入大学自治的程序基准

回溯高校学生管理合法性审查的变迁,可以发现司法介入大学自治的程序基准有两个:一是高校与学生形成的是行政法律关系,也就是高校行使的是公权力。"大学里面,跟学生的关系不见得都是公法关系,即使是公法关系,也不见得都是属于跟行政处分有关的,以至于必须要去循行政诉讼程序,它可能是涉及到公法契约关系的公费生关系,有一些是属于事实行为,包括还有一些是属于私法契约的部分。"①何为高校行使的公权力?我国台湾地区的大法官释字第 382 号解释认为:"在实施教育之范围内,有录取学生、确定学籍、奖惩学生、核发毕业或学位证等权限,系属有法律在特定范围内授予行使公权力之教育机构,于处理上述事项时亦具有与机关相当之地位。"故在台湾地区,前述事项,学校与学生间之关系,均系公法关系。就大陆而言,在石某某再审行政裁定书②中,最高人民法院认为:"根据《中华人民共和国教育法》第二十九条第四项、《中华人民共和国高等教育法》第四十一条第四项的相关规定,高等学校作为从事高等教育事业的法人,代表国家行使对受教育者的学籍管理活动。根据《中华人民共和国教育法》第二十二条、《中华人民共和国高等教育法》第二十条的相关规定,高等学校作为法律授权的机构,有代表国家对受教育者颁发相应学业证书的职责。"由此可以认为,高校学籍管理和学业证书颁发是行使公权力的行为。实践中对高校与学生间教育行政法律关系的认

---

① 张哲玮、张汉川:《释字第 684 号后校园内学生权益——以行政争讼撤销诉讼合法性审查为中心》,《嘉义大学通识学报》2012 年第 11 期。

② 最高人民法院(2016)最高法行再 62 号行政裁定书。

定范围主要包括:纪律处分、学业证颁发或学位证授予、学籍管理、招生(录取)、信息公开及行政赔偿等。二是高校行使公权力的行为直接对外发生法律效果(法效性)。在颍上县恒运矸石厂、安徽省颍上县凯事建材有限责任公司再审案①中,最高人民法院认为:"所谓直接,是指法律效果必须直接对相对人发生,亦即行政行为一旦作成,即导致法律关系的发生、变更、消灭。所谓对外,是指行政行为对于行政主体之外的人发生法律效果。"据此,高校做出改变学生身份的行政行为应为直接对外发生法律效果的行为。这与台湾地区司法院第382号解释确定的基准类似,该号解释认为,认定大学生于在学关系中与学校间所产生纷争得否提起争讼,提出仅限于"退学或类似此之处分行为,足以改变其学生身份并损及其受教育之机会"。在684号解释出台前,台湾司法实务中基本秉承"只要非涉及退学,侵害即不存在"的审查理念。

但上述基准,实践中认识差异较大。一是就行政法律关系的形成而言,田永案后仍有法院继续受特别权力关系影响。2009年的吕某与上海大学行政其他一案②中,法院认为,勒令退学处分是被上诉人在自主办学权限范围内对学生作出的纪律处分,属于学校内部管理行为,上诉人对勒令退学处分决定提出的异议,不属于本案审查范围。2012年的A与甲大学开除学籍处分行政裁定案③中,法院认为开除学籍处分决定系学校内部管理行为,属于学校自主管理权限范围,不属于人民法院行政诉讼受案范围。即使在2017年的张某与黑龙江省伊春卫生学校颁发毕业证书纠纷案④,一审法院还持同样认识,足见特别权力关系之根深蒂固。二是就高校行政行为法效性的程序审查看,高校致学生身份改变的行为是否均可进入实体司法审查仍有差别。徐某与中国人民

---

① 最高人民法院(2017)最高法行申295号行政裁定书。
② 上海市第二中级人民法院(2009)沪二中行终字第274号行政判决书。
③ 上海市第一中级人民法院(2012)沪一中行终字第348号行政裁定书。
④ 伊春市中级人民法院(2017)黑07行终24号行政裁定书。

解放军艺术学院取消入学资格纠纷案①中,被告作出取消徐某入学资格的决定,徐某不服,北京市第一中级人民法院认为徐某针对被诉决定提起的诉讼不属于人民法院行政诉讼的受案范围。在于某某诉中国劳动关系学院其他一案②中,被告向原告发出了入学通知书,原告收到后按照通知书要求按时报到注册并交纳了学费、住宿费,但被告认为原告刻意隐瞒血友病病史,作出取消于某某学籍的决定,北京市海淀区人民法院认为原告的诉讼请求不属于人民法院行政诉讼的受案范围。可见,由于案例并非正式意义上的法律渊源,内地各法院对高校学生管理合法性审查范围仍呈现非结构化的地区差异,即便是指导案例的影响也不尽如人意。③

二、以高校学生管理行为违法性继承为核心的实体内容审查变构

(一)高校学生管理行为违法性继承问题的现实性

一般认为,行政行为间存在法定的先后关联关系,在先行关联行为基于受案范围或时效等法定阻断事由的存在而无法争讼后,后续行为的撤销诉讼中应否审查关联行为的合法性,④这就是行政行为的违法性继承问题,其诉讼意义是行政相对人借助对关联行为的攻击来撤销后续行为。肯定关联行政行为违法性的继承,主要是为行政相对人提供更全面的救济,提供无漏洞的权利保护,但也是对行政行为公定力和确定力这一传统行政法理的突破。高校人才培养及科学研究的社会功能存在复杂的过程性,学生管理活动存在多种手段综合运用的系统性和社会功能高度分化的复杂性,关联行政行为存在较为普遍,主

---

① 北京市第一中级人民法院(2015)一中行终字第 2465 号行政裁定书。
② 北京市海淀区人民法院(2015)海行初字第 00262 号行政裁定书。
③ 赵瑞罡、耿协阳:《指导性案例"适用难"的实证研究——以 261 份裁判文书为分析样本》,《法学杂志》2016 年第 3 期。
④ 王贵松:《论行政行为的违法性继承》,《中国法学》2015 年第 3 期。

要情形包括:纪律处分与学位授予的关联①,学业成绩与退学处理的关联②,由
行政行为累加量变至质变的关联③,还包括外部行政行为关联④。现行诉讼
体制下,受案范围的过滤和调节机制决定了高校学生管理行政行为实体司法
审查范围的狭窄,受教育者权利个体行政救济受到合法性审查范围的严格限
制,关联行为是否具有可争讼性形成高校学生管理行为合法性审查中的违法
性继承问题。这尽管属于受案范围宽窄的一般行政救济问题,但高校学生管
理司法审查实践中法益保护权衡的价值取向也存在非结构化差异,加之教育

① 《沈阳航空航天大学授予本科毕业生学士学位工作细则(修订)》第三条第五款规定,学
生在校期间有考试作弊行为者不授予学士学位;《烟台大学学士学位授予办法》第十条第(三)项
规定:"本科毕业生有下列情形之一的,不授予学士学位:违反学校有关学生管理的规定受到记
过以上处分";《北华大学学士学位授予工作细则(试行)》第十一条规定:"严重违反学术诚信者
(如论文抄袭、考试作弊者)不能授予学士学位";《中山大学研究生学籍管理细则》第十一条规
定:"……因考试作弊而受到处分的研究生,不得授予学位";《中山大学学位授予工作细则》第四
条规定:"……凡因考试作弊或违反学术规范而受到处分的不得授予学位。"
② 《中国海洋大学全日制本科生学籍管理规定(修订)》第七章第三十四条:"学生有下列情
形之一者,予以退学。(一)一学期内修课取得的学分不足12学分的情况,累计达到三次"以及
第三十五条第一款:"因一学期内修课取得的学分不足12学分的情况,累计达到三次应退学者,可
申请试读,试读学期为一学期,试读期间保留学籍。试读期满取得的学分超过12学分者,为试读合
格;试读期满不合格者,需办理退学手续"《中国政法大学研究生课程设置与教学管理规定》第二
十九条的规定,研究生课程原则上按照百分制评定成绩。学位课70分以上为及格。第二十五条规
定,研究生学位课考试成绩,在同一学期内有2门(含)以上不及格,或者有1门重修后仍不及格的,
二级培养单位应当终止其学习资格,报研究生院,按照学籍管理规定处理。《中国政法大学研究生
学籍管理规定》第二十六条第六项规定,学生被终止学习资格的,应予退学。
③ 例如《云南民族大学学生违纪处分条例》第十五条第(一)项的规定:"打架斗殴者,致他
人轻微伤的,给予留校察看或开除学籍处分。"第七条第四款:"同时有两种或两种以上违纪行为
者,加重一级处分。"《中国海洋大学学生违纪处分条例》第四条、第十条规定,学生违反校规校
纪,根据情节轻重、认错态度、悔改表现等,给予下列处分:(一)警告;(二)严重警告;(三)记过;
(四)留校察看;(五)开除学籍。对于曾受过一次处分的违反校纪者,第二次违纪时从重处分。
《鲁东大学学生违纪处分办法》第二十四条规定:违反教学管理规定,旷课或擅自离校、离岗(教
育实习)者,给予下列处分:……(四)一学期内擅自离校8—10天或累计旷课40—49学时的,给
予留校察看处分。(五)一学期内擅自离校11天以上或累计旷课50学时以上,给予开除学籍处
分。第七条规定:留校察看处分的察看期从处分决定下发之日起计算,期限为一年……对屡教
不改的,可开除学籍。
④ 《浙江农林大学学生违纪处分条例》第十三条第(一)项规定,"被司法机关判处管制、拘
役、有期徒刑并宣告缓刑以上刑罚或送劳动教养者,给予开除学籍处分"。

法低密度法律规范的普遍,将这种不可诉关联行为情形纳入违法性继承论来探讨,对认识大学自治和司法权的张力边界具有很强的现实必要性。

(二)行政行为的违法性继承问题扩展了高校学生管理司法审查的范围

1.作为依据的高校校规之适用

作为后续行政行为的关联行政行为,大学制定的校规主要从程序、范围、过程等角度对后续管理的行使作出安排,成为学校行使公权力的依据,后续管理行为则是以此依据而产生的结果。法院在对后续行政行为进行合法性审查时,都对高校先行制定的校规合法性进行了审查。可以说,校规合法性审查的广泛性也决定了违法性继承问题在高校学生管理争讼中的普遍性,如果校规被认定违法不予适用后,进而引起后续行政行为因无依据被法院以法律适用错误被撤销的审查后果。有学者将其概括为"依据—结果"关系。① 在杨某某与济南大学学位证颁发行政案②中,学校认定学生因受留校察看处分,不符合授予学士学位条件。法院认为,原告所受处分系因参与打架,属于因学术水平问题及相关思想品德之外的其他不当行为而受到的处分,与授予学士学位的条件无关。故被告不加甄别地以原告曾受到学校行政纪律处分为由,认定其不符合授予学士学位的条件,法律适用错误。而马某某与天津财经大学行政纠纷案③中,法院认为,由于原告曾因打架被被告给予记过处分,存在不应授予学士学位的法定情形,所以被告作出不授予原告学士学位的决议,事实清楚。尽管两起案件对校规审查的后果截然不同,但均肯认了关联行为的违法性继承。尽管这一情形在行政诉讼法中被描述为对行政行为适用的规范性文件合法性审查,但制定校规主体与后续行为主体的同一性,也使得这一违法性

① 成协中:《行政行为违法性继承的中国图景》,《中国法学》2016 年第 3 期。
② 济南市中级人民法院(2011)济行终字第 29 号行政判决书。
③ 天津市河西区人民法院(2016)津 0103 行初 128 号行政判决书。

继承问题审查具备了法律依据而变得普遍,也是对高校学生管理合法性审查实体面影响最大的审查行为。

2.作为事实要件的关联行政行为

此种情形下,关联行为既是一种独立的行政行为,也是后续行为的事实要件。关联行为的非法性必然导致后继行为缺乏法律要件。在这个意义上,关联行为的非法性将被随后的行为所继承。在由量变累加到质变(身份改变或权利重大影响)的纪律处分纠纷中,聂某某与河海大学教育行政处理决定案①中,法院审查关联行政行为时认为,"关于聂某某是否有权对河海大学对其作出的三次严重警告处分提起行政诉讼的问题,高等学校在对学生作出纪律处分时,如不产生严重影响其受教育权利的情形,对该行为提起行政诉讼的,不予受理。本案中,河海大学对聂某某作出开除学籍处分的依据是之前连续作出的三次严重警告处分,因开除学籍处分剥夺了聂某某受教育的权利,故应当对河海大学之前作出的三次严重警告处分一并审查。"法院首先确定以现行司法审查体制,严重警告的纪律处分并非合法性审查范围,学生单就严重警告处分提起行政诉讼,不为法院受理,本案中作为先行行政行为的多次严重警告处分因法律规定(或司法惯例)不具备可争讼性;但其并未因法效性不足失去行为独立性,同时也是开除学籍处分后续行政行为的事实构成要件。法院对不能争讼关联行为的审查即是对违法性继承的认同。

3.作为证据被审查合法性的关联行政行为

在多阶段行政程序中,由于关联行为与后续行为存在逻辑上、内容上的关联性,关联行为也因此经常成为支撑后续行为合法性的证据。在实践中,有法院从证据的角度,对关联行为与后续行为之关联进行了分析。在周某诉北华大学不授予学士学位行政案②中,原告受记过处分不被授予学位,法院对被告北华大学作出的关联记过处分进行审查,认为证明原告周某考试作弊事实成

---

① 江苏省南京市中级人民法院(2014)宁行终字第142号行政判决书。
② 吉林市中级人民法院(2013)吉中行终字第96号行政判决书。

立证据不足,程序违法,进而认为北华大学所作撤销周某学士学位的后续行政决定缺乏确凿充分的证据支撑和经法定程序认定的事实基础,应予撤销。该案中记过处分因法律规定不具有可争讼性,但是作为作出后续行政行为的主要证据应当具备合法性,记过处分因程序违法被撤销导致后续行为证据不足而被撤销,违法性继承被承认。

4.高校多阶段关联行为判断余地的司法审查

首先是通过将关联行为的违法性继承问题转化为判断余地的高密度审查。在巢湖学院与汪某行政登记再审行政案①中,法院认为,校规解释应当作出对保护行政相对人合法权益更为有利的解释。据此认定原告只有四门经补考才及格的课程属于《学士学位实施细则》第一条第二项第六目规定的课程范围,即汪某不属于不授予学士学位规定的情形,其不授予汪某学士学位证据不足。该案中法院认可了作为依据的关联行政行为的合法性,但对其适用条件和范围等内容进行审查,对作为依据的校规解释时,以司法判断代替学校的自主判断,属于对判断余地的介入,其正当性值得商榷。在运城学院诉孙某某履行颁发毕业证上诉案②中,法院对高校判定学生单科学业成绩的过程进行了详细审查。法院对多阶段关联性行为进行了基于违法性继承的审查,既包括对学业成绩的评定审查,也包括对该行为的关联行为《运城学院课程考核与成绩管理条例》的审查,对事实认定和正当程序深度介入,审查属于高强度。该案直接由法院对专业成绩径行认定,而成绩评定属于专业判断,具有高度属人性,且过程难以恢复,同时成绩管理更属于高校自主管理范畴。法院介入时机选择、强度及审查内容是否适当,不无疑问。

其次是直接对学校学业管理高强度审查。在马某某与广东海洋大学其他一审案③中,马某某重考学分超过规定学分而不被授予学士学位,法院对广东

---

①　合肥市中级人民法院(2016)皖 01 行再 1 号行政判决书。

②　运城市中级人民法院(2017)晋 08 行终 16 号行政判决书。

③　湛江经济技术开发区人民法院(2017)粤 0891 行初 184 号行政判决书。

海洋大学将马某某参加物理化学等四门课程的考试认定为重考是否有事实和法律依据问题进行审查。在大学生学业成绩认定及管理不具备可争讼性的前提下,法院直接对关联的学业管理事实行为进行审查认可了违法性继承。

再者是对行为关联的正当性加以审查,介入学术判断。在李晓雨与安阳师范学院履行法定职责一案①中,法院认为,学生是否有过作弊行为和是否受过处分,并不是《中华人民共和国学位条例》和《中华人民共和国学位条例暂行实施办法》规定的授予学士学位的条件。被告以原告考试作弊、受处分为由口头拒绝原告李晓雨(化名)申请学位证的行为缺乏法律依据。该案系对作为依据的关联行为违法性继承的认同介入了学位授予标准这一学术判断问题。

5.对违法性继承否认的情形

一是主要基于行政行为公定力和法安定性需要,不承认关联行为的违法性继承。胡某某与华中农业大学学位授予纠纷案②中,法院认为,华中农业大学因胡某某考试作弊向胡某某送达记过处分决定书后,胡某某未按照规定在申诉期内提出书面申诉,故该处分决定已经生效。华中农业大学不授予胡某某学士学位,该行政行为合法。基于关联行为已经生效,法院不对其审查,违法性继承未被法院肯认。

二是法院以不属于审查范围而拒绝承认关联行为的违法性继承。这种情形中,法院只对一个行政行为的合法性予以审查。如果其他行政行为与被诉行政行为存在关联,其应当另行起诉或通过其他途径解决。在武某某与西安石油大学不履行法定职责案③中,法院认为《西安石油大学学士学位授予工作实施细则》的解释权在于西安石油大学教务处,故对补考获得的学分是否应计算在重修学分中,属于西安石油大学学术自治范畴,司法不应过多予以干

---

① 安阳市文峰区人民法院(2010)文行初字第13号行政判决书。
② 武汉市中级人民法院案号(2010)武行终字第184号行政判决书。
③ 西安铁路运输中级法院(2018)陕71行终82号行政判决书。

预。该案牵涉成绩评定之评判属专业判断范畴,法院以不属专业判断余地否认了行政行为的违法性继承。赵某某与安徽大学行政纠纷案①中,原告请求判决被告向原告颁发本科毕业证书,法院认为关联行为即原告诉称的不能选修课程和补考致其将无法修足学分的问题,不属行政诉讼的受案范围,进而驳回原告对后续行政行为要求审查的起诉。在王某与某大学行政其他一案②中,原告承认作弊的事实,但是对被告作出记过处分的程序提出异议。法院认为该异议具有不可诉性。该案尽管也是以不属于争讼范围为由不对关联行政行为审查,但记过处分无涉专业判断,同时关联后续重大利益行政行为,否认违法性继承使学生受教育权受到重大影响而失去救济。

三是以权利未受实际影响否认违法性继承。在梁某某与南京航空航天大学留校察看处分纠纷案③中,法院认为,高等院校的管理与纪律处分行为既部分包括行使行政权力,也部分包括行使高校自治权,两者需要根据具体案件保持必要的平衡。在涉及学生身份直接丧失的问题上,应将该行为主要视为行政行为,属于人民法院行政诉讼受案范围。而高等院校对学生作出的警告、严重警告、记过、留校察看等不涉及学生身份变更的纪律处分,应将该行为主要视为行使高校自治权的行为,不属于人民法院行政诉讼受案范围。该案中,法院认为关联行为不具备法效性,也即不具备外部法律效果,尽管通过对不可争讼关联行为的查明,可能对学生受教育权有重大影响,但法院以损害尚未发生,不对关联行为的合法性进行审查,拒绝承认违法性继承。

三、受教育者权利"重大影响"标准开放性之影响

2018 年行政诉讼法司法解释确立的受案范围排除了行政行为对当事人不产生"实际影响"的情形。但有无"实际影响",无疑是涉及实体判断的一个

---

① 合肥市蜀山区人民法院(2018)皖 0104 行初 14 号行政裁定书。
② 上海市长宁区人民法院(2009)长行初字第 24 号行政判决书。
③ 南京铁路运输法院(2016)苏 8602 行初 1214 号行政判决书。

具有相当开放性的不确定性法律概念。实体审查面向,高校学生管理行为对受教育权的影响至何种程度方可获得行政诉讼救济。在我国台湾地区,特别权力关系解构后,将学校行政行为是否对学生的受教育权利有影响作为实体审查的基准,其权利影响的审查基准变构如图9-3所示。

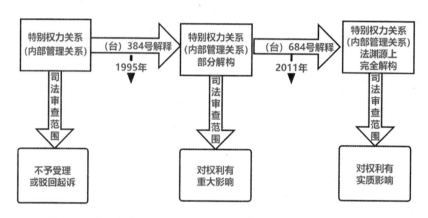

图9-3　我国台湾地区高校学生管理讼争实体权利审查范围变构图

我国大陆地区法院审查高校行政行为侵害学生受教育权的基准为"重大影响",合法性审查范围的广度和深度对司法权和以学术自治及专业判断为核心的大学自治间张力变构过程有重大影响。实体审查上,法院一般主要从两方面判定"重大影响"之有无:一是对受教育权实现有重大影响的行政行为,包括学业证书颁发、学位证授予。李某与华南理工大学教育行政管理(教育)案①中,法院认为,撤销学位对当事人权益影响十分重大,不仅是对当事人过去的否定,让数年的含辛茹苦、艰苦付出付诸东流,更是对当事人将来产生的影响,涉及身份资格、生活条件、发展空间和社会评价等多个方面,对当事人的人权、财产权、发展权都会产生重大影响。二是使受教育者身份改变的行为。受教育者身份改变同时也是判断高校行政行为法效性的程序审查基准,毕竟程序基准与实体基准具有内在的必然联系,"它们只有在有机的结合中

①　广州铁路运输中级法院(2017)粤71行终2130号行政判决书。

才能组成法律",二者"实在是不可分割的"。① 这类行为包括开除学籍、退学处理、取消学籍、不予录取、取消入学资格等,均影响受教育者身份的变更,实践中应纳入实体审查范围。但不确定法律概念,在一个确定的概念核心基础之上,同时包含不清晰的概念外延,这实际上导致了不同法院对"重大影响"价值判断和利益权衡差别,进而形成了司法权张力边界的非结构化差异。艾某某与重庆医科大学教育处理决定案②中,法院认为原告受到被告降格留级的处理,其受教育权受到了实质性的侵害,被告是该案的适格主体,原告有权提起行政诉讼。该案中对"重大影响"的认定显然超越了"改变学生身份"和"影响学业证获得"的基准,扩大了高校学生管理的司法审查范围。

四、司法审查结果及张力强度的结构化差异

如果说合法性审查范围表现了三类张力的广度,合法性审查结果则是三类张力强度的直观表达。

以胜诉率及和解率可以发现不同类型讼争中存在冲突强度即张力边界及强弱,学校和学生胜诉率越接近,表明张力博弈激烈,张力强度也就越强,扩展趋势就愈加突出;反之,张力越小,也说明司法上对该内容大学自治属性的认可度越高,司法权介入的趋势越弱。和解率则可以观察受教育者个体权利张力和大学自治张力冲突趋于消失情形,如某与河北经贸大学经济管理学院教育行政管理(教育)二审行政裁定书直接载明:"在本院审理过程中,上诉人以被上诉人已颁发毕业证、授予学位证为由,向本院书面申请撤回上诉、撤回起诉"。整体观察而言学籍管理行为及招生行为被司法权认可的程度最高,均达到八成以上;纪律处分获得法院认同的比率最低,加之纪律处分进入司法审查的范围目前基本限于开除学籍处分,而纪律的刚性特点也对

---

① 〔奥〕凯尔森:《法与国家的一般理论》,沈宗灵译,中国大百科全书出版社 1996 年版,第146 页。

② 重庆市渝中区人民法院(2014)中区行初字第 00010 号行政判决书。

高校学生管理行为的安定性和公定力影响深远,可见,在不涉及专业判断的管理活动中,更易形成司法权、大学自治及学生受教育权这三种张力的激烈冲突。

五、外在张力边界扩张趋势下的大学自治变构

我国行政诉讼法2014年进行修订,实行立案登记,最高人民法院认为,修改后的《中华人民共和国行政诉讼法》将"具体行政行为"的概念修改为"行政行为",实质上使行政诉讼法的适用范围具有更大的包容性。[①] 之后高校学生管理讼争数量逐年增加。2018年2月最高人民法院出台司法解释,对受案范围做高密度细致化规范。司法实务中,行政诉讼法及司法解释所确定的受案范围[②]在高校学生管理行政诉讼中被限缩。其一,法效性的限缩,即由"产生外部法律效力的行为"限缩为"足以改变学生身份关系、直接侵害影响其受教育权利的行为";其二,权利影响的限缩,由"对公民、法人或者其他组织权利义务产生实际影响的行为"限缩为比"实际影响"更为严格、标准也更高的"重大影响",即对学生受教育权有实质重大影响的行为,才有可能纳司法审查范围。[③] 在台湾地区,随着释字第684号解释的出炉,特别权力关系之藩篱被突破,在法律渊源上完全消解了特别权力关系;但大陆地区并无形式上针对高校学生管理讼争法律渊源的颁布,仅以指导案例的形式予以规范,但其影响有限,进而形成法律适用的地区差别。前述司法大数据分析表明,基于特别权力

---

① 最高人民法院(2017)最高法行申295号再审审查与审判监督行政裁定书。

② 2018年2月8日起施行的《最高人民法院关于适用〈中华人民共和国行政诉讼法〉的解释》第一条规定:"公民、法人或者其他组织对行政机关及其工作人员的行政行为不服,依法提起诉讼的,属于人民法院行政诉讼的受案范围。下列行为不属于人民法院行政诉讼的受案范围……(五)行政机关作出的不产生外部法律效力的行为;……(十)对公民、法人或者其他组织权利义务不产生实际影响的行为。"第二条第三款规定:"行政诉讼法第十三条第三项规定的'对行政机关工作人员的奖惩、任免等决定',是指行政机关作出的涉及行政机关工作人员公务员权利义务的决定。"

③ 王振清:《刍议高校学生管理行为司法审查的范围与限度》,中国法制出版社2012年版,第7页。

关系理论的高校与学生内部管理关系逐步被消解,程序面上,立案登记制更进一步助力司法权和受教育者个体权利张力边界扩展;实体面上,低密度教育实体法律规定的密集在确认大学自治空间的同时,也为司法权之介入打开了通道,高校学生管理行政行为违法性继承的合法性审查和高度不确定性的"权利重大影响说"判断基准在事实上扩大了司法审查的广度和深度。而以限制权力、保护权利为要义的司法审查在保障大学自治和个体受教育基本权之间所做的衡量更是充满了浓厚的利益平衡色彩。最高院原副院长江必新就指出,"《行政诉讼法》在受案范围上采取的是逐步扩大的方针,即先确定一定范围,然后根据时代的发展、权利保护的需要、司法经验的积累,再通过单行法律法规的规定,逐步放开"。①

　　面对充满扩张之势的外在张力,大学自治的自我变构应当如何坚守培养人才和高深学问研究为核心要务的内在品格?本书认为大学自治不是一个静态的、固化的存在,而是一个动态变化和不断开放的过程,这既是大学作为探求高深学问之所的内在逻辑,同时也是大学自治变构的内在原因。外部张力可以说是变构的外在原因,但大学要走向更高程度的自主,自我变构应是主要因素,这一过程不是放弃其内在价值,取悦外部张力。争讼案件的和解率实质上就是一种大学自治对外界张力的迎合表现,尤其是学业证颁发和学位证授予更是集中体现了以学术自由为核心的大学自治,其和解率分别达到 18.5% 和 9.4%。以司法实践观察,学生同意和解或主动提出撤诉的前提基于大学的妥协而基本上达到诉讼目的,其实质是大学自治张力在个体权利救济扩张面前的收缩。可如果完全忽略外部张力或者放弃内在张力,张力平衡就会被打破,失去变构内在动力的大学最终会陷入僵化或迷失。同时也应看到,自治不是一项权利,必须通过负责任的行为和对社会的有效服务不断获得,得到社会的支持,不是为了失去自己,而是要承担社会赋予的使命和责任,对社会需

---

① 江必新、李广宇:《政府信息公开行政诉讼若干问题探讨》,《政治与法律》2009 年第 3 期。

要作出积极反应,这种介入必须让渡部分自治权。阿什比早就认为,大学的自治就是建立内在张力与外部张力互动基础上的变构过程,要随时适应(有时是很痛苦地)所处的社会环境。①

第三节　大学自治与司法张力的
平衡与规范

一、张力平衡与规范建构的目标价值

大学自治是大学制度的灵魂和内在张力的逻辑来源,是一个以理想追求为内容的内在张力和外部社会张力之间持续冲突与平衡的变构过程。传统的高等教育自主权现在不是也可能从来都不是绝对的。大学是探索高深知识的理性场所,但在没有外部干扰的情况下,其自我运作并不总是合理的。某些情况下,大学自律的缺乏和外部张力的不足,会使大学自我放纵而进入"无法空间"的边缘。② 外部张力对大学自治限缩的底线就是不得干预学术自由及专业判断。"虽然高等教育可以容忍立法机关对学术自主权的轻微冒犯,但立法机关绝不能限制大学的学术自由。如果政府这么做,大学就是不存在的。"③诉求大学自治应当保持外部张力和大学内在张力的辩证统一,保持大学基于学术自由的自治是内外张力平衡的前提,外部张力的强势扩张必将消

---

① ［英］阿什比:《科技发达时代的大学教育》,滕大春译,人民教育出版社 1983 年版,第 138 页。

② 处于欧洲大学"冰河期"的牛津和剑桥大学就是一个很好的佐证。当时,在宗教势力大大减弱、世俗势力尚无暇顾及的时候,牛津和剑桥大学获得了充分的自由。然而,这种自由并没有带来大学的发展和学术的繁荣,而是大学的衰落和学术的沉寂,大学甚至变成了"堕落之所"。在这种情况下,英国发起了加强社会干预的新大学运动,19 世纪大学的复兴才得以出现。(参见［美］亚伯拉罕·弗莱克斯纳:《现代大学论——美英德大学研究》,徐辉等译,浙江教育出版社 2001 年版,第 28—34 页)

③ ［美］布鲁贝克:《高等教育哲学》,王承绪等译,浙江教育出版社 2002 年版,第 34 页。

弭大学内在张力,进而扼杀大学活力;而完全消解外部张力,也会导致大学功能的堕落。各类张力应在不稳定的平衡中实现自身的功能变构。① 高校学生管理关系在特别权力关系部分解构后,复杂化为内部法律关系与外部法律关系的交叉并存,内容上表现为行政管理活动与学术自治活动的交织并行,高校学生管理的合法性审查演变为一个由立法权、司法权、受教育权、大学自治及利害关系人等构成的一个复杂的冲突与合作格局。在此背景下,司法审查的广度和深度也须因势调整,从传统上以个体权益保障为主转向个体权益保障与客观法秩序维护并重,更加关注整个大学自治活动的效率和法秩序的价值。大学自治、司法权、受教育者个体权利的张力平衡变构过程不仅应保持价值取向的基本一致性,还需保持其固有价值的适当分离,也就是说价值取向一致但不至于混同;同时也应在无混乱冲突的情况下实现各自价值取向的适度分离。一方面,大学和法院的价值取向均应以最大法益为基础,无论是限权监督、权利救济的司法权还是基于保障学术自由、判断余地的大学自治,二者的价值取向应统一在保障大学功能的实现上。另一方面,法院与大学价值取向应适度分离,这是由法院和大学的不同社会角色决定的。大学要实现人才培养、高深学问探索的自身价值功能;法院基于公平正义的维护,实现权利救济功能,要介入大学治理,但法院应树立大社会利益观,避免狭隘、短视的功利性司法行为。三类张力边界的适度保持,就是要寻找司法审查和大学自治之间的平衡点,既要承认适度司法审查的合理性,满足司法作为权利救济最后管道的社会需要,又要使大学自治权充分实现,确保其社会职能的发挥。而平衡的关键就是合理界定大学自治的司法审查范围,厘清司法张力的边界,确定合法性审查的基准。

---

① 刘淑华:《论大学自治的限度及其张力》,《石油大学学报(社会科学版)》2005 年第 3 期。

二、高校学生管理行为违法性继承的张力平衡构造及审查规则：司法张力边界之变构

有研究者将司法制度的基本功能分为"纠纷解决"和"政策实施"，司法实践不会以单纯的实现解决纠纷或实施政策为目标，尽管各国的司法实践风格迥异，本质就在于两种基本功能在不同时期分别呈现不同的重要性。① 现行司法审查制度强调对行政行为的全面审查和对当事人合法权益的实际救济，这在客观上助长了实质正义观的发展。然而，这种实质正义观在强调行政合法性的同时，可能危及法安定性和行政行为的公定力等其他法益。因此，司法张力的边界在程序面上要准确把握立案登记制改革的实质意义和价值，坚持法定条件，进行适度的、合理的审查，把好立案关，在有效解决学生个体教育权救济问题的同时，又能有效防止行政诉讼滥诉问题的发生。在实体面上更应拿捏好司法审查的深度，保持适度司法谦抑和对大学自治的合理尊让。

（一）价值构造：不同法益的动态平衡

关联行为违法性继承理论的价值在于学生不能直接针对关联行为争讼时，其权利仍可得到法律的无漏洞救济。在我国，因受教育者个体权利救济渠道狭窄，尤其是在特别权力关系并未完全解构的情形下，形成高校学生管理行政诉讼受案范围的实践差异。违法性继承是否为法院认可取决于其对后续行政行为的审查密度，也就是在后续行为的撤销诉讼中是不审查、形式审查抑或全面审查关联行为。司法审查关联行为时首先引入程序法视角，重点关注学生是否存在寻求有效救济的空间和可能。在个案中对学生权利救济的必要性与大学自治对法安定性和行政行为公定力的需求之间进行衡量，进而确定对关联行政行为的审查强度，在受教育权利受到"重大影响"，司法救济确有必

① ［美］米尔依安·R.达玛什卡：《司法和国家权力的多种面孔》，郑戈译，中国政法大学出版社 2004 年版，第 24 页。

要时,采用高密度的全面审查,承认关联行为的违法性继承,确认审查关联行为的主张,以决定是否撤销后续行为;如果学生权利受侵害的权利保障程序充分或者事后权利救济损害无必要且不会损及更大法益时,应否定违法性继承。如何实现大学自治法益和个体受教育基本权救济的平衡,应充分符合行政诉讼目的的动态发展。2018 年行政诉讼法司法解释对受案范围的细致化规定也是在寻求权利救济与滥用诉权之间的平衡中厘定司法权的张力边界。

(二)适用校规的违法性继承审查规则

实践中,对关联行政行为的违法性继承问题司法审查存在两种价值取向,即维护法安定性和行政行为确定力的否认行为和为实现实质正义而全面审查行政过程的肯认行为。显然,这种高密度审查的肯认行为在实际上影响了合法性审查的结果,前文所述司法审查介入高校成绩评定、管理以及校规解释的情形即属于高密度审查,最终法院作出了不利于学校的审查结果。两种冲突的价值观如何实现平衡,在相当程度上影响了大学自治和司法权的张力变构。本书认为可从以下情形确定应否认同校规的违法性继承问题。

首先是区分校规的内容。以是否涉及判断余地为基准,可分为规范事项校规和事件事项校规。前者包含价值评判,涉及主观评价,应不予承认违法性继承,以维护学校专业判断的安定性,展现对大学自治的尊让;但对不存在判断余地的行政行为可以增加审查密度,以对公权力之滥用可能予以监督,保障受教育基本权。就学业管理方面而言,由于成绩评定及相关事项涉及高度属人性的人格评价,需长时间行为观察,应由与受评学生在职务执行上最具紧密关联性的教师或学校相关人员进行考核。法院在组织、权限及功能上,因事实上无法长时间观察受评学生,进而对其在学期间表现产生评价性印象,自难以替代学校或教师决定,亦难以重建判断情境。因而针对成绩评定或相关纪律处分原则上仅能尊重学校或教师的判断,进行低密度之适法性审查。学业方面以外,无须纳入大学自治原则而限缩司法审查密度。

其次是区分不当关联和正当关联。理论上,违法性继承的判断以"目的与效果同一性基准"为通说,主张关联处分与后续处分旨在结合起来实现一个效果,在完成后,原则上应作积极解释;先行处分与后续处分虽有相互关联,但各自以不同的效果为目的时,则应作消极解释。但如何认定关联行为和后续行为效果的同一性并不清晰。① 正当关联系符合目的与效果同一性,例如关联行为累加至后续行为要件完成的"量变到质变"的情形,王某某诉中国政法大学成绩不合格退学纠纷案②,法院认为因原告的学位课程考试成绩出现"在同一学期内有2门(含)以上不及格"的情形,其所在的法律硕士学院决定终止其学习资格,对原告给予退学处理,并无不当。该案中,学校的成绩评定及相关适用的校规均为多阶段关联行为和退学处理的后续行为,即符合目的效果的同一性基准,关联行为的违法性继承应当被承认。但大学自主管理过程中存在诸多不符合"同一性"标准的不当连接行为,例如纪律处分和学位授予分属不同事项,前者主要是事实行为,不适用专业判断;后者为学术自治范畴,(狭义上)两种行为没有目的同一性。先行纪律处分行为的违法性继承不应承认,也即是不应对关联的记过、警告及留校察看等处分进行合法性审查,只能对后续的学位授予行政行为合法性加以审查,如此,后续行政行为的合法性审查结果是受到法院更大程度上的尊重。但实践中高校往往不加区分地笼统地将任一纪律处分和对学生有重大影响的学业证颁发或学位授予相连接,实质上违反了不得放弃行政裁量的行政要求。因此,本书认为,关联行为连接对学生有"重大影响"的后续行为时,应当突破"目的与效果同一性基准",承认关联行为的违法性继承。这在学生受教育权救济范围狭窄的现状下,在事实上扩大了合法性审查范围,在扩展学生受教育权救济范围的同时,也兼顾了对大学自治中存在滥用公权力的行为司法监督,而且也利于纠纷的最终解决,

---

① 夏新华、谢广利:《论关联行政行为违法性继承的司法审查规则》,《行政法学研究》2017年第6期。

② 北京市昌平区人民法院(2015)昌行初字第261号行政判决书。

符合诉讼经济的原则。以是否对学生受教育权有"重大影响"为基准确认应否承认不当关联行为的违法性继承,这实际上也是基于效率考量对法安定性保障和实质正义观的折中调和。

(三)权利影响是否"重大"的判定及审查

首先,对改变学生身份的行为法律属性认识上的不同,不应影响学生救济权的行使。实践中,法院主要是对招生权是内部自主管理权还是国家公权力的属性存在些许争议,例如前文涉及徐某取消入学资格案和于某某取消学籍案,但以公权力属性为通说,因此无论高校以何种形式作出改变学生身份的行为均应属司法审查范围。

其次,对学业证颁发和学位证授予应区分情形确定审查范围。这类纠纷存在三种情形:一是不授予学位证或不颁发学业证的行为,这类纠纷列入司法审查范围并无异议。二是可能影响学位授予和学业证颁发的关联行为,基于这类行为的普遍性,司法权的介入对大学自治形成极大压缩,即不利于行政效率原则也会造成司法资源的浪费,该类行为可以通过违法性继承的承认,在不授予学位证或不颁发学业证的事实发生时,一并审查。三是延迟获得学业证或学位证的行为,例如留级处理或下编级处理,这类行为在事实上已经造成学生不能按时获得相关学业证书,应否列入司法审查范围。各法院处理不同,梅某与北京邮电大学留级行政纠纷案①和姚某某与天津职业技术师范大学下编级处分决定纠纷案②中,法院均认为作出的留级决定系对其内部事务进行管理的行为,并非行政行为,不属于行政诉讼的受案范围。但前文提及的艾某某与重庆医科大学教育处理决定一审案中,法院存在不同认识。本书认为,对学生不能按时获得学业证书的行为,应该尽量朝合目的性方向来掌握,事实上,当权利没有立即现实变更,但已出现重大、急迫变更可能的事实,而且这些变

① 北京市第一中级人民法院(2017)京 01 行终 541 号行政裁定书。
② 天津市津南区人民法院(2016)津 0112 行初 74 号行政裁定书。

更事后从成本考量,难以逆转时,即应认定权利已处于重大变动阶段,而应给予权利受影响者实时救济的机会。因此,有必要对此类行政行为尽早进行司法审查。

(四)判断余地的审查

立法者制定法规使用含义不明用语或该用语有多种解释可能,而具体事实与法规涵摄过程中,行政机关可以自由判断的情形,称为"判断余地",而事实关系的认定则无关乎不确定法律概念或判断余地。一般认为,高校对于某种特殊判断事项特别是考试评分、学术事项、学生学业评量等涉及高度属人性的判断,具有不可代替性,高校享有"判断余地"或"判断空间",或称"最后的决定权",司法审查范围即应受限制,亦即法院不得加以审查或为低密度审查。

三、大学治理的应对性变构:治理主体到治理规则

大学治理本源意义上就是大学管理的法治化,亦可视为一种实质意义上的大学法治。大学治理的法治化进程就是法律调整教育关系和教育行为的演进过程,这一过程的评价标准应当是法律。就复杂的社群而言,治理不仅借由法律途径来实现,还要以法律作为其优劣的评价标准。[①] 司法审查是法律作为评判标准实现的主要途径;而司法审查张力边界呈事实上的扩张态势,其中尤其以高校学生管理行为违法性继承的肯认为核心,大学自治的变构内容在关注相关利益者等治理主体的同时,也应转向以校规的制定和实施为核心载体的治理规则与实践。高校学生管理的合法性审查本质上来说,是对大学治理法治化进程中学生受教育权救济的正面回应,是大学校规之治正当性、合理性的权威外部矫正和检验。这也是实现大学自治张力与外部

---

① 谈萧:《中西方治理的语境演化及制度结构》,《政治法学研究》2014 年第 1 期。

张力动态平衡的必由之路。

　　校规订定应遵循相应原则,尤其是长期被忽视但又逐渐为司法审查所关注的不当关联禁止原则。以学位授予纠纷为例,在106起学位授予纠纷中,因纪律处分不被授予学位占比达到50%。司法审查过程中,在二者关联的正当性认识上存在不同见解,尽管目前绝大部分法院还是支持了关联的正当性,但也有部分法院对此项关联实施高强度审查,进而否认了关联的正当性。

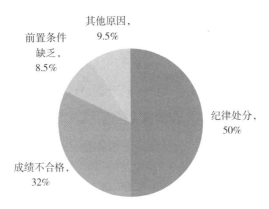

前置条件缺乏,8.5%

其他原因,9.5%

纪律处分,50%

成绩不合格,32%

图9-4　学位授予纠纷类型占比图

　　例如在刘某某与中山大学新华学院行政行为纠纷案①中,法院认为,"《中山大学新华学院学士学位授予工作细则(试行)》对考试舞弊学生提出比普通学生更加严格的学术评价标准,实际是将不予授予学位作为对舞弊学生的惩戒措施,这种做法与学位授予制度的目的及学位授予行为的性质不符"。可见,大学在学术自治范围内,可制定合理规范管理校务、教务及学生事务,然而各项规范之订定必须注意不当联结禁止原则,以维护学生权益及避免争端。大学学术规则的制定尤其应体现程序、目的和效果的一致性,以避免可能出现的影响法安定性和行政行为公定力情形。同时,平等原则、不利法律效果的比例原则、正当程序原则也是校规制定不可忽视的重要原则。另外,校规的制定

────────────

①　广州市天河区人民法院(2015)穗天法行初字第669号行政判决书。

还应关注和上位法的正当、合理衔接;在适用校规时,对事实的认定应符合基本的证据规则要求,同时行政裁量应体现合理性。

全面依法治国理念下,学生受教育权寻求司法救济的态势日趋增长,兼具权力监督和权利救济的司法审查能否保持适度的张力边界直接影响大学自治、学生受教育权利救济和司法权动态平衡的形成。司法实践的考察可以发现为单一规范研究范式所隐匿的司法权与大学自治张力的实然状态。司法大数据为这一问题的研究提供了现实途径,通过司法大数据的类型化梳理,观察高校学生管理合法性审查的理论上全样本数据图景,可以发现,在正式法律渊源缺位的现状下,司法权通过违法性继承问题的肯认在实践中扩张了合法性审查的广度和深度,在扩大权利救济的同时也造成了司法权与大学自治间张力状态的非结构化失衡。司法权的张力应通过合理的审查规则保持和大学自治的适度动态平衡;同时大学自治也应通过治理规则的制定和实施自身的针对性变构,以充分保证大学功能的实现。

第十章　制度性问题典型案例评析

　　本章进一步分析争议双方或者法院是否在裁判文书网中提出超越个案的制度问题,制度问题并非仅是对于现行制度的检视,而是由指出制度上的缺位所在,提出改进的方向。裁判虽然仅是对于个案的纠纷解决,但是也可能是制度问题的具体呈现,法院可以在个案中借由其对制度问题的回应而影响教育立法和高校行政。因此其实在个案当中当事人双方以及法院均可提出立法的法律上的缺位问题,而法院对该类问题如何回应也就十分重要。对于制度性缺失引发的诉讼,对学校具体行政行为的审查,司法者更应该从超越直接上位法规范的约束,寻求更高位阶规范对权利的保障性规定,进而形成整体法秩序下受教育权的合法性规定。例如取消学籍等有关学生身份变更的行政处理行为,应当和处分行为同样重要,列入受案范围,寻求行政诉讼法律的限权和权利保障的规范目的。

第一节　受案范围与高校自主管理

一、不准予参加论文答辩

（一）案件事实①

张某某参加法律专业(本科)全国高等教育自学考试。新疆大学作为自

---

① 乌鲁木齐市中级人民法院(2016)新 01 行终 46 号行政判决书。

学考试法律专业(本科)的主考院校,负责组织实施2012年高等教育自学考试法律专业(本科)论文答辩工作,报名时间为2012年5月7日至6月15日,论文答辩时间为2012年7月9日至7月13日。张某某报名参加了2012年自学考试法律专业(本科)的论文答辩,论文选题为"试论法律的平等原则",指导老师为新疆大学教师任某某。直至论文答辩之日,张某某未将论文提交给指导老师任某某。2012年7月9日,张某某持论文手抄稿,到新疆大学要求参加答辩,经新疆大学法学院自学考试办公室研究,认为张某某既未在规定时间内按要求与指导老师联系修改论文,也未按新疆大学自学考试论文答辩规定的格式准备论文,不准予张某某参加论文答辩。

(二)法院裁判

不准予张某某参加论文答辩的行为属于高校行使办学自主权的行为,并非行使法律、法规授权的行政管理职权,故对张某某的起诉,应当予以驳回,裁定驳回张某某的起诉。

(三)个案评析

高等院校依据法律、法规的授权,对受教育者作出颁发学历、学位证书以及进行学籍管理等对学生的受教育权产生实际影响的行为,是高等院校行使行政管理职权的行为。毕业论文是高等院校完成专业培养目标的一个重要教学环节,是张某某所参加的高等教育自学考试法律专业(本科段)课程及实践性环节考核的组成部分。本案中,张某某未在规定的时间内按照论文答辩的要求与指导老师联系修改论文,也未按照新疆大学自学考试论文答辩规定的格式准备论文,故未被准予参加2012年的论文答辩。张某某自称学校和指导老师让其参加第二年的论文答辩,由此可见,张某某受教育的权利并未受到实际影响,且张某某虽未被准予参加2012年的论文答辩,但其学生身份并未丧失。《中华人民共和国行政诉讼法》第二条规定:"公民、法人或者其他组织认为行政机关和行政机关工作人员的行政行为侵犯其合法权益,有权依照本法向人民法院提起诉讼。前款所称行政行为,包括法律、法规、规章授权的组织作出的行政行为。"高等院校系事业法人,而非行政机关,依上述规定,其在对受教育者作出颁发学历、学位证书、进行学籍管理等法律、法规、规章授权的行为时,可以作为行政主体。本案中,新疆大学不准予张某某论文答辩,但并未剥夺张某某受教育的权利,该行为系高等院校行使办学自主权的行为,而非行使法律、法规、规章授权的行政管理职权。张某某请求确认新疆大学不准予其论文答辩行为违法,不属《中华人民共和国行政诉讼法》第十二条规定的行政诉讼案件的受案范围。

二、下编级与留级处理

(一)下编级①

1. 案件事实

原告在 2013—2014 学年第二学期开学初重考后,不及格课程学分累计达 30 学分以上,被告根据该校《本科学生学则(修订)》第四十四条第一款规定,于 2014 年 3 月作出津职师大教务处发〔2014〕20 号文件,通知原告编至下一年级继续学习(简称"下编级")。之后,原告依照该通知办理了下编级手续,继续学习。在下编级的一年里,原告不及格学分又累计达 25 学分以上,被告根据该校《本科学生学则(修订)》第四十四条第四款规定,于 2015 年 3 月作出津职师大教务处发〔2015〕24 号文件,通知原告继续下编级,原告第二次下编级后继续在被告处学习至今。现原告认为被告 2014 年 3 月对其作出的下编级通知不合法。

2. 法院裁判

原告于 2014 年 3 月因所修课程学分未达到学校要求被通知下编级,被告

---

① 天津市第二中级人民法院(2016)津 02 行终 390 号行政判决书。

基于《本科学生学则(修订)》中的学分规定对原告进行学业评定并对其作出下编级通知的行为属于被告内部管理行为,该行为不属于行政诉讼受案范围。裁定驳回原告的起诉。

3. 个案评析

根据《普通高等学校学生管理规定》第十四条规定:"学生学期或者学年所修课程或者应修学分数以及升级、跳级、留级、降级、重修等要求,由学校规定。"被告在学生管理方面具有自主权。被告制定了《本科学生学则(修订)》,对学生所修学分及学业管理作了规定。本案中,原告于2014年3月因所修课程学分未达到学校要求被通知下编级,被告基于《本科学生学则(修订)》中的学分规定对原告进行学业评定并对其作出下编级通知的行为属于被告内部管理行为,该行为不属于行政诉讼受案范围。

(二)留级①

1. 案件事实

2016年6月27日,北京邮电大学向梅某等29名本科学生作出大四留级决定,认为梅某等29名学生未完成本专业培养计划(方案)规定的全部内容。根据《北京邮电大学本科生学籍管理规定》第三十八条的规定,给予梅某等29名学生予以大四留级。梅某不服,诉至法院。

2. 法院裁判

北京邮电大学对其学生梅某作出留级的决定,系学校根据其内部的管理规定,对其内部事务进行管理的行为,并非依据相关法律法规实施的相关行政行为。故北京邮电大学作出的留级决定不属于人民法院行政诉讼的受案范围。

3. 个案评析

《普通高等学校学生管理规定》第十五条规定,学生每学期或者每学年所

---

① 北京市第一中级人民法院(2017)京01行终541号行政判决书。

修课程或者应修学分数以及升级、跳级、留级、降级等要求,由学校规定。本案中,北京邮电大学作出的留级决定系对其内部事务进行管理的行为,并非行政行为,不属于行政诉讼的受案范围。

三、不涉及身份变更的纪律处分

(一)留校察看①

1.案件事实

原告崔某某系被告中国地质大学机械与电子信息学院 2014 级的学生。2015 年 7 月 9 日,被告中国地质大学作出《学生课程考核违规拟处理通知单》,该《通知单》的主要内容为:根据《中国地质大学(武汉)本科生课程考核违规处理办法(试行)》第十一条第三款,拟给予崔某某留校察看一年处分。2015 年 7 月 9 日,被告中国地质大学作出教考字(2015)第 73 号《关于给予崔某某、马某、颜某某留校察看一年处分的决定》,认定"2015 年 6 月 26 日晚,崔某某、马某、颜某某在《大学物理 C1》课程考核中,三人相互协助作弊","决定给予崔某某、马某、颜某某留校察看一年处分"。原告诉至法院。

2.法院裁判

驳回原告的起诉。

3.个案评析

(1)《中华人民共和国教育法》第二十九条第一款第一项规定,学校及其他教育机构行使"按照章程自主管理"的权利;《中华人民共和国高等教育法》第十一条规定,高等学校应当面向社会,依法自主办学,实行民主管理。因此,上诉人中国地质大学并非行政机关,而是依据上述法律规定享有办学自主权的高等学校。

(2)从现有法律法规来看,留校察看不属于行政诉讼的受理范围。被告

---

① 武汉市洪山区人民法院(2015)鄂洪山行初字第 00135 号行政判决书。

依据《普通高等学校学生管理规定》《中国地质大学（武汉）学生管理规定》《中国地质大学（武汉）学生违纪处分实施办法（修订）》《中国地质大学（武汉）本科生课程考核违规处理办法》的规定，对原告崔某某作出留校察看的纪律处分决定。该行为因不涉及学生身份丧失问题，不影响其受教育权，属于被告在维护学校的教育教学秩序过程中依法行使自主管理权范畴的行为，该行为不属于人民法院的受案范围。

（3）留校察看处分不是具体行政行为，不具有可诉性。学校不是行政机关，只有在行使法律授权的行政管理职能时才是具体行政行为。根据《教育法》第二十九条、《高等教育法》第四十一条、《普通高等学校学生管理规定》第五十三条规定，学校针对学生的学位、学籍作出的处分行为才是具体的行政行为。留校察看处分不具备行政可诉性。留校察看并未侵犯学生的受教育权。《普通高等学校学生管理规定》第六十一条至第六十三条明确规定对留校察看等处分行为的救济途径为向教育行政主管部门申诉。

（二）严重警告[①]

1.案件事实

原告谷某某于2015年9月15日向法院提起行政诉讼。原告谷某某诉称，2014年10月22日晚7点多，原告和2012级学生李某发生矛盾，李某对原告实施暴力侵害，造成原告眼睛严重受伤。原告向万寿寺派出所报警，派出所民警不理会原告正当、合理的要求。民族大学也向原告施加压力和影响，对李某只作出了严重警告处分。原告认为被告作出的处分对原告不公正、不公平；该处分适用法律法规错误，程序和结果明显不当。现原告起诉要求判决被告于2014年12月16日对李某作出的严重警告处分决定无效，判令被告彻底调查原告被李某恐吓、威胁、殴打一事，重新作出处分。

---

① 北京市海淀区人民法院（2015）海行初字第01337号行政裁定书。

2.法院裁判

驳回原告谷某某的起诉。

3.个案评析

依据《中华人民共和国行政诉讼法》第二条的规定,公民、法人或者其他组织认为行政机关和行政机关工作人员的行政行为侵犯其合法权益,有权提起诉讼。本案中,民族大学对其学生作出处分决定,是学校对其内部事务进行管理的行为,并非实施相关行政行为,不属于人民法院行政诉讼的受案范围。因此,对于谷某某的起诉应当予以驳回。在梁某某与南京航空航天大学留校察看处分纠纷案中,法院在裁定书中叙明:"在法院组织的谈话中,原、被告双方均称即使原告受到的是严重警告处分,也会影响到原告的专业选择、学位取得及委托培养合同的履行等";但同时法院依然认为,"被告南航大因认定原告梁某某考试作弊而对原告作出留校察看的处分决定,该处分决定并不直接导致原告学生身份的丧失……因该处分行为主要属于被告行使高校自治权的行为,并未直接侵犯原告的受教育权利,不属于人民法院行政诉讼受案范围"。[①] 徐某某与华中农业大学案[②]中,法院认为华中农业大学根据法律、校规对上诉人徐某某作出警告处分,系属对其成员的内部管理行为,应当属于高校自主办学所享有的自治权范畴,不属于行政诉讼的受案范围,但涉案警告处分决定系本案关键证据,法院可以审查证据的标准予以适度审查。

四、转专业[③]

(一)案件事实

原告顾某某认为被告中南财经政法大学作出的《关于做好2013级普通本

---

① 南京铁路运输法院(2016)苏 8602 行初 1214 号行政判决书。
② 武汉市中级人民法院(2017)鄂 01 行终 27 号行政判决书。
③ 武汉市中级人民法院(2014)鄂武汉中行终字第 00091 号行政裁定书。

科学生调整修读专业工作的通知》中不平等规定条款剥夺了学生自由求学的基本权利,向法院起诉请求判令撤销《关于做好 2013 级普通本科学生调整修读专业工作的通知》中限制学生自由选择参加调整修读专业考试的不平等规定条款,判令同意其享受《中华人民共和国教育法》赋予的权利,自由选择参加中南财经政法大学 2013 级普通本科学生调整修读专业考试。

（二）法院裁判

驳回上诉人顾某某的起诉。

（三）个案评析

《中华人民共和国教育法》关于"教育基本制度"和《中华人民共和国高等教育法》关于"高等教育基本制度"均未规定高校对其内部学生转专业申请须经法律、法规授权才能进行审批。被上诉人中南财经政法大学作出的《关于做好 2013 级普通本科学生调整修读专业工作的通知》,不是管理社会公共事务的行政行为,而是对其成员的内部管理行为,属于该校履行教育自治权利的体现。法院裁定驳回顾某某的起诉并无不当。

第二节　不确定性概念

一、案件事实[①]

原告系被告法学院社会工作专业 2012 级本科生。2014 年 3 月,原告办理在辽宁师范大学借读手续,借读时间为一学期。2014 年 8 月新学期开学后,原告一直未返校,截至 2014 年 9 月 10 日,原告擅自离校时间超过 11 天。

---

① 烟台市芝罘区人民法院(2016)鲁 0601 行初 6 号行政判决书。

2014年9月12日,原告及其家长委托代理人胡某某到学校办理转学事宜,后来转学未成功,且原告一直未返校学习。2014年10月16日,被告给予原告留校察看处分,并送达原告本人。2015年5月3日到2015年6月3日,原告在留校察看期间,擅自离校30天。2015年6月16日,被告工作人员李某甲在原告所在班级班长李某乙、团支书衣某某见证下,电话告知原告将给予其开除学籍处分。2015年9月30日,被告作出了开除原告张某某学籍的处分决定。2015年10月8日,被告法学院工作人员李某甲在曲某某、李某乙、衣某某的见证下,通过电话宣读的方式将处分决定告知原告本人,并告知其申诉的权利、时限和途径。2015年12月8日,原告父亲到被告处提交申诉申请,请求学校撤销处分并对原告作自动退学处理。被告以超过申诉时效、申诉的事实和理由不符合申诉受理条件为由,书面答复原告不予受理,并通过传真送达原告父亲。2016年1月5日,原告向山东省教育厅申请行政复议。2016年1月8日,山东省教育厅作出鲁教学申〔2016〕1号通知书,以"申诉事项未经鲁东大学学生申诉处理委员会复查并作出复查决定"为由,决定不予受理申诉。《鲁东大学学生违纪处分办法》第二十四条规定:违反教学管理规定,旷课或擅自离校、离岗(教育实习)者,给予下列处分:……(四)一学期内擅自离校8—10天或累计旷课40—49学时的,给予留校察看处分。(五)一学期内擅自离校11天以上或累计旷课50学时以上,给予开除学籍处分。该办法第七条规定:留校察看处分的察看期从处分决定下发之日起计算,期限为一年。……对屡教不改的,可开除学籍。第二十九条规定:学生因旷课给予处分的,还需提交班主任的情况说明(至少2名该班级学生干部签字证明)和学生旷课记录,旷课记录须有课程和课时的认定,并加盖学院公章。建议给予记过、留校察看、开除学籍处分的,将《学生违纪处分申报表》、学生书面检查及其他事实材料,提交学院班子集体讨论并提出初步处理意见,学院主管领导签署意见后,将相关材料上报学生工作处。学生工作处根据事实情节及有关部门的处分意见,研究提出拟处分意见,经学校领导审批后,发布处分文件。第三十条规定:学生处分决定的送达与备案程序······(三)如果学生不在学校,须在 1 名教师和 1 名学生的见证下,电话联系学生本人,对其宣读处分决定。

庭审中,原被告双方对原告张某某违反校规校纪没有争议,但对被告作出开除学籍处分决定前告知程序、开除学籍处分的送达方式、申诉是否超期、处分依据有异议。原告认为,首先,2015 年 6 月 16 日的电话通知并不是处分前的告知程序,因为开除学籍的处分直到 2015 年 9 月 30 日才作出,时间跨度太长,这种通知不应当认定为处分前告知程序。其次,被告通过电话告知处分决定并不属于行政处罚法和民事诉讼法规定的送达方式。再者,申诉期限应当自原告收到签收处分决定书起计算,原告 2015 年 12 月 8 日签收开除学籍处分决定书,当日提交申诉申请,并未超过申诉期。最后,被告作出处罚所依据的《鲁东大学学生违纪处分办法》第二十四条第五项"一学期内擅自离校 11 天以上或累计旷课 50 学时以上,给予开除学籍处分"与教育部发布的《普通高等学校学生管理规定》第二十七条"学生有下列情形之一的,应予退学:······(四)未请假离校联系两周未参加学校规定的教学活动的······"相抵触,对于原告的违纪情况,应当按照退学处理。被告对此主张称,我校 2015 年 6 月 16 日通知原告要对其作出开除学籍处分,直到 9 月 30 日正式作出处分决定,说明给原告充分的申辩期限。

二、法院裁判

法院认为:(一)根据《中华人民共和国教育法》第二十九条的规定,高等学校作为法律法规授权的组织,具有对受教育者进行学籍管理的行政职权,有权制定符合法律法规的校纪、校规,有权对在校学生进行教学管理和违纪处分。根据《普通高等学校学生管理规定》第五十五条规定,学校对学生作出处分决定,应当做到程序正当、证据充分、依据明确、定性准确、处分恰当。

(二)关于鲁东大学对张某某作出开除学籍处分决定是否符合法律规定的问题。2014 年 8 月 25 日至 9 月 10 日,原告未经许可无故旷课,被告鲁东大学为给原告办理转学事宜留有余地,依据《鲁东大学学生违纪处分办法》给予原告留校察看处分,而不是按照《普通高等学校学生管理规定》第二十七条规定对原告予以退学处理,合情合法。在留校察看期内,被告鲁东大学多次联系原告返校学习,对其进行教育劝导。原告张某某仍然在 2015 年 5 月 3 日至 6 月 3 日擅自离校,属于在留校察看期间再次违纪,符合《普通高等学校学生管理规定》第五十四条"屡次违反学校规定受到纪律处分,经教育不改的"情形,依照《鲁东大学学生违纪处分办法》给予开除学籍处分,在法律依据上并无不当。

(三)关于鲁东大学作出开除学籍处分决定前有无保障张某某的陈述和申辩权利的问题。《普通高等学校学生管理规定》第五十六条规定,学校在对学生作出处分决定之前,应当听取学生或者其代理人的陈述和申辩。庭审中,鲁东大学申请证人李某甲、李某乙、衣某某出庭作证,并提交 2015 年 6 月 16 日对张某某告知情况说明一份,而且所述通话时间与原告违纪处分申报表中学院处分意见及学院党总支书记签字时间一致,可以认定被告此次通话行为并不是简单的批评教育,而是履行对原告进行处分前的告知程序,且原告也认可此次通话事实。自 2015 年 6 月 16 日进行告知直到 2015 年 9 月 30 日作出开除学籍处分,时间跨度长达两个半月,原告张某某在此期间并未返校,且没有联系被告、没有回复被告的行为可视为对陈述、申辩权利的放弃。

三、个案评析

本案的焦点问题有两个:一是上诉人主张被上诉人给予上诉人开除处分的主体依据《鲁东大学学生违纪处分办法》第二十四条第五款不合法是否成立;二是被上诉人鲁东大学对上诉人所作开除学籍处分决定是否合法。

针对第一个焦点问题,即上诉人主张被上诉人给予上诉人开除处分的主体依据《鲁东大学学生违纪处分办法》第二十四条第五款不合法是否成立的问题。法院认为,根据《中华人民共和国教育法》第二十九条的规定,高等学校作为法律法规授权的组织,具有对受教育者进行学籍管理的行政职权,有权制定符合法律法规的校纪、校规,有权对在校学生进行教学管理和违纪处分。《鲁东大学学生违纪处分办法》第二十四条规定:违反教学管理规定,旷课或擅自离校、离岗(教育实习)者,给予下列处分:……(四)一学期内擅自离校 8—10 天或累计旷课 40—49 学时的,给予留校察看处分。(五)一学期内擅自离校 11 天以上或累计旷课 50 学时以上,给予开除学籍处分。鲁东大学作为专业教育机构,其经法定程序制定公示的《鲁东大学学生违纪处分办法》对学生具有拘束力,并且在《鲁东大学学生指南(2012)》中进行了告知,可以认定上诉人知晓学校的相关规定。

针对第二个焦点问题,即被上诉人鲁东大学对上诉人所作开除学籍处分决定是否合法的问题。法院认为,根据《普通高等学校学生管理规定》第五十五条规定,学校对学生作出处分决定,应当做到程序正当、证据充分、依据明确、定性准确、处分恰当。2014 年 8 月 25 日至 9 月 10 日,上诉人未经许可无故旷课,被上诉人鲁东大学为给上诉人办理转学事宜留有余地,依据《鲁东大学学生违纪处分办法》给予上诉人留校察看处分,而不是按照《普通高等学校学生管理规定》第二十七条规定对上诉人予以退学处理,合情合法。在留校察看期内,被上诉人鲁东大学多次联系上诉人返校学习,对其进行教育劝导。上诉人仍然在 2015 年 5 月 3 日至 6 月 3 日擅自离校,属于在留校察看期间再次违纪,符合《普通高等学校学生管理规定》第五十四条"屡次违反学校规定受到纪律处分,经教育不改的"情形,被上诉人依照《鲁东大学学生违纪处分办法》给予开除学籍处分,在法律依据上并无不当。

四、规范依据审查: 依据明确

教育部的部门规章对高等学校开除学籍处分降低了审查要求,高校的处分决定只要有确定的依据即可。值得注意的是,我国《普通高等学校学生管理规定》(2005 年)第五十五条规定的是高校作出处分决定应当"依据明确"。该处的用词是"明确",而非"准确""正确"。但根据我国《行政诉讼法》的相关规定,法院是对具体行政行为适用法律、法规是否正确进行审查。这就意味着,司法审查中为避免对行政行为人的行为审查,多会加以转化,教育部的该规定与《行政诉讼法》的规定就发生了冲突。在甘露案中,暨南大学依据事实将甘露的行为定性为"剽窃、抄袭他人研究成果"。暨南大学依据《普通高等学校学生管理规定》第 54 条第 5 项以及《暨南大学学生管理暂行规定》第 53 条第 5 项、《暨南大学学生违纪处分实施细则》第 25 条之规定,对甘露作出开除学籍的处分决定。我们认为,暨南大学对甘露作出开除学籍处分,依据是明确的,而且也是准确的。最高院审查认为,暨南大学的处分决定"适用法律、法规错误"的观点值得推敲。当然由于《行政诉讼法》是《普通高等学校学生管理规定》的上位法规范,法院应当依据《行政诉讼法》的规定,对开除学籍处分决定的规范依据是否正确进行审查。

第三节 司法介入专业判断

一、案件事实①

汪某系巢湖学院 2010 级电子工程与电气自动化物理学(师范)本科专业学生,于 2014 年 7 月毕业,取得毕业证书。汪某在校学习期间获得 2.57 的平均学分绩点,但共有五门课程考试不及格经补考才及格,分别为:专业必修课中的电动力学、热学、数学物理方法,专业限选课中的模拟电子技术,学科基础课中的教育学。巢湖学院系国务院授权授予学士学位的高等学校,其根据法律的授权,于 2009 年 10 月制定了《巢湖学院学年学分制学士学位授予工作实施细则》(院字〔2009〕65 号)(以下简称《学士学位实施细则》),其中第一条第 2 项第(6)目规定,虽获准毕业,但在校学习期间累计有五门或五门以上课程(含专业必修课、公共必修课、专业限选课)经过补考才及格者,不授予学士学位。2013 年 8 月,巢湖学院重新制定了《巢湖学院学士学位授予工作实施

---

① 合肥市中级人民法院(2016)皖 01 行再 1 号行政判决书。

细则》(以下简称《新学士学位实施细则》),删除了"虽获准毕业,但在校学习期间累计有五门或五门以上课程(含专业必修课、公共必修课、专业限选课)经过补考才及格者,不授予学士学位"的规定,并明确修订后的实施细则从2013级起执行。2014年6月,汪某所在电子工程与电气自动化学院以汪某在校学习期间有五门课程不及格为由,将其列入不授予学士学位名单。2014年6月15日和7月9日,巢湖学院两次组织召开学院学位评定委员会会议,决定对符合条件的3240名学生授予学士学位,对包括汪某在内的299名不符合条件的学生不授予学士学位。汪某不服,向法院提起诉讼,请求撤销巢湖学院作出的对其不授予学士学位决定,并重新作出具体行政行为。

二、法院裁判

巢湖学院系国务院授权的学士学位授予单位,有权根据法律的授权制定本单位授予学士学位的工作细则,其制定的《学士学位实施细则》是对《中华人民共和国学位条例》规定的授予学士学位条件的细化,不属增设限制性条件,不违反法律规定,应当合法有效。《学士学位实施细则》第一条第2项第(6)目:虽获准毕业,但在校学习期间累计有五门或五门以上课程(含专业必修课、公共必修课、专业限选课)经过补考才及格者,不授予学士学位。巢湖学院在制定该项规定时,不够严谨,语义不清楚,在理解上出现分歧。根据法的一般适用原则,应当作出对保护行政相对人合法权益更为有利的解释。同时,该规范性文件在括号中列举其适应的典型事项后,未以"等""其他"等词语进行表述,应当属于完全列举。故巢湖学院认为五门或五门以上课程包含括号中列举的三门课程,但不仅限于该三门课程,括号中的列举属于不完全列举的辩解不能成立,不予采信。汪某只有四门经补考才及格的课程在《学士学位实施细则》第一条第2项第(6)目规定的课程范围内,不属于不授予学士学位规定的情形。巢湖学院不授予汪某学士学位,主要证据不足。依照《中华人民共和国行政诉讼法》(1989年)第五十四条第二项的规定,判决:一、撤销巢湖学院不授予汪某学士学位决定;二、巢湖学院于判决书生效后 60 日内,重新作出是否授予汪某学士学位决定。

三、个案评析

(一)事实认定分析

汪某挂科的电动力学、热学和数学物理方法属于专业必修课;模拟电子技术属于专业限选课;而教育学属于学科基础课,不属于专业必修课,不在五门课程范围之内。教育学作为学科基础课,虽属于"必修课",但与公共必修课、专业必修课是两码事。巢湖学院辩称括号里注明"含"并不是"指",属不完全列举,是罔顾语文基本常识。"含"字就是限定课程范围,并且注明含专业必修课、公共必修课、专业限选课,就是严格限定这三种类型的课程,属于完全列举。《最高人民法院关于审理行政案件适用法律规范问题的座谈会纪要》明确,法律规范在列举其适用的典型事项后,又以"等""其他"等词语进行表述的,属于不完全列举的例示性规定。本案的含专业必修课、公共必修课、专业限选课,显然属于完全列举的例示性规定,而非不完全列举的例示性规定。而根据最高人民法院的相关规定,应当作出对保护行政相对人合法权益更为有利的解释。法院据此认定汪某只有四门经补考才及格的课程属于该校《学士学位实施细则》第一条第 2 项规定的课程范围,即汪某不属于不授予学士学位规定的情形。

(二)法律适用分析

巢湖学院系国务院授权的学士学位授予单位,其有权根据《中华人民共和国学位条例》和《中华人民共和国学位条例暂行实施办法》制定本单位的工作细则,其制定的《学士学位实施细则》不违反法律法规的规定,合法有效。

(三)学理分析:学术性事务与行政性事务区分审查

从审查的内容上来讲,国家对大学校规的审查主要应限于行政事务,对学术性事务要尽量避免审查。这是因为不论是行政机关还是司法机关(司法机关尤甚于教育行政机关),对于大学的学术事务都缺乏专业知识;而且,其对大学学术事务的干涉也有违背大学自治与学术自由原则之嫌。

基于同样的理由,即使当国家因为大学滥用其学术权力而介入对学术性事务的审查时,可以撤销大学的决定并责令大学重新作出新的决定,但不应越俎代庖,由国家直接作出新的决定。在田永诉北京科技大学和刘燕文诉北京大学学位委员会这两个著名的案件中,对于学位纠纷的部分,北京市海淀区人民法院都是判决责令被告高校在一定的时间内重新审核,决定是否为原告颁发学位。与学术性事务和行政性事务的区分相似,我国台湾地区将教育事项划分为教育内部事项和教育外部事项,除非存在权力滥用的情况,将教育内部事项排除在行政监督审查之外。教育内部事项体现了教师与学生的关系,例如教学方式的选择和学生评价等;教育外部事项则体现了教育行政管理的法律关系,包括学校与学生间、教育行政机关与学校及其成员间的事务,例如违纪处分、学习期限的设定等。我国台湾地区司法院大法官在其第三八二号解释的理由书中也提出,受理学生"退学"或者类似处分的机关或者法院,"对于其中涉及学生之品行考核、学业评量或惩处方式之选择,应尊重教师及学校本于专业及对事实真相之熟知所为之决定",只有在其判断或者裁量违法或者显然不当时,方能干预。

第四节　比例原则与大学自治

一、案件事实①

井冈山大学是一所综合性普通本科高等学校。该校在新生入学之初,都

---

① 吉安市中级人民法院(2013)吉中行终字第 35 号行政判决书。

会下发《学生手册》并解读《学生违纪处分办法》《学籍管理办法》《考试管理办法》等文件。龙某系该校体育学院 2009 级体育本科 1 班学生,入学以来积极参加学校各项活动,多次获得校内外荣誉称号,系该校体育学院团委学生会副主席、班组织委员,同时被学校培养成为一名中国共产党预备党员。2012年 6 月 16 日龙某参加全国英语四级考试时,在考试进行到 20 分钟左右时,被监考老师发现携带橡皮型电子接收器进入考场,并当场缴获一个正处于开机状态的橡皮型电子接收器。当即,考生龙某、监考员、考务员以及纪检监察员均在《等级考试违纪处理单》上签了名,并在考生行为栏中注明:带接收器,并处于开机状态。6 月 19 日,学校教务处向学工处通报了龙某等 3 位同学的考试舞弊情况。6 月 25 日,学校的两位老师将开除学籍处分的意向书面告知了龙某。6 月 26 日,龙某即向教务处及校领导递交了申辩材料。6 月 27 日,学校的调查人员向校领导书面汇报调查结论:龙某同学在 2012 年 6 月 16 日大学英语四级考试中随身携带专用作弊无线通讯设备进入考场,且处于开机状态的违纪事实有人证、物证,且自己当时也签字确认了,故该事实成立。当日,学校作出给予龙某开除学籍处分行为。龙某不服遂起诉至吉安市青原区人民法院,要求撤销井冈山大学对其作出的开除学籍的处分决定,恢复其学籍。

二、法院裁决

井冈山大学根据《井冈山大学学生违纪处分办法》第二十七条第(三)项的规定,认定被告龙某属于考试作弊情节严重,给予开除学籍处分,于法有据,并无不当。

三、个案评析

(一)比例原则的适用问题

井冈山大学在处理原告舞弊一事上的合理性也存在问题。龙某在考试时携带了电子接收器,而没有使用,是否属于严重舞弊行为? 龙某是一贯表现良好的学生,在可以酌情从轻处罚的情况下没有从轻处罚,是否处罚过于严厉? 被上诉人龙某是否属于考试作弊情节严重,应否给予开除学籍处分? 上诉人井冈山大学具有充分的自治权,人民法院不宜过多干涉。故上诉人井冈山大学根据《井冈山大学学生违纪处分办法》第二十七条第(三)项的规定,认定被上诉人龙某属于考试作弊情节严重,给予开除学籍处分,于法有据,并无不当。在合理性上,龙某在考试过程中被缴获了接收器,并处于开机状态,属于严重舞弊行为。

（二）法律适用

首先,井冈山大学系经国家批准成立的高等院校,依法具有相应的学籍管理、奖励、处分权,其根据相关规定作出的开除原告学籍的决定,对龙某的权利义务产生实际影响,是可诉的具体行政行为。

其次,橡皮型接收器属通讯设备之一,《普通高等学校学生管理规定》(2005年)第五十四条第四项明确规定使用通讯设备作弊属一种作弊行为严重的情形,并可以给予开除学籍的处分。被上诉人龙某购买橡皮型无线接收器并携带进入考场,在考试过程中拿出来看,掉在地上被监考老师发现,这一系列的行为是使用行为。根据现行法律的规定,对使用"具有发送或接收信息功能的设备"进行作弊的,只需要有"携带"行为就构成严重考试作弊。

最后,井冈山大学系一所经国家批准成立的综合性普通本科高等院校,根据《中华人民共和国高等教育法》第四十一条的规定,依法对学生具有学籍管理、奖励、处分职权。《普通高等学校学生管理规定》(2005年)第五十四条第四项规定,由他人代替考试、替他人参加考试、组织作弊、使用通讯设备作弊及其他作弊行为严重的,学校可以给予开除学籍的处分。上诉人井冈山大学根据《普通高等学校学生管理规定》等文件精神,制定《井冈山大学学生违纪处分办法》,该《办法》第二十七条第(三)项规定,考试作弊情节严重者,给予开除学籍处分。该规定与《普通高等学校学生管理规定》的相关规定不相抵触，合法有效。被上诉人龙某是否属于考试作弊情节严重，应否给予开除学籍处分，上诉人井冈山大学具有充分的自治权，人民法院不宜过多干涉。故上诉人井冈山大学根据《井冈山大学学生违纪处分办法》第二十七条第（三）项的规定，认定被上诉人龙某属于考试作弊情节严重，给予开除学籍处分，于法有据，并无不当。

四、理论探讨

行政裁量是现代行政法的核心，可以说行政法是在对行政裁量规制过程中不断发展的。一般认为，恰当裁量事实认定的司法审查标准涉及事实的性质、证据的充分程度和事实所涉及权利的性质即基本权利特别保护原则等内容，司法现状下，纪律处分得以进入司法审查程序的前提，主要是作为基本权的受教育权受到了重大影响，足以改变学生身份。章某诉沈阳航空航天大学不履行发放学位证书职责案中，因上诉人章某在考试中有作弊行为，沈阳航空航天大学教务处作出给予章某留校察看处分、取消章某的学士学位授予资格的处分决定。沈阳航空航天大学教务处作出的该处分决定与《普通高等学校学生管理规定》第五十一条、第五十三条、第五十五条、第五十六条的规定相抵触。《普通高等学校学生管理规定》第五十一条规定的纪律处分包括警告、严重警告、记过、留校察看及开除学籍等五种形式。取消学士学位授予资格不是法定的处分形式。第五十三条、第五十五条、第五十六条对处分决定书的具体内容、法定程序及处分的目的性、适当性、合法性均作了具体规定，要求学校给予学生处分，应当坚持教育与惩戒相结合，与学生违法、违纪行为的性质和过错的严重程度相适应，要求学校对学生的处分，应当做到证据充分、依据明确、定性准确、程序正当、处分适当，且应当事先进行合法性审查。沈阳航空航天大学教务处在对上诉人章某作出涉案处分决定时，未履行法定告知拟作出的处理决定的事实、理由及依据，未告知上诉人章某享有陈述和申辩的权利，未听取上诉人章某的陈述和申辩,也未向上诉人章某履行直接送达程序,故沈阳航空航天大学教务处对上诉人章某作出的取消学士学位授予资格处分决定程序严重违法。依据《中华人民共和国学位条例》第九条的规定,有权决定是否授予学士学位的是学位评定委员会,沈阳航空航天大学教务处显然无此权限,其对章某还在大学二年级时即已作出"取消章某的学士学位授予资格"系滥用职权,属于无效行为。①

在郭某某诉兰州大学开除学籍申请再审案中,甘肃省高院直接认定申请人通过不正当手段获取造假论文 10 篇,并将其中 2 篇论文投送国际学术会议,该行为属于抄袭与剽窃行为,符合教育部《管理规定》第五十四条第五项剽窃、抄袭他人研究成果,情节严重的,学校可以给予开除学籍处分的规定。②

第五节　校规适用的司法审查路径

一、数据分类分析

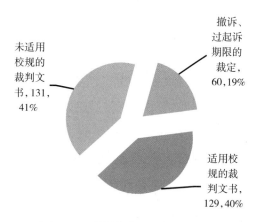

图 10-1　裁判文书适用校规整体统计

---

① 沈阳市中级人民法院(2017)辽 01 行终 335 号行政判决书。
② 甘肃省高级人民法院(2016)甘行申 115 号行政裁定书。

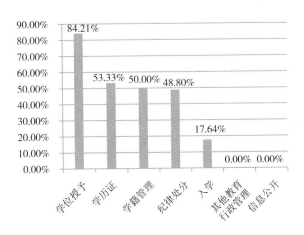

图 10-2　裁判文书适用校规分类

（一）数据样态

在 88 起学位授予纠纷中适用校规的 55 起,其中学校胜诉的 61 起案件中适用校规的有 48 起,在未适用的 13 起中有 4 起是过起诉期限的裁定,另外 9 起分别涉及学位授予不符合教育主管部门明确的规范性文件或教育主管部门有明确处理意见的情形。校规在学校胜诉的案件中几乎均得到适用,其中审查适用的 37 起,直接适用 8 起,均是辅佐适用,也即是增强裁判理由的说服力。学生胜诉的 17 起案件中适用校规的是 7 起,在未适用校规的学生胜诉案件中,有 12 起还是因为程序不当导致学校败诉,而未引用学校校规作为裁判依据,学校校规辅佐适用的情形再一次印证了校规不能单独适用的司法实践趋势。但有 3 起案件较为特殊,即法院审查后,未适用校规,确定了校规的违法而排除适用。

（二）数据呈现之问题

就行政诉讼参照适用的规范性文件应当包含校规的适用,鉴于校规在高校治理中的核心地位,本节将校规在学校与学生讼争适用的情形单独统计分析,以观察法院通过校规的司法审查这一载体介入高校治理的广度和深度,同时进一步观察作为依法治校主要载体的校规在高校治理过程中的实际态势。适用校规的诉讼也反向反映了司法审查的强度,即适用校规的占比越高,司法审查的强度越低,反之越高;同样也反映了法院所尊重的高校自治的范围。学位授予属于典型的学术自治范畴,专业评价属性最强,其他专属于行政管理范畴;教育行政诉讼中,法院审查高校行政管理行为的基点就在于是否违法,这里的违法并不局限于法渊源意义上的法律,还应包括各种规章、命令以及高校制定的规范性文件,以及行政法上的一般法律原则。当然,一起行政诉讼所争执的适用的法律往往表现为数个法条,将判决或裁定当中所涉及的法律法规的等等列入分析项目之中,可以借此看出争议双方最多的法律条文为何,以及法院如何认识及回应等。进而可以发现相关法律适用的问题,以及修法的可能与否及修法的方向。

二、校规审查情形与审查规则

考察校规的司法审查整体情况,大致可分为两种模式:一是审查后决定是否适用;二是未经审查直接适用,法院放弃了审查权而把这些行政规范性文件当作行政诉讼的当然。这占据案件的大多数。这里并没有出现单独适用的情况,"单独适用"是指人民法院在没有对行政规范性文件进行合法性审查,也未引用其他上位法规范依据之前提下,直接、单独地将相关行政规范性文件作为判断被诉行政行为合法的依据予以适用。① 甚至单独适用被法院认定具体行政行为法律适用不当而判定违法,主要是以辅助适用的情形出现。而学者认为辅助适用的目的是为了增强裁判的说服力,将校规作为辅助性依据加以引用。王某某与广东第二师范学院教育行政管理(教育)案②中,原告向被告提出授予其学位的申请,被告仅简略作出回复,既未对原告不能获得学士学位

---

① 张文、余军:《行政规范性文件司法审查权的实效性考察》,《法学研究》2016 年第 2 期。
② 广州铁路运输第一法院(2016)粤 7101 行初 2515 号行政判决书。

的理由即具体事实依据予以阐述,也未说明其依据的法律名称以及具体法律条款,而是笼统地以"根据教育部和省教育厅关于学位授予条例以及办法、《广东第二师范学院学士学位授予暂行办法(修订)》"的规定,不受理原告的申请。被告作出的上述回复,没有事实依据,适用法律错误。综上,被告作出的关于王某某申请授予学士学位的回复不符合正当程序原则,没有事实依据,适用法律错误,依法应予撤销,被告应对原告王某某的申请重新作出处理。法院认为,被告认定违纪事实不清,程序不当,但未适用校规。

高校校规不能单独作为学校行政行为的依据,从败诉情形分析,单独使用不被法院认可。如何判断校规和上位法的抵触,按照行政案件纪要的要求,法院对校规的审查规则,一是对校规是附带审查,即法院只要在审查以学校为被告的行政诉讼案件中,结合学校的具体行政行为所依据的校规加以审查。二是对校规内容的审查,遵循合法有效并合理适当。三是在认定学校行为合法性时,应当承认学校校规的效力,同样,对存在形式或内容瑕疵的校规则有权排除适用。四是应当在文书中说理评述。依据司法实践趋势观察,校规主要是辅佐适用,也即是增强裁判理由的说服力;单独适用仅为个案,校规的司法实践价值距离部分研究者所倡导的高校自治规范的状态还有相当遥远的距离。

三、高校校规制定权的法律渊源及分析①

依法治国理念要求社会重大问题均由法律调整,不能够长期存在大量的"其他抽象行政行为",因为这些社会规范影响着公民的权利义务却在法律体系中没有合适的地位,致使一些重大问题逃脱了法律的执掌。《立法法》之所以没有将其他抽象行政行为纳入立法的范畴,主要是因为这些规范性文件的质量良莠不齐,其中相当数量缺乏立法程序保障和民主性基础。文件经常是

---

① 张冉:《高校校规:大学自治与国家监督间的张力》,《清华大学教育研究》2011年第6期。

行政领导几个人的讨论意见,有时甚至是主管领导的个人决定,曾经的红头文件满天飞极大伤害了公民的合法权益,无奈之下,才在《行政复议法》中确立了抽象法律行为的复议制度。然而,这并不能从根本上解决抽象行政行为的实质违法问题。层级管辖的官僚体制虽然在保证下级对上级的服从角度有其优势,但层级越多信息失真的现象越明显。我国抽象行政行为的制定方式为下级政府或机关根据上级政府或机关的文件制定本级文件,这种层层接力般的规范制定方式可能导致抽象行政行为的公正性、民主性层层丧失。解决其他抽象行政行为的法律地位及其公正性问题成为依法治国道路上的一个难题,校规的法律地位问题名列其中。从解决问题的角度出发,自治制度也许可以为我们提供参考和思路。自治指国家基于管理的考虑,通过法律授权人民团体自己管理内部事务。自治使人民团体具有较大的独立性(经常体现为授予"公法人"地位),享有自治权限(立法权、执行权、人事权、处罚权等),承担自治任务。自治的根本特征是团体内人民对内部事务的民主管理,或者说团体成员对团体事务发生决定性影响。[1] 自治的内容之一是团体的立法权,德国称自治团体立法为自治规章(有人译为公法规章),"自治规章是由自治公法人根据自治权制定的规范,它的制定不需要法律的授权,也不是为了执行法律。它只适用于自治公法人内部并受法律的承认和保护"。[2] 自治规章是公法人民主选举的机关制定的,它有民主的基础,凭借自治意义上的成员契约性权利让渡,这种局部的"社会契约"产生合法性,并对社团成员产生约束力。大学自治是自治的一种形态,法律授予大学公法人地位,大学成员因而享有民主管理内部事务的权利,取得校规制定权。校规是大学全体成员或者民主选举产生的代表大会制定,校规因此获得了法源地位。众所周知,大学的本性就是自治。世界上最早的大学——意大利的博洛尼亚大学及紧随其后的剑桥大

---

① 翁岳生:《行政法》,中国法制出版社 2002 年版,第 340 页。

② 张冉:《高校校规:大学自治与国家监督间的张力》,《清华大学教育研究》2011 年第 6 期。

学和牛津大学都是在城市自治最为发达的地方产生的。大学既非由国王建立,也非由教会设立,而是自发产生,并且自我管理。此后,大学利用教会和国王的斗争,从教会和国王那里获得了法定的权力,这些权力包括大学内部的立法权、司法权和行政权,在一些大学,甚至还有学生监狱,这些就是初始意义上的自治权。再后来随着法治国家的兴起,大陆法系国家将大学的司法权收归国家所有,为尊重大学自治的特性,授予大学自治权。英国的大学也有自治的传统,至今其特许大学(Chartered University)仍设有特派员(Visitor)掌管校内法律纠纷,这些纠纷原则上不能诉至法院。美国大学发源晚,但美国有民主的传统,大学事务充分体现民主参与,校规的制定和修改活动由学生、家长、校友、教职工、大学管理人员及所在地人员多方参与,即使一次小的修改,也要至少举办一次听证会。所以,美国大学也贯彻自治原则。大学校规为什么在这些国家成为法律渊源?大学基于什么样的理论产生立法权?答案蕴含于西方构建的社会治理结构中。其一,实行地方自治,尽量减少行政立法层次。立法权掌握在议会,在议会授权的情况下中央行政机关可以制定规章,地方则采用自治的方式,享有本地方立法权,从而减少了层层接力式的行政立法效力失真的机会,也保证了地方立法的法源地位。其二,构建公法人制度,实行团体自治。比如大学自治,大学成员共同参与校规制定过程,从而在大学这个社团内形成局部社会契约,约束学生行为,成为学生的法律。大学自治在大陆法系的制度基础是公法人制度,在公法人的框架下进行民主管理,大学因此获得内部立法权和行政主体资格。其实,大学的民主管理在我国并不缺乏法律依据,《高等教育法》第十一条规定,"高等学校应当面向社会,依法自主办学,实行民主管理"。抛开《高等教育法》的其他内容,对该条的含义进行孤立解读就会发现,此条完全是大学自治制度的精确概括。"依法自主办学"意指高校的法人地位,"实行民主管理"瞄准大学成员对高校事务发挥决定性影响,这一条的存在使我国具备了大学自治的法律基础。之所以在《高等教育法》实施以后我国没有产生大学自治制度,是因为我们建立的大学法人为私法人,并非公法人,大学成员对大学的民主管理也没有具体落实。我国公立高校大学自治制度的设立,仍然从这一条出发,只需规定公立高校的公法人地位,具体落实大学教师、学生对大学的民主管理措施。校规在制定过程中遵循立法程序,充分实现了学生、校长、家长、大学管理人员及教工的民主参与,由大学本性决定的。因此,大学自治制度引入我国高校并不是制度上的创建,而是对通例的遵循,大学自治是世界通例。

四、校规司法审查的一般原则

(一)合法性监督与合目的性监督兼顾原则

从审查的原则上来讲,对于属于大学办学自主权的项目,国家的监督应该限于合法性监督,避免合目的性监督。也就是说,除非大学滥用其自治权,国家对大学校规的审查应限于该校规是否与现行法律相抵触。这里涉及的一个问题是"合法性"中的"法"都包括哪些法。在实践中,如本书之前所讨论的,北京市教委在民族大学案中,北京市海淀区人民法院在田永诉北京科技大学案中,都运用了与上位规则一致的原则,上位规则包括了法律、行政法规和规章。从法理学的角度,我国的法律渊源还包括地方性法规、自治条例和单行条例。对于处于相应行政区划中的大学,这些规范也属于校规上位法的范畴。除了与上位规则一致的原则外,大陆法系国家中的法律保留原则也对何为"合法"构成限制。基于法治和民主的原则,德国联邦宪法法院要求"属于学校的重要事项"只能由立法者通过法律规定;而何为"重要"则要依据"重要性理论",即重要性与否由所涉及之生活领域、人民基本权利及所规范对象作整体判断之依据。按照这一理论,如果大学校规擅自规定了某些本来应该由立法机关制定的法律来规范的重要事项,则有可能会宣告无效。在我国台湾地区,曾有大学规定学生如果有二分之一科目不及格就要被强制退学,台北高等行政法院认为该校规没有法律的明确授权,违反了法律保留原则,因而撤销了该校规。我国也有学者主张,凡是涉及学生身份的取得与丧失的事项,都属于法律保留的范畴,应由立法机关制定法律来规范,高校内部规定无权规范此类事项。法律保留原则与上位法一致原则的一个差别在于,对于重要事项,法律保留原则只承认法律的效力,一个学校的校规即使与行政法规和规章的规定一致,但是如果没有明确的法律授权,仍然可能是无效的。但是就我国目前的法律体系和司法实践来讲,法律保留原则似乎还很难适用到校规审查之中。我国《立法法》第十一条的规定可以被看作是法律保留原则的体现。该条列举了"只能制定法律"的 10 种事项并且在 10 种事项之外包括了一个兜底条款:"必须由全国人民代表大会及其常务委员会制定法律的其他事项"。那么,涉及改变学生身份的校规(例如规定开除学籍的处分)是否适用法律保留原则?对此有两种解释。持反对观点的人主张,受教育权不在《立法法》第十一条所列举的 10 项事项之中,所以不适用法律保留原则。持支持观点的人则主张,受教育权是我国宪法上公民的基本权利,鉴于公民基本权利的重要性,应当构成适用法律保留原则的"其他事项"。笔者注意到,《立法法》第十一条列举的是利害关系极强的事项,例如限制人身自由的强制措施、民事基本制度、基本经济制度等,而我国《宪法》第二章规定了包括劳动权、受教育权、获得物质帮助权等诸多公民基本权利,从严格的法律文本解释角度来讲,认为受教育权作为公民基本权利就可以适用我国《立法法》第八条的规定确实有些牵强。因此,目前我国对校规的合法性审查适用的主要还是与上位规范一致的原则。

(二)实体性监督与程序性监督并重原则

从审查的角度讲,国家对大学校规的监督,尤其对涉及学术事务的大学校规的审查,除非大学滥用其学术权力,应该坚持程序性审查的原则,在事实问题上要尊重大学的自主权及其学术判断。在刘燕文诉北京大学学位评定委员会案中,海淀法院审查的是该学位评定委员会不批准授予刘燕文博士学位的决定程序,而不是刘燕文博士论文的学术价值。对学术价值的审查涉及专业判断,法院既没有技能也没有合法性进行这样的审查。但是对于学位委员会到会人数和表决结果的计算、对于学生的程序性正当程序权利的保护等问题不涉及专业判断,并且对受教育权利具有重要影响,法院能够并且应该进行审查。正如我国学者常秀鹏所说的,国家对涉及高校受教育者权利的纠纷案件,应主要规范程序问题,对于事实问题,则应尊重高校管理机关的判定。①

---

① 常秀鹏:《高校法律地位界定与受教育者基本权利的司法保护》,《中国青年政治学院学报》2008 年第 4 期。

参　考　文　献

一、论文

左卫民:《一场新的范式革命?——解读中国法律实证研究》,《清华法学》2017 年第 3 期。

唐应茂:《法律实证研究的受众问题》,《法学》2013 年第 4 期。

孟小峰、李勇、祝建华:《社会计算:大数据时代的机遇与挑战》,《计算机研究与发展》2013 年第 12 期。

赵超越:《本体性意义与学科反思:大数据时代社会学研究的回应》,《上海大学学报(社会科学版)》2019 年第 1 期。

胡世忠:《云端时代的杀手级应用:大数据分析》,《天下》2013 年第 1 期。

刘佳奇:《论大数据时代法律实效研究范式之变革》,《湖北社会科学》2015 年第 7 期。

海霞:《大数据与国际关系研究创新》,《中国社会科学》2018 年第 6 期。

米加宁等:《大数据与社会科学量化研究》,《实证社会科学》2017 年第 1 期。

白建军:《法律大数据时代裁判预测的可能与限度》,《探索与争鸣》2017 年第 10 期。

苏凯平:《再访法实证研究概念与价值:以简单量化方法研究台湾地区减

刑政策为例》,《台大法学论丛》2016 年第 3 期。

白建军:《论法律实证分析》,《中国法学》2000 年第 4 期。

王工厂:《学校规章制度在人事争议中适用的法理分析》,《中国成人教育》2005 年第 2 期。

程雁雷:《高校退学权若干问题的法理探讨——对我国首例大学生因受学校退学处理导致文凭纠纷案的法理评析》,《法学》2000 年第 4 期。

祁占勇、陈鹏:《高校招生权的法律性质与司法审查——对"罗彩霞事件"的行政法透视》,《高等教育研究》2009 年第 9 期。

湛中乐、李凤英:《刘燕文诉北京大学案——兼论我国高等教育学位制度之完善》,载劳凯声主编:《中国教育法制评论》,教育科学出版社 2002 年版。

李林:《共建中国的实证法学》,载田禾、吕艳滨主编:《实证法学研究(第一期)》,社会科学文献出版社 2017 年版。

程金华:《当代中国的法律实证研究》,《中国法学》2015 年第 6 期。

白建军:《司法实证分析》,《国家检察官学院学报》2007 年第 1 期。

白建军:《大数据助力法律监督》,《探索与争鸣》2015 年第 2 期。

何挺:《刑事司法实证研究:以数据及其运用为中心的探讨》,《中国法学》2016 年第 4 期。

白建军:《案例是法治的细胞》,《法治论丛》2002 年第 5 期。

龙洋、孙霄兵:《对我国教育法学理论体系逻辑起点的思考》,《教育学报》2011 年第 7 期。

祁占勇、陈鹏:《中国教育法学研究热点的共词可视化分析》,《华东师范大学学报(教育科学版)》2016 年第 3 期。

朱芒:《高校校规的法律属性研究》,《中国法学》2018 年第 4 期。

陈柏峰:《法律实证研究中的"经验"》,《法学》2013 年第 4 期。

谭晓玉:《当前中国教育法学研究中的若干理论问题探讨》,《教育研究》2004 年第 3 期。

劳凯声:《教育研究的问题意识》,《教育研究》2014 年第 8 期。

秦惠民:《中国教育法学的产生发展背景与研究状态》,载劳凯声主编:《中国教育法制评论》,教育科学出版社 2008 年版。

湛中乐、苏宇:《教育法学的理论体系与学科建设初论》,《北京师范大学学报(社会科学版)》2016 年第 2 期。

褚宏启:《教育法学的转折与重构》,《北京师范大学学报(社会科学版)》2013 年第 5 期。

李扬:《我国少数民族教育立法实证研究》,《西北民族大学学报(哲学社会科学版)》2014 年第 5 期。

申素平:《在家教育的法理分析——从我国在家教育第一案说起》,《中国教育学刊》2008 年第 7 期。

王工厂:《教师劳动权诉讼救济实证研究》,《郑州大学学报(哲学社会科学版)》2012 年第 6 期。

管瑜珍:《大学行政行为的司法审查技术——以甘露案再审判决为分析对象》,《甘肃政法学院学报》2016 年第 5 期。

黄国昌:《法学实证研究方法初探》,《月旦法学杂志》2009 年第 12 期。

马超、于晓虹、何海波:《大数据分析:中国司法裁判文书上网公开报告》,《中国法律评论》2016 年第 4 期。

唐应茂:《司法公开及其决定因素:基于中国裁判文书网的数据分析》,《清华法学》2018 年第 4 期。

彭兰:《"信息是美的":大数据时代信息图表的价值及运用》,《新闻记者》2013 年第 6 期。

雷磊:《指导性案例法源地位再反思》,《中国法学》2015 年第 1 期。

王工厂:《基于司法大数据的高校纪律处分实证研究——兼论教育法学研究范式的拓展》,《复旦教育论坛》2018 年第 6 期。

王工厂:《基于司法大数据的高校学位授予实证研究》,《学位与研究生教育》2021 年第 1 期。

朱维究、胡卫列：《行政行为过程性论纲》，《中国法学》1998 年第 4 期。

赵宏：《保护规范理论的历史嬗变与司法适用》，《法学家》2019 年第 2 期。

江利红：《行政过程论在中国行政法学中的导入及其课题》，《政治与法律》2014 年第 2 期。

王锴：《论行政事实行为的界定》，《法学家》2018 年第 4 期。

肖泽晟：《法治政府建设》，《国家行政学院学报》2010 年第 3 期。

章剑生：《行政诉讼原告资格中"利害关系"的判断结构》，《中国法学》2019 年第 4 期。

戴国立：《论高校学籍管理行为的司法审查》，《复旦教育论坛》2016 年第 2 期。

王敬波：《论高校学术评价行为的司法审查范围与强度》，《法律适用》2007 年第 6 期。

王工厂：《基于司法大数据的高校行政裁量实证研究》，《郑州师范教育》2019 年第 4 期。

申素平、黄硕、郝盼盼：《论高校开除学籍处分的法律性质》，《中国高教研究》2018 年第 3 期。

张胜先、杨雪宾：《论高校处分权与学生权利救济制度》，《现代大学教育》2004 年第 4 期。

董立山：《高校学生身份处分权问题研究》，《湖南社会科学》2006 年第 5 期。

陈鹏：《高等学校学生处分权的法理学探析》，《教育研究》2004 年第 9 期。

苏永钦：《活法作为违宪审查的标的》，《法令月刊》2015 年第 10 期。

王振清：《刍议高校学生管理行为司法审查的范围与限度》，载北京大学教育法研究中心、北京大学宪法与行政法研究中心主编:《教育行政诉讼理论与实务研究》,中国法制出版社 2012 年版。

杨登峰:《行政决定效力的本质与体系》,《行政法学研究》2013 年第 4 期。

陈越峰:《高校学位授予要件设定的司法审查标准及其意义》,《华东政法大学学报》2011 年第 3 期。

刘建银、车霞:《高校学生学位申请资格认定问题研究——以不具备学士学位申请资格的认定为例》,《现代教育管理》2018 年第 11 期。

于志刚:《学位授予的学术标准与品行标准——以因违纪处分剥夺学位资格的诉讼纷争为切入点》,《政法论坛》2016 年第 5 期。

伏创宇:《大学生考试作弊与学位授予挂钩的合法性反思》,《法律适用(司法案例)》2017 年第 12 期。

申素平、郝盼盼:《我国高教法治现状分析——基于高教诉讼案件的视角(2010—2015)》,《复旦教育论坛》2017 年第 2 期。

王贵松:《论行政行为的违法性继承》,《中国法学》2015 年第 3 期。

江必新、李广宇:《政府信息公开行政诉讼若干问题探讨》,《政治与法律》2009 年第 3 期。

郑春燕:《论城乡规划的司法审查路径——以涉及城乡规划案件的司法裁判文书为例》,《中外法学》2013 年第 4 期。

田鹏慧:《学生处分影响学位授予现象之法律解读》,《学位与研究生教育》2007 年第 6 期。

欧爱民、谢雄军:《不当联结之禁止原则及其适用方案》,《湖南师范大学社会科学学报》2008 年第 5 期。

陈立章、蒋清华:《公平与质量:推荐免试研究生制度的矛盾与平衡》,《研究生教育研究》2015 年第 4 期。

白呈明:《高校与学生合同关系探讨》,《复旦教育论坛》2003 年第 6 期。

申素平:《高等学校与学生法律关系的基本理论》,《中国高教研究》2007年第 2 期。

龚怡祖、张进香:《高校自主权的法学探源与公私职能界分》,《现代大学教育》2007 年第 3 期。

郭志成:《普通高等学校招生录取权的司法制约问题》,载劳凯声主编:《中国教育法制评论》,教育科学出版社 2002 年版。

沈岿:《公立高等学校如何走出法治真空——学校与学生的关系维度》,载《行政法论丛》(第 5 卷),法律出版社 2002 年版。

蒋后强:《高等学校自主权及其限度》,《高等教育研究》2006 年第 2 期。

覃红霞:《招生领域高校与学生的法律关系研究》,《北京大学教育评论》2010 年第 2 期。

《论高等学校对学生的管理权之性质》,《法学评论》2006 年第 5 期。

刘旭东:《"高校教育惩戒"范畴论辩及司法规制:基于司法案例的研究》,《教育发展研究》2020 年第 1 期。

林华:《人民法院在学位撤销案件中如何进行审查:基于司法审查强度的裁判》,《政治与法律》2020 年第 5 期。

许维利、黄俊浩:《司法审查高校招生行为的法理分析》,《高教探索》2005 年第 4 期。

杨威、覃红霞:《高校"招博"行为的可诉性研究》,《教育与考试》2008 年第 1 期。

湛中乐:《对公立大学招生争议的司法审查》,载劳凯声主编:《中国教育法制评论》,教育科学出版社 2010 年版。

吴高程:《受教育权的民事救济》,载于郑贤君主编:《公民受教育权的法律保护》,人民法院出版社 2004 年版。

饶亚东:《从审判角度谈受教育权的保护与法官责任》,载《行政法论丛》第 3 卷,法律出版社 2000 年版。

白呈明:《高校与学生合同关系探讨》,《复旦教育论坛》2003 年第 6 期。

翁志芹:《浅析民办高职院校学生退学原因及预防对策——以漳州科技职业学院为例》,《教育现代化》2017 年第 9 期。

李永菊、王建军:《关于大学生退学现象的研究与探讨——以乐山师范学院为例》,《时代教育》2017 年第 5 期。

刘春荣、郭海燕、刘玮:《高校研究生退学现象的原因探析及对策研究——以 A 大学为例》,《化工高等教育》2017 年第 5 期。

李晓新:《高校惩戒权与大学生受教育权的冲突与解决》,《重庆科技学院学报(社会科学版)》2015 年第 4 期。

高武平:《论大学惩戒权与学生受教育权的冲突与平衡》,《甘肃政法学院学报》2004 年第 4 期。

周甲文、马英:《高校惩戒权与学生受教育权问题探究》,《沈阳工程学院学报(社会科学版)》2011 年第 7 期。

苏平:《大学生受教育权与大学惩戒权的冲突与对策》,《华中师范大学研究生学报》2006 年第 3 期。

金劲彪:《浅析高校学生申诉处理委员会的性质与原则》,《中国高教研究》2006 年第 12 期。

贺日开:《高校学生申诉处理委员会的合理定性与制度重构》,《法学》2006 年第 9 期。

金劲彪:《高校学生申诉处理委员会的主要特点及运行原则》,《中国成人教育》2006 年第 4 期。

黄厚明:《高校学生管理行为合法性判决研究:基于两种法治模式的考察》,《高教探索》2018 年第 6 期。

倪宪辉:《基于学生主体发展的我国高校学生管理改革路径研究》,《现代经济信息》2017 年第 7 期。

许盈、李万佳、于洋:《高校学生管理法治化问题调查与对策分析》,《山东青年政治学院学报》2017 年第 1 期。

湛中乐:《保障学生正当权利 规范高校管理行为》,《中国高等教育》2017 年第 9 期。

裴新宁:《变构学习模型与教学设计》,《全球教育展望》2006 年第 12 期。

陈淑芳:《大学生对学校处置不服之救济在司法院释字第六八四号解释之后》,《世新法学》2011 年第 1 期。

张哲玮、张汉川:《释字第 684 号后校园内学生权益——以行政争讼撤销诉讼合法性审查为中心》,《嘉义大学通识学报》2012 年第 11 期。

赵瑞罡、耿协阳:《指导性案例"适用难"的实证研究——以 261 份裁判文书为分析样本》,《法学杂志》2016 年第 3 期。

成协中:《行政行为违法性继承的中国图景》,《中国法学》2016 年第 3 期。

刘淑华:《论大学自治的限度及其张力》,《石油大学学报(社会科学版)》2005 年第 3 期。

夏新华、谢广利:《论关联行政行为违法性继承的司法审查规则》,《行政法学研究》2017 年第 6 期。

谈萧:《中西方治理的语境演化及制度结构》,《政治法学研究》2014 年第 1 期。

张文、余军:《行政规范性文件司法审查权的实效性考察》,《法学研究》2016 年第 2 期。

张冉:《高校校规:大学自治与国家监督间的张力》,《清华大学教育研究》2011 年第 6 期。

Gary King:《大数据与数据无关》,载钟杨等主编:《实证社会科学(第三卷)》,上海交通大学出版社 2017 年版。

吴高程:《受教育权的民事救济》,载郑贤君主编:《公民受教育权的法律保护》,人民法院出版社 2001 年版。

饶亚东:《从审判角度谈受教育权的保护与法官责任》,载《行政法论丛》第3卷,法律出版社2000年版。

王工厂:《论司法大数据在教育法学实证研究中的运用》,《中州大学学报》2019年第3期。

王工厂:《高等学校退学权的行政法学思考》,《法制与社会》2019年第15期。

王工厂:《论公立高校与教师的劳动关系》,《学术论坛》2012年第6期。

王工厂:《我国劳动争议处理制度存在问题及完善》,《学术论坛》2011年第10期。

王工厂:《论高校教师的劳动者身份》,《河南师范大学学报(哲学社会科学版)》2011年第5期。

黄辉:《法学实证研究方法及其在中国的运用》,《法学研究》2013年第6期。

何海波:《论行政行为"明显不当"》,《法学研究》2016年第3期。

刘权:《目的正当性与比例原则的重构》,《中国法学》2014年第4期。

周佑勇:《行政裁量的均衡原则》,《法学研究》2004年第4期。

崔卓兰、刘福元:《论行政自由裁量权的内部控制》,《中国法学》2009年第4期。

左卫民:《法学实证研究的价值与未来发展》,《法学研究》2013年第6期。

王工厂:《高校学生管理诉讼20年:嬗变路径、趋势与回应机制构建》,《复旦教育论坛》2020年第6期。

杨科雄:《试论程序性行政行为》,《法律适用》2010年第8期。

二、著作

[英]约翰·内维尔·凯恩斯:《政治经济学的范围与方法》,党国英、刘惠

译,华夏出版社 2001 年版。

[英]哈拉兰博斯:《社会学基础》,孟还等译,上海社会科学出版社 1986 年版。

仇立平:《社会研究方法》,重庆大学出版社 2015 年版。

严辰松:《定量型社会科学研究方法》,西安交通大学出版社 2000 年版。

李平、曹仰锋:《案例研究方法:理论与范例——凯瑟琳·艾森哈特论文集》,北京大学出版社 2012 年版。

章瑛:《学生诉我国公立高校行政案例之类型化研究》,上海交通大学出版社 2013 年版。

蔡震荣:《行政法争议问题研究》(上),五南图书出版公司 2000 年版。

信春鹰:《中华人民共和国行政诉讼法释义》,法律出版社 2014 年版。

江必新、梁凤云:《最高人民法院新行政诉讼法司法解释理解与适用》,中国法制出版社 2015 年版。

王名扬:《美国行政法》,中国法制出版社 2005 年版。

江利红:《日本行政法学基础理论》,知识产权出版社 2008 年版。

[日]小早川光郎、宇贺克也、交告尚史:《行政判例百选 I(第 5 版)》,日本有斐阁 2006 年版。

赵宏:《法治国下的目的性创设——德国行政行为理论与制度实践研究》,法律出版社出版 2012 年版。

[日]南博方:《行政法》,杨建顺译,中国人民大学出版社 2009 年版。

陈春生:《行政法之学理与体系(二)》,元照出版有限公司 2007 年版。

[德]哈特穆特·毛雷尔:《行政法学总论》,高家伟译,法律出版社 2002 年版。

赵宏:《法治国下的目的性创设——德国行政行为理论与制度实践研究》,法律出版社 2012 年版。

陈敏:《行政法总论》,新学林出版股份有限公司 2009 年版。

翁岳生主编:《行政法》(上册),中国法制出版社 2009 年版。

董保城:《教育法与学术自由》,月旦出版社股份有限公司 1997 年版。

叶必丰:《行政行为的效力研究》,中国人民大学出版社 2009 年版。

陈新民:《行政法学总论》,三民书局 2000 年版。

《大法官会议解释汇编》,三民书局 1999 年版。

张弛:《学校法律治理研究》,上海交通大学出版社 2005 年版。

周光礼:《教育与法律:中国教育关系的变革》,社会科学文献出版社 2005 年版。

杨伟东:《行政行为司法审查强度研究》,中国人民大学出版社 2003 年版。

石斋旭、李胜利:《高等教育法律关系透析》,吉林大学出版社 2007 年版。

王镜岩、朱圣庚、徐长法:《生物化学》,高等教育出版社 2002 年版。

[英]焦耳当·安德烈、裴新宁:《变构模型:学习研究的新路径》,杭零译,教育科学出版社 2010 年版。

[奥]凯尔森:《法与国家的一般理论》,沈宗灵译,中国大百科全书出版社 1996 年版。

[英]阿什比:《科技发达时代的大学教育》,滕大春译,人民教育出版社 1983 年版。

[美]布鲁贝克:《高等教育哲学》,王承绪等译,浙江教育出版社 2002 年版。

[美]米尔依安·R.达玛什卡:《司法和国家权力的多种面孔》,郑戈译,中国政法大学出版社 2004 年版。

王工厂:《教师劳动权研究》,河南人民出版社 2014 年版。

王工厂:《学生伤害事故责任分配实证研究》,天津教育出版社 2013 年版。